To my mother, Halina Augustowicz, who taught me to sing the language, and to Christine Jones Wood who heard and loved the beauty of a melody with missing notes.

CONTENTS

PART III: SENTENCE ELEMENTS AND STRUCTURE

PREFACE

This book is for learners of Polish at all levels – beginners, improvers, 'A'-level and university students. This book is for you – tourist, teacher, businessman, lover of words and sounds. And this book is also for you, native Polish speaker, who, due to the lack of comprehensive grammars of your language, have sometimes remained unsure of correct usage.

Polish is a very complex, and therefore very expressive, language. By putting information largely in tables I have made the mastery of it easier for you, for there is now no need to memorise everything. The many examples are drawn from everyday life and are often idiomatic, and sometimes colloquial. Using their structure, you can substitute vocabulary to suit your own needs and context.

Enjoy using this book. Enjoy learning the language. Above all, don't be afraid to practise and experiment. Therein lies mastery.

Nottingham, September 1997
Dana Bielec

ACKNOWLEDGEMENTS

With thanks to Agnieszka and Eustachy Kruczała and to Joanna Usień, all of Tarnów, Poland, for their helpful advice.

PART I: ALPHABET, PRONUNCIATION AND STRESS

1 ALPHABET

The Polish alphabet is as below. ( ) indicates non-Polish letters imported in foreign words:

a ą b c ć d e ę f g h i j k l ł m n ń o ó p (q) r s ś t u (v) w (x) y z ź ż

2 PRONUNCIATION

Every letter in Polish, apart from *ch*, *cz*, *sz*, *dź*, *dż*, *rz*, is said separately. There are no silent letters.

2.1 SINGLE VOWELS

a	as in h*a*t	matka, aleja, brat
e	as in m*e*t	sekretarz, tekst, jestem
i	as in f*ee*t	blisko, ostatni, gitara
o/oo	as in p*o*t	noga, Polska, zoo
u	as in wh*o*se	student, ulica, papuga
ó	as in c*oo*l	góra, pokój, córka
y	as in d*i*m	tygrys, syn, dobry

2.2 NASAL VOWELS

ą	as in d*on*	mąka, gorący, książka
ąb, ąp	as in T*om*	trąba, ząb, kąpać
ę	as in t*en*	ręka, węgiel, pięć
ęb, ęp	as in th*em*	bęben, zęby, tępy
Final ę	tends to sound **e**	idę, muszę
Final ię	tends to sound **ie**	się, imię

2.3 DOUBLE VOWELS

These are normally pronounced singly. However, **i** followed by another vowel is not pronounced singly; usually it softens the preceding consonant, adding a hint of **y** to it, e.g. **pies** [pyes], **bieda** [byeda], **mięso** [myenso]. But, in the case of **ci**, **si**, **zi**, **dzi** plus another vowel, the **i** merely softens the preceding consonant, e.g. **pociąg, siano, ziarno, dziadek** [pochong, shano, zeearno, jadek].

ai	Haiti		
ao	aorta,	kakao,	baon
au	pauza,	nauka,	autor
ea	Gwinea,	reakcja,	teatr
ei	ateista,	kleić,	kofeina
eo	Leonard,	Teodor,	meteorolog

eu	Tadeusz,	liceum,	muzeum
oa	toaleta		
oe	poeta,	poezja	
oi	moi,	stoi,	choinka
ou	poufny,	pouczać,	douczać
ia	kwiat,	miasto,	biały
ią	piątek,	związek,	pięćdziesiąt
ie	pies,	kamień,	cukier
ię	mięso,	imię,	piękny
io	anioł,	biorę,	miotła
ió	pióro,	miód,	zbiór
iu	biuro,	Mariusz,	kostium
ua	statua,	zaufać,	aktualność
ue	duet,	muezin,	puenta
ui	suita,	uiszczać,	truizm
uo	uogólnić,	uosobić,	uodporniać

2.4 CONSONANTS

Consonants pronounced as in English are not shown.

Note: soft consonants **ć, ci, ń, ni, ś, si, ź, zi**, have no direct equivalent in English; they are softer than the nearest English sound.

w	as in *v*an	**wino, kawa, słowo**
l	as in *l*ast	**lampa, ból, królowa**
ł[1]	as in fu*ll* or as *w*	**stół, mały, Wisła**
j	as in *y*es	**jesień, jajko, kraj**
ch	as in *h*at	**chleb, bochenek, marchew**
ń, ni	as in o*ni*on	**Gdańsk, słońce, grudzień** [soft]
c	as in ca*ts*	**noc, chłopiec, cytryna**
ć, ci	as in *chee*se	**pracować, dziewięć, mówić** [soft]
cz	as in *ch*air	**paczka, czas, wieczór**
ck	as *tsk*	**niemiecki, słowacki, Malicki**
ś, si	as in *sh*eet	**środa, dziś, świat** [soft]
sz	as in *sh*ow	**kapelusz, szynka, groszek**
szcz	as in fre*sh ch*eddar	**płaszcz, deszcz, szczęście**
śĆ, ści	as in Finni*sh ch*eese	**sześć, radość, ściana, dwieście** [soft]
dz	as in goo*ds*	**dzwon, bardzo, narodzenie**
dź, dzi	as in *j*eans	**dźwig, dziecko, godzina** [soft]
dż	as in *j*am	**dżem, dżentelmen, dżinsy** [Rare. Found mainly in foreign words]

ź, zi	as in Rhode*si*a	źle, późno, ziemia, zielony [soft]
ż	as in plea*s*ure	książka, różowy, życie
rz[2]	as in plea*s*ure	rzeka, drzewo, marzec

[1] Colloquially, ł is not pronounced between consonants and at word end: jabłko, poszedł

[2] In a few words, like marznąć from mróz, rz is two separate letters.

2.5   IDENTICAL DOUBLE CONSONANTS

Two identical consonants together are each said separately, e.g.
An-na, in-ny, lek-ki, mięk-ki, uczen-nica, Malic-cy (plural of Malicki).

2.6   DEVOICING OF VOICED CONSONANTS

This happens frequently. A voiced consonant is pronounced as its voice-less equivalent:

(a) At the end of a word

(b) When standing before or after a voiceless consonant (which may be in another word). Most often occurs with b, d, w, z.

Voiced		Voiceless	Examples	
b	→	p	chleb [hlep]	babka [bapka]
d	→	t	naród [naroot]	od Tomka [ot Tomka]
			wódka [vootka]	
g	→	k	Bóg [Book]	
w	→	f	krew [kref]	święto [shfyento]
			wtorek [ftorek]	
z	→	s	wóz [voos]	z Piotrem [s Pyotrem]
ź	→	ś	wieź [vyesh]	buźka [booshka]
dz	→	c	wódz [voots]	
dź	→	ć	chodź [hochsh]	idźcie [eechche]
ż, rz	→	sz	też [tesh]	lekarz [lekash]
			chrzan [hshan]	
dż	→	cz	bridż [brich]	

2.7   VOICING OF VOICELESS CONSONANTS

The voiceless consonants below, when in front of voiced consonants except w and rz, are voiced:

Voiceless		Voiced	Examples
ś	→	ź	prośba [proźba]
cz	→	dż	liczba [lidżba]
k	→	g	także [tagże]

2.8   EFFECT OF VOWEL i ON PRECEDING CONSONANT

2.8.1   The vowel **i** softens the preceding consonant. Thus, hard consonants **c**, **n**, **s** and **z**, when followed by **i**, have the same sound as soft consonants **ć**, **ń**, **ś** and **ź**.

2.8.2   If, when adding endings, we place an **i** after a consonant which has an ´ accent, the consonant loses its accent because the **i** performs the required softening. Thus, Polish does not have the combinations **ći**, **ńi**, **śi**, **śći**, **dźi** or **źi**. This is most clearly seen in plurals:

Singular	Plural	Singular	Plural
miłość (love)	**miłości**	**gość** (guest)	**goście**
wieś (village)	**wsie**	**koń** (horse)	**konie**
tydzień (week)	**tygodnie**	**łódź** (boat)	**łodzie**
artysta (artist)	**artyści**	**pianista** (pianist)	**pianiści**

2.8.3   If we place an **i** after a consonant which has no ´ accent, the **i** softens the consonant which, in turn, softens the preceding consonant if that can be softened by the addition of an ´ accent. The softening effect continues backwards through the word until we reach a vowel or a consonant which cannot take an ´ accent.

This is best seen in the formation of (a) adverbs from adjectives and (b) in the comparative of adjectives and adverbs:

mężczyzna (man)	**mężczyźni** (men)	**n** becomes **ni**, so **z** becomes **ź**
wczesny (early)	**wcześniej** (earlier)	**n** becomes **ni**, so **s** becomes **ś**
jasno (brightly)	**jaśniej** (more brightly)	
ciasny (tight)	**ciaśniejszy** (tighter)	

3 STRESS

3.1 NORMAL STRESS

Normally, the second last syllable in a word is stressed:

ma*t*ka telefon u*li*ca *ad*res toa*le*ta *ro*wer

This means that the stress in a word often changes when the word is inflected:

ro*wer* na ro*we*rze z rowe*ra*mi

3.1.1 Words ending in -ia or -io

In most words ending in **-ia** or **-io**, the **i** is pronounced as 'y', causing the **-ia** or **-io** to become one syllable **ya** or **yo**. Hence, the syllable before the **-ia** or **-io** is stressed:

pieka*r*nia kawia*r*nia cukie*r*nia księ*ga*rnia *zie*mia his*to*ria
***suk*nia *stud*nia geogra*fi*a *li*lia sym*pa*tia *ra*dio *stu*dio *ta*nio**

But, in words ending in **-sia**, **-cia**, **-zia** and **-dzia** the **i** serves to soften the preceding letter. So, the group is pronounced as **śa**, **ća**, **ża**, **dźa** and the preceding syllable is stressed:

ma*mu*sia *Zo*sia *cio*cia *bab*cia *bu*zia *Mag*dzia

3.2 ABNORMAL STRESS

Stress falls on the third last syllable in:

(a) Greek and Latin words: **gra*ma*tyka, mate*ma*tyka, *fi*zyka, tu*ry*styka, ce*ra*mika, bo*ta*nika.**
(b) The four numbers: ***cz*terysta, *sie*demset, *o*siemset, *dzie*więćset.**
(c) Both forms of past tense verbs in the first and second person plural: ***by*liśmy, czy*ta*liście, *by*łyśmy, czy*ta*łyście.**

3.3 PREPOSITIONAL PHRASES

These are treated as one unit. If a monosyllabic preposition is followed by a monosyllabic pronoun, the stress is on the preposition:

***dla* nas *u* mnie *za* nim**

3.4   NIE AND ITS VERB

These are treated as one unit. If the verb has one syllable, the stress is on **nie**:

nie **mam**   *nie* **był**   *nie* **idź**

If the verb has more than one syllable, the stress is as normal:

nie *ma***my**   **nie** *by***ła**   **nie** i*dzie***my**

4 VOWEL AND CONSONANT ALTERNATIONS

In Polish, many vowels and consonants change (alternate) predictably before certain endings. The alternation patterns are shown in the tables below.

Note: Vowel and consonant alternations often occur between different words from the same root, e.g. **waga**: **ważyć**, **para**: **parzyć**, **lato**: **letni**, **kwiat**: **kwiecień**, **jadać**: **jedzenie**.

4.1 VOWEL ALTERNATIONS

In nouns, vowel alternations occur in the locative singular (all genders), in the dative singular (feminine), and in the plural (all genders). In verbs, vowel alternations occur mainly within the present and past tenses, and in the various infinitives belonging to one verb.

Note: In the table below the first noun is given in nominative singular, the second as indicated.

Vowel alternations

Original: alternated	Nouns	Verbs
a: e	**świat** (m.): **świecie** (world) [Loc. sing.]	**jadę: jedziesz** (travel)
e: o	**ziele** (m.): **zioła** (herb) [Nom. pl.]	**wieźć: wozić** (transport)
o: a	–	**wykończyć: wykańczać** (exhaust)
o: e	**nasiono** (n.) (kernel): **nasienie** (seed, sperm) [Nom. sing.][1]	**wiozę : wieziesz** (transport)
o: ó	**głowa** (f.): **głów** (head) [Gen. pl.]	**robić: rób** (do)
ó: o	**róg** (m.): **rogi** (corner) [Nom. pl.]	**móc: mogę** (be able)
ó: e	**popiół** (m.): **popiele** (ash) [Loc.sing.]	–
ą: ę	**ząb** (m.): **zęby** (tooth) [Nom. pl.]	**ciągnął: ciągnęła** (pull)

cont . . .

Original: alternated	Nouns	Verbs
ę: ą	**święto** (n.): **świąt** (holiday) [Gen. pl.]	–
e: –	**wieś** (f.): **wsi** (village) [Dat./Loc. sing.]	**szedłem: szłam** (walk)
–: e	**łza** (f.): **łez** (teardrop) [Gen. pl.]	–

[1] i.e. two different singular nouns.

4.2   CONSONANT ALTERNATIONS

Polish, as all languages, has hard and soft consonants (see table below). Unusually, it also has functionally soft consonants. These are hard consonants which adopt endings appropriate to soft consonants, e.g. **koń** (sing.): **konie** (pl.) but also **klucz** (sing): **klucze** (pl.).

When we add certain endings to words, hard consonants alternate with corresponding soft or functionally soft consonants. Sometimes, functionally soft consonants alternate with corresponding soft consonants or vice versa.

Consonant alternations occur mainly in the locative singular of nouns (all genders), in the dative singular of feminine nouns, and in the plural of masculine (men) nouns and adjectives. For full details see those chapters. In verbs, consonant alternations occur mainly within the present tense.

Polish consonants and possible alternations (read table vertically)

Hard	t	d	s	z	n	k	g	ch	ł	b	p	f	w	m	r
Soft	ć	dź	ś	ź	ń	ki	gi	chi, ś	li	bi	pi	fi	wi	mi	
	ci	dzi	si	zi	ni				si						
Funct.	c	dz	sz	ż		c	ż	sz	l						rz
soft	cz	dż				cz	dż								

c, **s**, **z**, **dz**, **n** are softened by the addition of an accent thus: **ć**, **ś**, **ź**, **dź**, **ń**. They can, in certain circumstances change further, the ´ accent being replaced by **i**. If the remaining hard consonants do not alternate to a different consonant altogether, they are softened by the addition of an **i**. For examples see table below.

Note: Polish does not contain the letter combinations **ge** and **ke** except in borrowed foreign words, e.g. **geologia**, **keks**.

Consonant alternations (*accent may be further replaced by **i**)

	Nouns [f. sing. Nom.: Loc]	Adjectives [m. (men) Nom. sing.: pl.]	Verbs [1st person sing.: 2nd person sing.]
b: bi	szyba: szybie (glass)	gruby: grubi (fat)	–
p: pi	mapa: mapie (map)	ślepy: ślepi (blind)	–
f: fi	szafa: szafie (cupboard)	–	–
w: wi	głowa: głowie (head)	gotowy: gotowi (ready)	rwę: rwiesz (tear)
m: mi	rama: ramie (frame)	wiadomy: wiadomi (known)	wezmę: weźmiesz (take)
ł: l	szkoła: szkole (school)	mały: mali (small)	–
l: li	–	–	myślę: myślisz (think)
k: c	Polska: Polsce (Poland)	bliski: bliscy (near)	–
k: cz	–	–	tłukę: tłuczesz (break)
g: dz	droga: drodze (way)	drogi: drodzy (dear)	–
g: ż	–	–	mogę: możesz (be able)
ch: sz	mucha: musze (fly)	–	–
ch: ś *	–	głuchy: głusi (deaf)	–
c: ć *	–	–	płacę: płacisz (pay)
t: ć *	chata: chacie (hut)	bogaty: bogaci (rich)	plotę: pleciesz (plait)
d: dź *	woda: wodzie (water)	młody: młodzi (young)	kładę: kładziesz (lay)
dż: dź	–	–	jeżdżę: jeździsz (travel)
s: ś *	kasa: kasie (cash desk)	pierwszy: pierwsi (first)	niosę: niesiesz (carry)
sz: ś *	–	–	muszę: musisz (have to)
z: ź *	gaza: gazie (gauze)	duży: duzi (big)	widzę: widzisz (see)
ż: ź *	–	–	wożę: wozisz (transport)
n: ń *	żona: żonie (wife)	smutny: smutni (sad)	biegnę: biegniesz (run)
r: rz	dziura: dziurze (hole)	stary: starzy (old)	piorę: pierzesz (wash)
sł: śl	Wisła: Wiśle (Wisla)	dorosły: dorośli (grown)	–

Nouns [f. sing. Nom.: Loc]		Adjectives [m. (men) Nom. sing.: pl.]	Verbs [1st person sing.: 2nd person sing.]
st: ść *	lista: liście (list)	prosty: prości (straight)	–
sn: śń *	sosna: sośnie (pine)	–	–
zd: źdź *	gwiazda: gwieździe (star)	–	–
zn: źń *	ojczyzna: ojczyźnie (homeland)	–	–

PART II: PARTS OF SPEECH

This part is divided into ten chapters dealing with the following parts of speech existing in Polish.

- VERBS   **być** (to be), **mieć** (to have), **śpiewać** (to sing)
- NOUNS   **chłopiec** (boy), **córka** (daughter), **drzewo** (tree)
- PRONOUNS   **on** (he), **jego** (him), **jemu** (to him)
- ADJECTIVES   **duży** (big), **tani** (cheap), **mój** (my)
- ADVERBS   **szybko** (quickly), **tutaj** (here), **teraz** (now)
- PREPOSITIONS   **do** (to), **od** (from), **obok** (beside)
- CONJUNCTIONS   **i** (and), **ale** (but), **chociaż** (although)
- NUMERALS   **pięć** (five), **kilka** (several), **ile?** (how many?)
- INTERJECTIONS   **ach** (oh), **no** (well now), **ojej** (oh dear)
- PARTICLES   **czy** (if), **nie** (not), **by** (various usages)

Polish has no articles 'a/an/the' or 'some/any'. Noun inflections, not articles, show the relationships between the words in a sentence.

5 VERBS

5.1 INFINITIVE

Polish differs from most languages in that, in many cases, we cannot work out the endings of the tenses simply by looking at the infinitive ending (see 5.5.2 What is a conjugation?).

The infinitive of a Polish verb has one of these endings:

-ać	brać, mieszkać, stać	*-ąć*	ciąć, giąć, odpocząć
-eć	słyszeć, woleć, trzeć	*-nąć*	biegnąć, ciągnąć, płynąć
-ieć	mieć, umieć, siedzieć	*-ść*	iść, kraść, nieść
-ić	robić, prosić, mówić	*-źć*	gryźć, wieźć, znaleźć
-yć	być, liczyć, żyć	*-owć*	budować, kupować, malować
-uć	czuć, psuć, kłuć	*-ywać*	bywać, obiecywać, wykonywać
-c	piec, strzec, móc	*-iwać*	oczekiwać, pomrukiwać, posługiwać
		-awać	dawać, poznawać, zostawać

The word 'to' is contained in the infinitive, e.g. **iść** (to go).

The infinitive ends in **-źć** (rather than **-ść**) if the **-ź** changes to **-z** or **-ż** in other parts of the verb:

niosę (I carry) **nieść**   *but*   **znalazłem** (I found) **znaleźć**
wiodę (I lead) **wieść**   **wiozę** (I transport) **wieźć**

Many Polish verbs have non-reflexive as well as reflexive forms of the infinitive, e.g., non-reflexive **martwić** (to worry someone) *and* reflexive **martwić się** (to worry oneself, to be worried).

Dictionaries list verbs in the infinitive form, along with verb type (imperfective or perfective). Some dictionaries define imperfective verbs solely by a reference to the perfective equivalent (e.g. **oświecać** see **oświecić**). Others refer vice versa.

5.1.1 Function

5.1.1.1 *After modal auxiliaries*

Muszę *iść.*	I must go.
Umie *pływać.*	He can swim.
Nie chcą *się uczyć.*	They do not want to learn.

5.1.1.2   *After impersonal expressions of necessity, prohibition or permission*

Trzeba za to *zapłacić.*	You have to pay for that.
Nie wolno *palić.*	Smoking is not allowed.
Możesz *wziąć* **jabłko.**	You can take an apple.

5.1.1.3   *As complement of the verb 'to be' (which is left unsaid)*

Po co się *martwić?*	Why worry?
Dlaczego mu nie *pomóc?*	Why not help him?
Lepiej *poczekać.*	It's better to wait.
Tak *się odezwać!* **[To jest] Coś niesłychanego!**	To say that! Never heard of such a thing!
Pojechać **do Stanów? To [jest] niemożliwe.**	Go to the States? That's impossible.
Zdać **egzamin. To byłoby dopiero coś.**	Passing the exam. That would be something.

5.1.1.4   *In passive expressions with verbs* **słychać, widać, czuć, znać**

Na targu *słychać* **krzyk,** *widać* **stragany,** *czuć* **różne zapachy.**
In the market, one hears shouting, sees stalls, smells various smells.

5.1.1.5   *As the object of an imperative*

Spróbuj coś *zjeść.*	Try to eat something.
Zacznij od dzisiaj *się uczyć.*	Start learning from today.
Nie zapomnij *pozamykać* **okien.**	Don't forget to shut the windows.

5.1.1.6   *In official imperatives without* **Proszę**

Nie *łamać* **gałęzi.**	Do not break the branches.
Prać **na sucho.**	Dry clean only.

5.1.1.7   *In polite imperatives after* **Proszę**

Proszę *siadać.*	Please sit down.
Proszę się nie *przejmować.*	Please do not worry.

5.1.1.8   *To translate the English gerund in '-ing' (subject or object)*

Przyjemnie jest, *spacerować* **po parku.**
It's nice to walk in the park/Walking in the park is nice.

Lubię *czytać.*
I like to read/I like reading.

5.1.1.9 As object of another verb

Postanowiłem *kupić* **dom.**	I decided to buy a house.
Mam zamiar *studiować.*	I intend to study.
Poszli *zadzwonić.*	They went to telephone.

5.1.1.10 In noun clauses (subject or object)

Nie ma o czym *mówić.*	There's nothing to talk about.
Nie wiem, czy *pojechać.*	I don't know whether to go.
Nie ma do kogo się *zwrócić.*	He has no one to turn to.
Nie mam co *robić.*	I've nothing to do.
Mówił, żeby *przyjść.*	He said to come.
Zapytaj, co *kupić.*	Ask what we're to buy.

5.2 IMPERATIVE

Imperfective and perfective verbs have imperative forms. In the former, the meaning is 'do now/always'; in the latter the meaning is 'do once in the future and in completion':

Czytaj.	[imperf.]	Read [now].
Kupuj.	[imperf.]	Buy [now or regularly].
Pisz.	[imperf.]	Write [now/frequently].
Przeczytaj.	[perf.]	Read [to the end].
Kup.	[perf.]	Buy [once in future and in completion].
Napisz.	[perf.]	Write [once in future and in completion].

Negative commands (preceded by *nie*) are normally only given using imperfective verbs, e.g. ***Nie kupuj/Nie pisz***: Do not buy/Do not write [now or in future].

Note: For details of conjugations see 5.5 Present tense; for perfective and imperfective verb types see 5.4 Aspects.

5.2.1 Second person singular

This imperative is used for those we address as **ty**.

5.2.1.1 Conjugation 1: *am, a, ają*

This imperative is formed by removing the ending **-ą** from the third person *plural* of the present tense (imperfective verbs) or future tense (perfective verbs):

Infinitive	3rd pl.	Imperative	Examples
śpiewać	śpiewają	śpiewaj	***Śpiewaj* ładnie.** Sing nicely.
zaśpiewać	zaśpiewają	zaśpiewaj	***Zaśpiewaj* mi piosenkę.** Sing me a song.

czekać	czekają	czekaj	**_Czekaj_ na mnie.** Wait for me.
mieszkać	mieszkają	mieszkaj	**Nie _mieszkaj_ w Katowicach.** Don't live in Katowice.

5.2.1.2 Conjugation 2a: *em, e, eją* and 2b: *em, e, edzą*

This imperative is formed by removing the ending **-ą** from the third person _plural_ of the present tense (imperfective verbs) or future tense (perfective verbs):

Infinitive	*3rd pl.*	*Imperative*	*Examples*
umieć	umieją	naucz się[1]	**_Nauczyć_ się pisać.** Learn to write.
rozumieć	rozumieją	zrozum[2]	**Nie _zrozum_ mnie źle.** Don't misunderstand me.
wiedzieć	wiedzą	wiedz	**_Wiedz_, że jesteś Polakiem.** Know you are Polish.
jeść	jedzą	jedz	**_Jedz_ obiad.** Eat your lunch.

[1] Use **nauczyć się** (to learn).

[2] Use perfective **zromumieć**. More often used in negative. Form **zrozumiej** not used.

5.2.1.3 Conjugations 3 and 4

(a) This imperative is usually formed by removing the ending **-e**, **-i**, or **-y** from the third person singular of the present tense (imperfective verbs) or future tense (perfective verbs):

Infinitive	*3rd sing.*	*Imperative*	*Infinitive*	*3rd sing.*	*Imperative*
pisać	pis*z*e	pisz	bić	bij*e*	bij
karać	kar*z*e	karz	pić	pij*e*	pij
wiązać	wią*ż*e	wiąż	myć się	myj*e* się	myj się
śmiać się	śmiej*e* się	śmiej się	budować	budu*j*e	buduj
pluć	pluj*e*	pluj	obiecywać	obiecu*j*e	obiecuj
myśleć	myś*l*i	myśl	uczyć się	ucz*y* się	ucz się
palić	pa*l*i	pal	krzyczeć	krzycz*y*	krzycz
skrzypieć	skrzyp*i*	skrzyp	kończyć	kończ*y*	kończ

Likewise:

Other verbs in **-ować, -iwać, -ywać, -awać**.

Verbs with -e ending: czeszać, czuć, pokażać, płakać, skakać, szyć, żyć.

Verbs with -y ending: cieszyć, leczyć, lekceważyć, leżeć, liczyć, milczeć, nauczyć, patrzeć, pożyczyć, przeznaczyć, śpieszyć się, tańczyć, tłumaczyć, ważyć, wierzyć, włączyć, wyłączyć, zdążyć.

(b) Additionally, verbs ending in **-cić, -nić, -sić, -zić**, and **-dzić**, in losing the **-i** of the third person singular, shorten the final soft consonant. This also occurs in some verbs with the third person singular ending **-ie**:

Infinitive	3rd sing.	Imperative	Infinitive	3rd sing.	Imperative
wyczyścić	wyczyści	wyczyść	nosić	nosi	noś
kłócić się	kłóci się	kłóć się	poprosić	poprosi	poproś
płacić	płaci	płać	chodzić	chodzi	chodź
dzwonić	dzwoni	dzwoń	sprawdzić	sprawdzi	sprawdź
ożenić się	ożeni się	ożeń się	obudzić	obudzi	obudź
stanąć	stanie	stań	kłaść	kładzie	kładź
płynąć	płynie	płyń	wieźć	wiezie	wieź
nieść	niesie	nieś	znaleźć	znajdzie	znajdź

Likewise:

iść	idź	wejść	wejdź	przyjść	przyjdź
pójść	pójdź	wyjść	wyjdź	jechać	jedź

And: bronić, brudzić, dusić, nudzić, opuścić, powiesić, prowadzić, radzić, urządzić, wrócić, wymienić.

(c) Additionally, if the stem vowel is **o** it is often lengthened to **ó**:

Infinitive	3rd sing.	Imperative	Infinitive	3rd sing.	Imperative
pozwolić	pozwoli	pozwól	rodzić	rodzi	ródź
robić	robi	rób	położyć	położy	połóż
zgodzić się	zgodzi się	zgódź się	posłodzić	posłodzi	posłódź*
pomóc	pomoże	pomóż	grozić	grozi	gróź*
wozić	wozi	wóź	ogolić się	ogoli się	ogól się*
otworzyć	otworzy	otwórz			

* Forms **ogol się**, **posłodź**, **groź** also exist.

Note: In cases (a)–(c) above, verbs with soft consonant endings **-bić**, **-pić**, **-fić**, **-lić**, and **-wić** lose this softening:

kupić	kupi	kup	mówić	mówi	mów
wątpić	wątpi	wątp			

(d) Many verbs whose stems end in a consonant cluster add **-ij** or **-yj** to the third person singular stem of the present tense (imperfective verbs) or future tense (perfective verbs). This occurs with many verbs in **-nąć** or **-ść**:

Infinitive	3rd sing.	Imperative	Infinitive	3rd sing.	Imperative
biegnąć	biegnie	biegnij	kraść	kradnie	kradnij
ciągnąć	ciągnie	ciągnij	upaść	upadnie	upadnij
rosnąć	rośnie	rośnij	śnić	śni	śnij
zacząć	zacznie	zacznij	spać	śpi	śpij
zamknąć	zamknie	zamknij	ciąć	tnie	tnij
zapomnieć	zapomni	zapomnij	rwać	rwie	rwij
spóźnić się	spóźni się	spóźnij się	kleić	klei	klej

wypełnić	wype*ł*ni	wypełnij	drzeć	*drze*	drzyj
zdjąć	zde*j*mie	zdejmij	trzeć	*trze*	trzyj

Additionally, if the stem vowel is **o** it is often lengthened to **ó**:

Infinitive	3rd sing.	Imperative	Infinitive	3rd sing.	Imperative
bać się	b*o*i się	b*ó*j się	stać	st*o*i	st*ó*j
poić	p*o*i	p*ó*j	stroić	str*o*i	str*ó*j
kroić	kr*o*i	kr*ó*j	uspokoić	uspok*o*i	uspok*ó*j

(e) The following are irregular imperatives

być	bądź	brać	bierz	dać	daj	dawać	dawaj
mieć	miej	wysłać	wyślij	wziąć	weź		

(f) The following verbs have no imperative forms except the third person forms with **niech**:

boleć brakować jeździć kosztować lubić potrzebować słyszeć
widzieć woleć

5.2.2   First and second person plural

The first person plural imperative has the meaning 'Let us . . .'. To form it, add **-my** to the second person singular imperative.

The second person plural imperative is used for those we address as **wy**. To form it, add **-cie** to the second person singular imperative.

Infinitive	2nd Sing.	1st Plural	2nd Plural
słuchać	słuchaj	słuchaj*my*	słuchaj*cie*
pisać	pisz	pisz*my*	pisz*cie*
brać	bierz	bierz*my*	bierz*cie*
iść	idź	idź*my*	idź*cie*
zrobić	zrób	zrób*my*	zrób*cie*
stać	stój	stój*my*	stój*cie*
uczyć się	ucz się	ucz*my* się	ucz*cie* się
wytrzeć	wytrzyj	wytrzyj*my*	wytrzyj*cie*

Stójmy **tu i** *bądźmy* **cicho.**   Let's stand here and be quiet.
Napiszcie **co u was słychać.**   Write with your news.
Zjedzcie **kolację i** *idźcie* **spać.**   Eat your supper and go to sleep.

5.2.3   Third person (singular and plural)

These imperatives are used for those we address formally. To form them, put **niech** before the third person singular or plural of the present tense. **Proszę** makes the imperative even more polite. **Niech** also expresses hopes, wishes and curses.

Niech **Pan/Pani siada.**	Take a seat.
Niech **Państwo się nie martwią.**	Do not worry.
Proszę, *niech* **Pan poczeka.**	Please wait.
Niech **sobie idzie do kina.**	Let him/her go to the cinema.
Zostaw dziecko. *Niech* **się bawi.**	Leave the child alone. Let it play.
Niech **będzie pochwalony Bóg Wszechmogący!**	May Almighty God be praised!
Niech **Paweł pójdzie po chleb.**	Let Paul go for the bread.
Sto lat! *Niech* **żyje nam!**	Long life!
Niech **was piorun trzaśnie!**	The devil take you!

5.2.4   Imperative with **proszę**

Proszę and the infinitive is a polite imperative, really a request. A polite statement, request or invitation is often made with **Proszę pana/pani/państwa**. **Prosić** used to be followed by genitive (now by accusative), hence **pani** not **panią**.

Proszę **nie czekać.**	Please do not wait.
Proszę **to sprawdzić.**	Could you check this please?
Proszę pani, **gdzie jest poczta?**	Excuse me [to lady], where is the post office?
Proszę państwa, **niech państwo wejdą.**	Do come in [to several people].

5.3   INDICATIVE

Polish has no subjunctive mood. Hypothetical events requiring the subjunctive in English are rendered by the indicative mood (conditional tense) or by adverbial phrases:

Gdyby był [conditional tense] **bogaty, to by nie pracował.**
If he were rich he would not work.

Na twoim miejscu [adverbial phrase] **zostałbym w Tarnowie.**
If I were you I would remain in Tarnów.

5.3.1   Active

5.3.1.1   Function

The active voice expresses action done by the subject (e.g. 'the child eats the soup'). Most spoken and written Polish uses the active voice.

5.3.1.2   Formation

This is described in detail under the individual tenses.

5.3.2   Passive

5.3.2.1   Function

The passive voice expresses action done to the subject (e.g. 'the soup is eaten by the child'). It is used mainly with the third person, but exists in all persons. It is formed with the appropriate part of **być** (imperfective verbs) or **zostać** (perfective verbs) and the adjectival participle passive (see 8.11 Adjectival participles).

The agent '**by**' is expressed with **przez** and the accusative case. This lengthens the passive sentence, making it clumsy. So, the active voice is preferred if an agent is stated.

The passive voice is used mainly in the past and future tenses. In the present tense, it is better to use the active voice or an impersonal reflexive construction with **się** (see 5.9 Reflexive verbs), is preferred.

5.3.2.2   Formation

		Sing.	*Pl.*	
Imperf. verbs:	*Pres.*	**jest**	**są**	
	Past	**był/a/o**	**byli/były**	
	Fut.	**będzie**	**będą**	
	Cond.	**był/a/o** + **by**	**byli/były** + **by**	+ adjectival participle passive
Perf. verbs:	*Pres.*	(not applicable)		
	Past	**został/a/o**	**zostali/zostały**	
	Fut.	**zostanie**	**zostaną**	
	Cond.	**został/a/o** + **by**	**zostali/zostały** + **by**	

Active voice (imperf.)
Andrzej je zupę.

Passive voice (imperf.)
Zupa *jest jedzona* **przez Andrzeja.**
The soup is being eaten by Andrew.

Dzieci odrabiają lekcje.

Lekcje *są odrabiane* **przez dzieci.**
Homework is done by chidren.

Mama kupuje ciastka.

Ciastka *są kupowane* **przez Mamę.**
Cakes are bought by Mum.

My zatrudniamy Adama.

Adam *jest zatrudniany* **przez nas.**
Adam is employed by us.

Ojciec pisał listy.

Listy *były pisane* **przez ojca.**
Letters were written by father.

Będę pił wino.

Wino *będzie pite* **przeze mnie.**
Wine will be drunk by me.

Active voice (perf.)
Kto napisał książkę?

Passive voice (perf.)
Przez kogo *została napisana* **książka?**
Who was the book written by?

Oni odwiedzieli miasto.	**Miasto** *zostało odwiedzone* **przez nich.**
	The town was visited by them.
Marek otworzy drzwi.	**Drzwi** *zostaną otwarte* **przez Marka.**
	The door will be opened by Mark.

5.3.3   Past adjectival participle (passive) in -o

If the agent of an action is irrelevant (e.g. in a news report/historical account), the passive is often expressed with a past adjectival participle (passive), but in a special third person singular form ending in **-o**. This can be used with imperfective or perfective verbs, but only in the past tense.

Imperfective

Wszędzie *rozmawiano* **o wypadku.**	The accident was being discussed everywhere.
Mówiono, **że był bohaterem.**	He was said to be a warrior.
Na polach *siano* **zboże.**	Grain was being sown in the fields.
Nazywano **go wariatem.**	He was called a madman.
Długo o Tomku nic nie *słyszano.*	Nothing was heard of Tom for a long time.

Perfective

Rannego *przywieziono* **do szpitala.**	The wounded man was brought to hospital.
Zbudowano **nowe chodniki.**	New pavements were built.
Kupiono **najlepszy sprzęt.**	The best equipment was bought.
Wszelkie propozycje *wzięto* **pod uwagę.**	All proposals were considered.
Zaproszono **gości.** *Nakryto* **do stołu.**	Guests were invited. The table was laid.

5.3.4   Negation

5.3.4.1   Verbs without direct object

To negate a verb which has no direct object put the particle **nie** before the verb.

Positive	*Negative*
Chodzę do kina.	*Nie* **chodzę do kina.**
	I don't go to the cinema.
Wiem, gdzie Tomasz mieszka.	*Nie* **wiem, gdzie Tomasz mieszka.**
	I don't know where Tom lives.
Bank jest czynny.	**Bank** *nie* **jest czynny.**
	The bank is not open.

5.3.4.2   Verbs with direct object

To negate a verb which has a direct object put the particle **nie** before the verb. Put the direct object into the genitive case (shown in capitals).

Positive	*Negative*
Lubię jabłka.	*Nie* **lubię JABŁEK.**
	I don't like apples.
Mam dwie siostry.	*Nie* **mam SIÓSTR.**
	I have no sisters.
Kupujemy samochód.	*Nie* **kupujemy SAMOCHODU.**
	We are not buying a car.
W pokoju jest radio.	**W pokoju** *nie* **ma RADIA.**
	There is no radio in the room.

5.3.4.3   Answering in the negative

The particle **nie** is repeated.

Czy pan zna Kraków?	*Nie. Nie* **znam Krakowa.**
	No. I don't know Kraków.
Państwo mają rodzinę?	*Nie. Nie* **mamy rodziny.**
	No. We don't have a family.

5.3.4.4   Double negatives (no-one, nothing, never, nowhere, not a single)

The verb is negated with **nie** as above. In addition, the negative forms of **kto, co, kiedy, gdzie** (who, what, when, where) are used. They are: **nikt, nic, nigdy, nigdzie**. **Żaden**, fully declinable as a distributive adjective/pronoun, means 'not a single/not any at all'.

For declension of **nikt** and **nic** see 7.6. For direct objects after negative verbs, the accusative form **nic** is acceptable instead of the genitive **niczego**. Adverbs **nigdy** and **nigdzie** are indeclinable.

5.3.4.4.1   Nikt ... nie (no-one)

Nikt nie **przyszedł.**	No-one came. [Nom.]
Nie **znam** *nikogo*.	I don't know anyone. [Acc.]
Nikomu **o wyjeździe** *nie* **mówił.**	He told no-one about his departure. [Dat.]
Nie **rozmawiałem z** *nikim*.	I spoke to no-one. [Instr. after **z**]

5.3.4.4.2   Nic ... nie (nothing)

Nic **się** *nie* **zmieniło.**	Nothing has changed. [Nom.]
Nic **mnie** *nie* **przekona.**	Nothing will convince me. [Nom.]

Nic się ci *nie* stało?

Are you all right? [lit. Nothing has happened to you?]. [Nom.]

Nic tu *nie* widać.

You can't see anything in here. [Acc.]

Nie mam *nic* do powiedzenia.

I have nothing to say. [Acc.]

Nie chcę *niczego.*

I don't want anything. [Gen.]

To *nie* nadaje się do *niczego.*

That's no use for anything. [Gen. after **do**]

Ona w *niczym nie* jest dobra.

She is no good at anything. [Loc. after **w**]

5.3.4.4.3   **Nigdy ... nie** (never)

Marek *nigdy nie* palił.

Mark never smoked.

Nigdy nie byłem w Niemczech.

I have never been to Germany.

5.3.4.4.4   **Nigdzie ... nie** (nowhere)

Nigdzie go *nie* widać.

He is nowhere to be seen.

Stanisław *nigdzie nie* pracuje.

Stanley does not work anywhere.

Nigdzie nie było biletów na koncert.

There were no concert tickets anywhere.

5.3.4.4.5   **Żaden/a/e** (not one, not any, none)

Żaden z nich *nie* jest lekarzem.

None of them are doctors. [Nom. pronoun]

Nie zgłosili się *żadni* kandydaci.

No candidates came forward. [Nom. adj.]

On *żadnych* książek *nie* czyta.

He does not read any books. [Gen. adj.]

Nie zrobię tego za *żadną* cenę.

I won't do that at any price. [Acc. adj.]

Nie wierzę *żadnemu.*

I don't believe any one of them. [Dat. pronoun]

5.3.4.4.6   Combination of negatives   One **nie**, placed before the verb, suffices.

Ja *nigdy nic* NIE robię.

I never do anything.

Nikt tu *nigdy nic* NIE robi.

No-one ever does anything here.

Nigdy nikomu NIE wierzy.

He never believes anyone.

On o tym *nigdy nic* NIE mówi.

He never speaks about that.

W niedzielę *nigdy nic* NIE można kupić.

You can never buy anything on a Sunday.

Janek *nigdy nigdzie* NIE pracował.

John has never worked anywhere.

5.3.4.4.7 **Nikt, nic, nigdy, nigdzie + więcej**

These translate as 'else' or 'again'.

Powiem tobie, ale *nikomu więcej.*	I'll tell you but no-one else.
Nie chciałem *nic więcej* o tym mówić.	I didn't want to say anything else about it.
***Nigdy więcej* już nie pójdę tam.**	I'll never go there again.
Nie będę *nigdzie więcej* szukał.	I won't look anywhere else.

5.4   ASPECTS

Polish has fewer tenses than English. It has no continuous tenses to express duration or incompletion of an action (e.g. 'am walking, was singing, will be going') and no composite past tenses (e.g. 'have walked, had sung, will have gone'). To make up for this deficit, most Polish verbs have evolved with two distinct forms, *imperfective* and *perfective*. Each verb form expresses a different aspect of an action. For comprehensive lists, refer to a textbook of Polish verbs.

Imperfective verbs express	*Perfective verbs express*
Action still in progress	Completed or single action
Action extending over a period of time	Single action in the future
Habitual action	Action which will be completed in the future
Repeated action	

Imperfective verbs have these tenses	*Perfective verbs have these tenses*
Present, Past, Composite Future, Conditional	Past, Simple Future, Conditional

5.4.1   Perfective verb forms

Perfective verbs are usually simply imperfective verbs changed as in (a) or (b) below.

(a) Change in stem suffix and also often in stem, for example:

Imperf.	*Perf.*	*Imperf.*	*Perf.*
kupować	**kup*ić*** buy	**pozwalać**	**poz*wolić*** allow
pomagać	**pom*óc*** help	**wycierać**	**wy*trzeć*** wipe

(b) Addition of prefix, for example:

Imperf.	*Perf.*	*Imperf.*	*Perf.*
robić	***z*robić** do	**pakować**	***s*pakować** pack
sprzątać	***po*sprzątać** tidy	**pisać**	***na*pisać** write

There is no rule for determining the correct prefix. For a list of usual prefixes and examples of usage see 5.15 Verbal prefixes.

Some imperfective/perfective pairs do not look alike at all:

Imperf.	Perf.	Imperf.	Perf. *[handwritten: powiem]*
brać	**wziąć** take	**mówić**	**powiedzieć** say
móc	**potrafić** be able	**kłaść**	**położyć** place

A few verbs have no perfective forms, e.g. **bać się** (fear), **marzyć** (wish), **mieć** (have), **musieć** (have to), **śnić** (dream), **wiedzieć** (know), **woleć** (prefer), **żyć** (live), **życzyć** (wish).

Notes:

1 Imperfective verbs are often used to give negative commands, e.g. **Nie kładź! Nie bierz!** (Don't place! Don't take!). The commands can refer to *single completed* actions or to *habitual* actions.

2 Perfective verbs are most often used to give positive commands, e.g. **Połóż! Weź!** (Place! Take!).

3 Imperfective/perfective pairs of verbs rarely conjugate identically.

5.4.2 Imperfective verb forms

A few very common verbs have two imperfective forms.

In *verbs of motion*, the imperfective aspect subdivides into:

indeterminate aspect – expresses frequent, habitual or repetitive action;

determinate aspect – expresses action in progress.

In a very few *other verbs*, the imperfective aspect subdivides into:

actual aspect – expresses habitual action, or action in progress
frequentative aspect – expresses repetitive action (regular or irregular). It is rarely encountered.   *[handwritten: Ind + freq]*

Imperf.		Perf.	Imperf.		Perf.
Indeter.	Deter.		Actual	Freq.	
chodzić	iść	pójść	widzieć	widywać	zobaczyć
jeździć	jechać	pojechać	pisać	pisywać	napisać
latać	lecieć	polecieć	czytać	czytywać	przeczytać
nosić	nieść	zanieść	być	bywać	–
wozić	wieźć	zawieźć	mieć	miewać	–

Imperfective and perfective verb pairs are often used together, even in one sentence, as below:

5.4.2.1 *Verbs with indeterminate and determinate imperfective forms*

Here, the idea of 'regularly' is contained in the *indeterminate* form and is not always stated. The idea of 'now' is contained in the *determinate* form:

Anna *chodzi* **do klubu.**
[imperf. indeter. present]
Anna goes to the club [regularly].
Wczoraj *poszła* **sama.**
[perf. past]
Yesterday she went alone.

Dzisiaj *idzie* **z Piotrem.**
[imperf. deter. present]
Today she is going with Peter.
W piątek *pójdzie* **z Martą.**
[perf. future]
On Friday she will go with Martha.

Nad rynkiem *latają* **ptaki.**
[imperf. indeter. present]
Birds are flying above the market place.
Patrz! *Przyleciały* **gołębie i** *lecą* **do dziecka po chleb.**
[perf. past]   [imperf. deter. present]
Look! Some pigeons have flown in and are flying to the child for bread.
Ach! Już *poleciały* **ale zaraz inne** *przylecą.*
[perf. past]   [perf. future]
Oh! They have flown away but others will come soon.

Adaś ciągle *jeździ* **do Krakowa.**
[imperf. indeter. present]
Adam regularly travels to Krakow.
Dzisiaj *jedzie* **inną drogą.**
[imperf. deter. present]
Today he is going a different way.
Już *pojechał.*
[perf. past]
He has already set off.

Wczoraj *jechał* **przez miasto.**
[imperf. deter. past]
Yesterday he went through town.

Jutro *pojedzie* **później.**
[perf. future]
Tomorrow he will go later.

Michał *niesie* **zakupy.**
[imperf. deter. present]
Michael is carrying the shopping.

On chętnie *nosi* **zakupy.**
[imperf. indeter. present]
He [always] carries the shopping
    willingly.

Rano *zaniósł* **do babci.**
[perf. past]
This morning he carried it to
    Granny's.

Jutro *zaniesie* **do wujka.**
[perf. future]
Tomorrow he will carry it to his
    uncle's.

5.4.2.2 Verbs with only one imperfective form

Here, the idea of 'regularly' or 'repeatedly' must be expressed with an explanatory adverb/adverbial phrase of time (shown in capitals):

Ola *szyje* **sukienkę.**
[imperf. present]
Ola is sewing a dress.

Ona CZĘSTO *szyje.*
[imperf. present]
She often sews.

Wczoraj *szyła* **spodnie.**
[perf. past]
Yesterday she was sewing trousers.

Jutro *uszyje* **fartuchy.**
[perf. future]
Tomorrow she will sew aprons.

Mama *piecze* **ciasta.**
[imperf. present]
Mum is baking cakes.

W NIEDZIELĘ zawsze *piecze.*
[imperf. present]
She always bakes on Sundays.

Już *upiekła* **keks.**
[perf. past]
She has already baked a fruit cake.

Jeszcze *upiecze* **tort.**
[perf. future]
She will bake a sponge yet.

5.4.2.3   Verbs with actual and frequentative imperfective forms

Here, the ideas of 'habitually' and 'now' are expressed with the *actual* form, if necessary with an explanatory adverb/adverbial phrase of time (shown in capitals):

Łukasz *czyta* **książkę.**
[imperf. act. pres. – now]
Luke is reading a book.

CIĄGLE *czyta* **książki.**
[imperf. act. pres. – habit]
He constantly reads books.

Przeczytał **ich sto.**
[perf. past]
He has read a hundred.

Jeszcze więcej *przeczyta.*
[perf. future]
He will read more yet.

Maria *pisze* **list.**
[imperf. act. pres. – now]
Mary is writing a letter.

Lubi **pisać.**
[imperf. infinitive]
She likes writing.

Napisała **do cioci.**
[perf. past]
She has written to auntie.

Chce **też** *napisać* **do Tomka.**
[perf. infinitive]
She wants to write to Tom too.

The rare frequentative form holds the idea of 'repetition'.

Dziadek RZADKO *czytywał* **książki.**
Grandad read books infrequently.

Marek i Ewa OD CZASU DO CZASU *pisują* **do siebie.**
Mark and Eve write to each other occasionally.

Marek i Ewa CODZIENNIE *pisują* **do siebie.**
Mark and Eve write to each other every day.

Oni się RZADKO *widują.*
They rarely see each other.

Oni się CZĘSTO *widują* **w kawiarniach.**
They often see each other in cafés.

Bywa, **że nie mam pieniędzy na autobus.**
I sometimes don't have money for the bus.

CZĘSTO *bywało*, **że kupował mi kwiaty.**
He often bought me flowers.

5.4.3   Tenses in imperfective and perfective verbs

The usage of the imperfective and perfective tenses of a verb pair is best seen from examples:

Imperfective Verb	**kupować** (to buy)
Present	**Kupuję gazetę.**
	I'm buying a newspaper. [Action in progress]
	Zawsze tu kupuję gazetę.
	I always buy my paper here. [Habitual action]
	Nie kupuję gazet. Są drogie.
	I don't buy papers. They are expensive. [Habitual action]
Past	**Kupowałem gazetę, kiedy spotkałem Piotra.**
	I was buying a paper when I met Peter. [Action in progress]
	Kupowałem tu gazety przez wiele lat.
	I bought papers here for many years. [Repeated action]
Composite Future	**Będę tu kupował gazety. Jest blisko.**
	I'll buy my papers here. It's near. [Habitual action]
Conditional	**Kupowałbym gazety, gdybym miał pieniądze.**
	I would buy papers if I had the money. [Habitual action]
Imperative	**Nie kupuj angielskich gazet.**
(*Negative*)	Don't buy English papers. [Habitual action]
	Nie kupuj dzisiaj gazety.
	Don't buy a paper today. [Single action]
(*Positive*)	**Kupuj tę gazetę. Jest dobra.**
	[Always] buy this paper. It's good. [Habitual action]
With infinitive	**Najlepiej jest tu kupować gazety.**
	It is best to buy papers here. [Habitual action]
	Od roku muszę tu kupować gazety. Jest mało kiosków.
	For a year I've had to buy my papers here. There are few kiosks. [Duration]
	Ojciec zabronił dziecku kupować gazety.
	The father forbade the child to buy papers. [Duration – ban lasted for period]
Perfective Verb	**kupić** (to buy)
Past	**Kupiłem gazetę.**
	I've bought a newspaper. [Completed action]
Simple Future	**Kupię gazetę.**
	I'll buy a paper. [Single action in future]

Conditional	**Dzisiaj są wybory. Kupiłbym gazetę, gdybym miał pieniądze.**
	It's election day. I would buy a paper if I had the money. [Single action]
Imperative	**Kup dzisiaj gazetę. Są wybory.**
	Buy a paper today. It's election day. [Single action]
With infinitive	**Daj mi złotówkę. Chcę kupić gazetę.**
	Give me one złoty. I want to buy a paper. [Single action]
	Jest kiosk. Możesz kupić gazetę.
	Here's a kiosk. You can buy a paper. [Single action]
	Ojciec nie pozwolił dziecku kupić gazety.
	The father did not allow the child to buy a paper. [Single action]

5.5 PRESENT TENSE

5.5.1 Function

The present tense as meant in English can only be expressed by imperfective verbs. It defines action still in progess, habitual action or repeated action, e.g. **kupować: kupuję** (I am buying, I buy, I do buy).

A perfective verb, indicated below as 'perf.', has no present tense, e.g. **kupić: kupię** (I will buy). It forms its *future* tense using the *present* tense endings of the conjugation to which it belongs. Hence, perfective verbs are included in this section even though they express the future.

5.5.2 What is a conjugation?

A conjugation is a group of verbs which form their tenses in an identical or similar manner. In Polish, the conjugation to which a verb belongs is decided, not by its infinitive ending, but by the endings which, over time, evolved in the *first* and *third* person *singular* and *third* person *plural* of its *present* tense. Additionally, as in all languages, some verbs are totally irregular.

The verbs below all have infinitives ending in **-ieć** but, in fact, belong to different conjugations:

Singular				
1st pers. **ja**	*2nd pers.* **ty**	*3rd pers.* **on/ona/ono**		*conjug.*
m-*AM*	m-*asz*	m-*A*	**mieć** (have)	1a
umi-*EM*	umi-*esz*	umi-*E*	**umieć** (know)	2a
siedz-*Ę*	siedz-*isz*	siedz-*I*	**siedzieć** (sit)	4b
Plural				
1st pers. **my**	*2nd pers.* **wy**	*3rd pers.* **oni/one**		
m-*amy*	m-*acie*	m-*AJĄ*		
umi-*emy*	umi-*ecie*	umi-*EJĄ*		
siedz-*imy*	siedz-*icie*	siedz-*Ą*		

Dictionaries differ in how many conjugations they define, how many subdivisions they make within conjugations, and how they number the conjugations themselves. This grammar book defines four conjugations as below, with some subdivisions. The conjugation numbers are unimportant. The present tense endings are critical.

Note: Reflexive verbs are omitted unless difficult to conjugate. For main reflexive verbs in all conjugations see 5.9 Reflexive verbs.

Conjugation	*1st sing.*	*3rd sing.*	*3rd pl.*
1	am	a	ają
2a	em	e	eją
2b	em	e	edzą
3a	u/a + ję	u/a + je	u/a + ją
3b	u/y/e/ + ję	u/y/e/o + je	u/y/e/o + ją
3c	ę	e	ą
3d	ę	e	ą
3e	ę	e	ą
4a	ię	i	ią
4b	ę	i	ą
4c	ę	y	ą

Notes:

1 The third person singular and plural, together with **Pan**, **Pani** and **Państwo**, are used to address people formally (see 7 Pronouns).

2 The purchase of a text book of Polish verbs conjugated in all their tenses is recommended.

5.5.3   Verb 'to be'

This verb is imperfective. It has an irregular actual form **być** and a frequentative form **bywać** belonging to Conjugation 1. **Bywać** is less common. **Być** is often omitted in short questions/answers.

Person	Actual (now)	Frequentative (often)	
ja	jestem	bywam	I am
ty	jesteś	bywasz	you are (sing.)
on/ona/one	jest	bywa	he/she/it is
my	jesteśmy	bywamy	we are
wy	jesteście	bywacie	you are (pl.)
oni/one	są	bywają	they are

Dzisiaj Kasia *jest* **u nas.**	Kate is at our house today.
Marek często *bywa* **u nas.**	Mark is often at our house.
W parku *są* **piękne drzewa.**	There are lovely trees in the park.
Bywają **w życiu niespodzianki.**	Surprises happen in life.
Kto to [jest]? To ja [jestem]/	Who's that? It is I/It's Eve.
To Ewa [jest].	

5.5.4   Conjugation 1: **am**, **a**, **ają**

This conjugation is the largest. Most verbs here end in **-ać** (but *not* **-ować**, **-ywać**, **-iwać** or **-awać**). The present tense endings are:

Person	Ending	*witać* (greet)	*mieszkać* (live)
ja	*-am*	wit*am*	mieszk*am*
ty	*-asz*	wit*asz*	mieszk*asz*
on/ona/ono	*-a*	wit*a*	mieszk*a*
my	*-amy*	wit*amy*	mieszk*amy*
wy	*-acie*	wit*acie*	mieszk*acie*
oni/one	*-ają*	wit*ają*	mieszk*ają*

Some common Conjugation 1 verbs

czekać	wait	**latać**	fly	**otwierać**	open
czytać	read	**mieszkać**	live	**pamiętać**	remember
grać	play	**narzekać**	complain	**pływać**	swim
kochać	love	**odwiedzać**	visit a person	**przepraszać**	apologise
korzystać	make	**oglądać**	look at, watch	**rozmawiać**	converse
	use of	**opowiadać**	narrate, tell	**siadać**	sit down

słuchać	listen	szukać	look for	znać	know
śpiewać	sing	witać	greet	zwiedzać	visit a
sprawdzać	check	zamykać	close		place

Note: **mieć** (have): **mam, masz, ma, mamy, macie, mają**

5.5.5   Conjugation 2

Verbs in this tiny conjugation end in **-ieć** (but *some* **-ieć** verbs belong to other conjugations). It has two subdivisions, which differ only in the third person plural ending. The verb **jeść** also belongs here. The present tense endings are given in the tables below.

5.5.5.1   Conjugation 2a: *em, e, eją*

Person	Ending	*rozumieć (understand)*	*umieć (know how to)*[1]
ja	-em	rozumiem	umiem
ty	-esz	rozumiesz	umiesz
on/ona/ono	-e	rozumie	umie
my	-emy	rozumiemy	umiemy
wy	-ecie	rozumiecie	umiecie
oni/one	-eją	rozumieją	umieją

[1] Followed by infinitive. See 5.10 Modal auxiliary verbs.

5.5.5.2   Conjugation 2b: *em, e, edzą*

Person	Ending	*wiedzieć (know a fact)*	*jeść (eat)*
ja	-em	wiem	jem
ty	-esz	wiesz	jesz
on/ona/ono	-e	wie	je
my	-emy	wiemy	jemy
wy	-ecie	wiecie	jecie
oni/one	-edzą	wiedzą	jedzą

5.5.6   Conjugation 3

This is a very large conjugation with various infinitive endings. It has five subdivisions, of which the first two add an extra **-j-** before the verb endings.

5.5.6.1   *Conjugation 3a:* ** uję, uje, ują** *or* **aję, aje, ają**

5.5.6.1.1   *Model 1*

The very many verbs in this group have the infinitive endings **-ować**, **-ywać or -iwać**. Most verbs here are imperfective in meaning. The present tense endings are given in the table.

Person	*Ending*	**kupować**	**obiecywać**	**oczekiwać**
		(buy)	*(promise)*	*(expect)*
ja	*-uję*	kup*uję*	obiec*uję*	oczek*uję*
ty	*-ujesz*	kup*ujesz*	obiec*ujesz*	oczek*ujesz*
on/ona/ono	*-uje*	kup*uje*	obiec*uje*	oczek*uje*
my	*-ujemy*	kup*ujemy*	obiec*ujemy*	oczek*ujemy*
wy	*-ujecie*	kup*ujecie*	obiec*ujecie*	oczek*ujecie*
oni/one	*-ują*	kup*ują*	obiec*ują*	oczek*ują*

Many new verbs, borrowed from other languages, fall into this category, e.g. **dublować, kolidować, kombinować, manipulować, wulkanizować**. Such verbs often acquire a figurative as well as a literal meaning.

Some common Conjugation 3a Model 1 verbs

budować	build	**obiecywać**	promise
całować	kiss	**opatrywać**	fix, dress a
chorować	be ill		wound
dziękować	thank	**opisywać**	document
gotować	cook	**otrzymywać**	get
kierować	drive	**pokazywać**	show
kolędować	sing carols	**przekonywać**	convince
kosztować	cost, taste	**utrzymywać**	maintain
kupować	buy	**widywać**	see, meet
malować	paint	**wychowywać**	bring up a child
pilnować	look after, watch	**wykonywać**	perform a
pracować	work		function
próbować	try, taste	**doczekiwać**	wait till event occurs,
przyjmować	accept		live to see
ratować	save	**oczekiwać**	expect, anticipate
spacerować	stroll	**podskakiwać**	jump, rise
studiować	study	**podsłuchiwać**	eavesdrop
szanować	respect	**pomrukiwać**	murmur, purr
żałować	regret, pity	**posługiwać**	serve, wait on
żartować	joke	**poszukiwać**	look for

5.5.6.1.2   *Model 2*

The few verbs in this group have the infinitive ending **-awać** and are imperfective in meaning. The endings are given in the table.

Person	Ending	dawać (give)	sprzedawać (sell)
ja	**-aję**	d*aję*	sprzed*aję*
ty	**-ajesz**	d*ajesz*	sprzed*ajesz*
on/ona/ono	**-aje**	d*aje*	sprzed*aje*
my	**-ajemy**	d*ajemy*	sprzed*ajemy*
wy	**-ajecie**	d*ajecie*	sprzed*ajecie*
oni/one	**-ają**	d*ają*	sprzed*ają*

Some common Conjugation 3a Model 2 verbs

dawać	give	**rozdawać**	distribute
dostawać	receive	**sprzedawać**	sell
oddawać	give back	**wstawać**	get up, rise
poznawać	become acquainted	**zostawać**	remain, be left over
przyznawać	admit		

5.5.6.2   *Conjugation 3b: u/y/e/i + ję, je, ją*

This applies to a small group of verbs (often having only one syllable) in **-uć**, **-yć**, **-eć**, **-ać** and **-ić**. The vowel of the infinitive ending remains in the present tense, except in the case of the **-ać** verbs.

-uć: -uję	-yć: -yję	-eć: -eję	-ać: -eję	-ić: -iję
czuć (feel, smell)	*myć (wash)*	*kuleć (limp)*	*lać (pour)*	*pić (drink)*
czu*ję*	my*ję*	kul*eję*	l*eję*	pi*ję*
czu*jesz*	my*jesz*	kul*ejesz*	l*ejesz*	pi*jesz*
czu*je*	my*je*	kul*eje*	l*eje*	pi*je*
czu*jemy*	my*jemy*	kul*ejemy*	l*ejemy*	pi*jemy*
czu*jecie*	my*jecie*	kul*ejecie*	l*ejecie*	pi*jecie*
czu*ją*	my*ją*	kul*eją*	l*eją*	pi*ją*

Likewise

kłuć	prick, sting	**drobnieć**	lessen	**bić**	hit
pluć	spit	**drożeć**	rise in price		
psuć	spoil	**istnieć**	exist		
truć	poison	**starzeć się**	grow old		
żuć	chew	**tanieć**	cheapen		
szyć	sew	**grzać**	warm		
żyć	live, be alive	**smiać się**	laugh		

5.5.6.3   *Conjugation 3c:* ę, e, ą

This group contains verbs in **-ać**, **-ec**, **-eć**, **-yc**, **-uc** and **-c**. Most verbs here are imperfective in meaning. The present tense stem differs from the infinitive stem. This is due to the softening of the stem consonant when followed by **-e**. Also vowel changes may occur, so that the first person singular and third person plural differ from the remaining persons. The present tense endings are given in the table.

Person	*Ending*	
ja	*-ę*	I
ty	*-esz*	you (sing.)
on/ona/ono	*-e*	he/she/it
my	*-emy*	we
wy	*-ecie*	you (pl.)
oni/one	*-ą*	they

5.5.6.3.1   *Model 1:* Verbs in **-ać**

This is a small group, having the consonant changes shown below. The **r – rz** change normally occurs throughout the tense. However, if the first person singular stem ends in **-r**, so does the third person plural stem; in all other persons the **-r** changes to **-rz** as in **brać** below.

r – rz	s – sz	k – cz	z – ż
brać *(take)*	***pisać*** *(write)*	***płakać*** *(cry)*	***wiązać*** *(tie)*
biorę	piszę	płaczę	wiążę
bierzesz	piszesz	płaczesz	wiążesz
bierze	pisze	płacze	wiąże
bierzemy	piszemy	płaczemy	wiążemy
bierzecie	piszecie	płaczecie	wiążecie
biorą	piszą	płaczą	wiążą

Likewise

prać – piorę (wash)   **czesać – czeszę** (comb)   **płukać – płuczę** (rinse)
karać – karzę (punish)   **kołysać – kołyszę** (rock)   **skakać – skaczę** (jump)

m – mi	p – pi	t – cz	w – wi
łamać *(break)*	***łapać*** *(catch)*	***dygotać*** *(shiver)*	***rwać*** *(tear)*
łamię	łapię	dygoczę	rwę
łamiesz	łapiesz	dygoczesz	rwiesz
łamie	łapie	dygocze	rwie
łamiemy	łapiemy	dygoczemy	rwiemy
łamiecie	łapiecie	dygoczecie	rwiecie
łamią	łapią	dygoczą	rwą

Likewise:

kłamać – kłamię (lie)   drapać – drapię (scratch)
kąpać – kąpię (bath)   świergotać – świergoczę (chirp)
szczebiotać – szczebioczę (chirp)   chrupać – chrupię (crunch)
drzemać – drzemię (snooze)   sypać – sypię (pour)

5.5.6.3.2   *Model 2:* Verbs in **-ec**, **-eć**, **-yc**, **-uc**, **-c**
This comprises a small group. The stem of the first person singular is identical to that of the third person plural. In all other persons the consonant changes below occur.

g – ż	**r – rz**	**k – cz**
strzec (guard)	*trzeć (rub)*	*tłuc (smash)*
strzegę	trę	tłukę
strzeżesz	trzesz	tłuczesz
strzeże	trze	tłucze
strzeżemy	trzemy	tłuczemy
strzeżecie	trzecie	tłuczecie
strzegą	trą	tłuką

Likewise:

strzyc – strzygę (cut,   umrzeć – umrę (die)   piec – piekę (bake)
  shear)   [perf.]   wlec – wlokę (haul,
móc – mogę (be able)[1]   drzeć – drę (tear)   drag)

[1] Indicates verb followed by infinitive. See 5.10 Modal auxiliary verbs.

5.5.6.4   *Conjugation 3d:* ę, e, ą

This group of verbs ends in **-nąć** and **-ąć**. Verbs in **-nąć**, a large group, are mostly imperfective in meaning. They have an extra **i** in all persons except the first singular and third plural. Verbs in **-ąć**, a small group, additionally add **n** or **m** throughout, and may also show consonant changes (e.g. **ciąć – tnę**). They are often perfective. The endings are:

Model 1: -nąć	*Model 2: -ąć + n*	*Model 3: -ąć + m*
ciągnąć (pull)	*ciąć (cut)*	*zdjąć (take off)*
ciągnę	tnę	zdejmę
ciągniesz	tniesz	zdejmiesz
ciągnie	tnie	zdejmie
ciągniemy	tniemy	zdejmiemy
ciągniecie	tniecie	zdejmiecie
ciągną	tną	zdejmą

Likewise:

Model 1		*Model 2*	
biegnąć	run[1]	**giąć – gnę**	bend
ginąć	disappear	**kląć – klnę**	swear
kopnąć	kick #	**odpiąć**	unbutton #
krzyknąć	shout #	**odpocząć**	rest #
kwitnąć	bloom	**zacząć**	begin #
moknąć	get wet	**zapiąć**	button #
marznąć	freeze		
pęknąć	burst #	*Model 3*	
płynąć	float, sail		
rosnąć	grow	**dąć – dmę**	blow
stanąć	stop, stand #	**wziąć – wezmę**	take #
sunąć	move	**zająć – zajmę**	occupy #
szepnąć	whisper		

[1] Alternative infinitive **biec** also exists.

5.5.6.5   Conjugation 3e: ę, e, ą

This group of verbs ends in **-ść** and **-źć**. They are mostly imperfective in meaning. Softening of the final stem consonant, when followed by **e**, occurs in all persons except the first singular and third plural. These may also have different stem vowels (usually **o:e** alternation). The endings are as below.

s – si	n – ni	z – zi	t – ci	d – dzi
nieść	***kraść***	***wieźć***	***gnieść***	***iść***
(carry)	*(steal)*	*(transport)*	*(crumple)*	*(go)*
niosę	kradnę	wiozę	gniotę	idę
niesiesz	kradniesz	wieziesz	gnieciesz	idziesz
niesie	kradnie	wiezie	gniecie	idzie
niesiemy	kradniemy	wieziemy	gnieciemy	idziemy
niesiecie	kradniecie	wieziecie	gnieciecie	idziecie
niosą	kradną	wiozą	gniotą	idą

*Like **nieść**:*	**trząść – trzęsę, trzęsie, trzęsą** (shake)
*Like **wieźć**:*	**wleźć – wlezę, wlezie, wlezą** (crawl into, enter) #
*Like **iść**:*	**kłaść – kładę, kładzie, kładą** (put, place)
	wieść – wiodę, wiedzie, wiodą (lead)
	pójść – pójdę, pójdzie, pójdą (go) #
	znaleźć – znajdę, znajdzie, znajdą (find) #
*Like **gnieść**:*	**pleść – plotę, plecie, plotą** (weave)

# Indicates perfective verb.

5.5.7   Conjugation 4

5.5.7.1   Conjugation 4a: *ię, i, ią*

This group of verbs ends in **-bić**, **-mić**, **-nić**, **-pić** and **-wić**. They are mostly imperfective in meaning. The **i** of the infinitive ending remains throughout the present tense. The endings are given in the table below.

Person	Ending	*robić* (make, do)	*śnić* (dream)	*wątpić* (doubt)
ja	-*ię*	rob*ię*	śn*ię*	wątp*ię*
ty	-*isz*	rob*isz*	śn*isz*	wątp*isz*
on/ona/ono	-*i*	rob*i*	śn*i*	wątp*i*
my	-*imy*	rob*imy*	śn*imy*	wątp*imy*
wy	-*icie*	rob*icie*	śn*icie*	wątp*icie*
oni/one	-*ią*	rob*ią*	śn*ią*	wątp*ią*

Some common Conjugation 4a verbs

bawić się	(amuse oneself)	**mówić**	(say)
bronić	(defend)	**robić**	(make, do)
dziwić się	(be amazed)	**śnić**	(dream)
dzwonić	(ring)	**topić**	(drown)
gonić	(race, chase)	**tropić**	(hunt, track)
gubić	(lose)	**wątpić**	(doubt)
lubić	(like)	**żenić się**	(marry, take a wife)
martwić się	(worry)		

5.5.7.2   Conjugation 4b: *ę, i, ą*

This group of verbs ends in **-ić**, though a few verbs in **-oić/-eić/-ać** and **-eć** also belong here. They are mostly imperfective in meaning. In the first singular and third plural only of *some* **-ić** verbs, loss of the **i** of the infinitive ending causes a change in the stem consonant as below. In the *remaining* **-ić** verbs (usual ending: **-cić**, **-lić**, **-dzić**) and in all **-eć** verbs, in all persons except the first singular and third plural, the stem consonant, followed by **i**, is softened but not changed. The endings are given in the table below.

si – sz	zi – ż	ści – szcz	ździ – żdż
prosić	*wozić*	*czyścić*	*jeździć*
(*ask*)	(*transport*)	(*clean*)	(*travel*)
pro*szę*	wo*żę*	czy*szczę*	je*żdżę*
pro*sisz*	wo*zisz*	czy*ścisz*	je*ździsz*

prosi	wozi	czyści	jeździ
prosimy	wozimy	czyścimy	jeździmy
prosicie	wozicie	czyścicie	jeździcie
proszą	wożą	czyszczą	jeżdżą

-eć   **-oić/-eić/-ać: ję, i, ją**

myśleć	*kroić*	*kleić*	*stać*
(*think*)	(*cut*)	(*glue*)	(*stand*)
myślę	kroję	kleję	stoję
myślisz	kroisz	kleisz	stoisz
myśli	kroi	klei	stoi
myślimy	kroimy	kleimy	stoimy
myślicie	kroicie	kleicie	stoicie
myślą	kroją	kleją	stoją

Like **prosić**	**dusić**	choke
	nosić	carry
Like **wozić**	**mrozić**	freeze
	grozić	threaten
Like **czyścić**	**gościć**	entertain
	mieścić się	be contained
Like **kroić**	**stroić**	adorn
	poić	give to drink
	niepokoić	worry
	troić się	triple

Some common Conjugation 4b verbs in **-eć**

boleć	hurt	**skrzypieć**	squeak
lecieć	fly	**widzieć**	see
siedzieć	sit	**woleć**	prefer

Some common Conjugation 4b verbs with consonant softening

These verbs are conjugated like **myśleć** above:

brudzić	dirty	**marudzić**	linger, grumble
budzić	waken	**mylić**	confuse
budzić się	wake up	**mylić się**	make an error
chodzić	walk	**nudzić**	bore
chrzcić	christen	**nudzić się**	be bored
chwalić	praise	**palić**	smoke, burn
golić	shave	**płacić**	pay
golić się	shave oneself	**prowadzić**	lead
kłócić się	argue	**radzić**	advise
kręcić	turn		

rodzić	bear a child	**stracić**	lose #
rodzić się	be born	**szkodzić**	harm
skrócić	shorten #	**śledzić**	pursue
smucić	sadden	**twierdzić**	maintain, affirm
smucić się	be sad	**wstydzić się**	be shy

# Indicates a perfective verb.

5.5.7.3 Conjugation 4c: ę, y, ą

This group of verbs, mostly imperfective in meaning, usually ends in **-yć**, though some **-eć** verbs also belong here. The verb stem typically ends in **-cz**, **-szcz**, **-sz**, **-ż**, **-żdż** or **-rz**. The conjugation is easy because no consonant or vowel changes occur. The endings are given in the table.

Person	Ending	*kończyć* (end)	*wrzeszczeć* (scream)	*słyszeć* (hear)	*leżeć* (lie)	*wierzyć* (believe)
ja	*-ę*	kończę	wrzeszczę	słyszę	leżę	wierzę
ty	*-ysz*	kończysz	wrzeszczysz	słyszysz	leżysz	wierzysz
on/ona/ono	*-y*	kończy	wrzeszczy	słyszy	leży	wierzy
my	*-ymy*	kończymy	wrzeszczymy	słyszymy	leżymy	wierzymy
wy	*-ycie*	kończycie	wrzeszczycie	słyszycie	leżycie	wierzycie
oni/one	*-ą*	kończą	wrzeszczą	słyszą	leżą	wierzą

Some common Conjugation 4c verbs

dotyczyć	apply to	**cieszyć**	gladden
kończyć	end	**cieszyć się**	rejoice
leczyć	heal	**kruszyć**	crumble
liczyć	count	**straszyć**	frighten
łączyć	join	**suszyć**	dry
przeczyć	disagree	**słyszeć**	hear
tańczyć	dance		
tłumaczyć	translate	**krążyć**	revolve, circle
toczyć	roll	**lekceważyć**	disregard, slight
• **uczyć**	teach	**służyć**	serve
uczyć się	learn, study	**położyć**	lay down #
znaczyć	mean	**ważyć**	weigh
• **zobaczyć**	see #	**drżeć**	tremble
życzyć	wish	**leżeć**	lie
jęczeć	groan, wail	**miażdżyć**	crush
krzyczeć	shout		
sterczeć	stick out	**marzyć**	wish
mruczeć	mutter	**patrzyć/patrzeć**	look at

5.6   PAST TENSE

In this section, for verbs not fully conjugated, the persons given are first and third singular masculine and third plural masculine and feminine. The remaining persons are easily worked out from these.

5.6.1   Function

The Polish past tense, according to context, can correspond to various English past tenses.

In *imperfective* verbs the past tense corresponds to these English tenses:

Past continuous:	**Kupowałem samochód, kiedy podszedł pan.** I was buying a car when a man walked up.
Simple past – enduring action:	**Firma kupowała samochody w Niemczech.** The firm bought cars in Germany.
'Used to' or 'would' – habit:	**Zawsze tam kupowałem paliwo.** I always used to buy petrol there.
	Biedni kupowali najgorsze paliwo. The poor would buy the worst petrol.

In *perfective* verbs the past tense corresponds to these English tenses:

Simple past:	**Wczoraj kupiłem samochód.** I bought a car yesterday.
Present perfect:	**Już kupiłem samochód.** I've bought a car already.
Past perfect:	**Kiedy chciał sprzedać samochód, już sobie kupiłem.** When he wanted to sell his car, I had already bought myself one.

5.6.2   Formation

The past tense, unlike the present tenses, distinguishes between the three genders in the singular, and between masculine 'men' nouns and all other nouns in the plural.

Apart from the exceptions listed below, to form the past tense of most Polish verbs, imperfective and perfective, add the following endings to the infinitive without its **-ć**:

		Singular		Plural		
	Masculine	*Feminine*	*Neuter*	*Men Nouns*	*Other Nouns*	
1st person	(ja) *-łem*	*-łam*	–	(my) *-liśmy*	*-łyśmy*	
2nd person	(ty) *-łeś*	*-łaś*	–	(wy) *-liście*	*-łyście*	
3rd person	(on) *-ł*	(ona) *-ła*	(ono) *-ło*	(oni) *-li*	(one) *-ły*	

Notes:

1 The plural for men nouns has **-li** not **-ły** throughout. It is also used for subjects of mixed male and female or mixed male and neuter gender.

2 In the singular, the stress is on the second last syllable; in the plural, on the third last syllable.

The past tense forms of **być**, **kochać**, **robić** and **czuć** are given below.

być (be)

Masc.	*Fem.*	*Neut.*	*Men*	*Other nouns*
ja by*łem*	ja by*łam*	–	my by*liśmy*	my by*łyśmy*
ty by*łeś*	ty by*łaś*	–	wy by*liście*	wy by*łyście*
on by*ł*	ona by*ła*	ono by*ło*	oni by*li*	one by*ły*

kochać (love)

Masc.	*Fem.*	*Neut.*	*Men*	*Other nouns*
ja kocha*łem*	ja kocha*łam*	–	my kocha*liśmy*	my kocha*łyśmy*
ty kocha*łeś*	ty kocha*łaś*	–	wy kocha*liście*	wy kocha*łyście*
on kocha*ł*	ona kocha*ła*	ono kocha*ło*	oni kocha*li*	one kocha*ły*

robić (make, do)

Masc.	*Fem.*	*Neut.*	*Men*	*Other nouns*
ja robi*łem*	ja robi*łam*	–	my robi*liśmy*	my robi*łyśmy*
ty robi*łeś*	ty robi*łaś*	–	wy robi*liście*	wy robi*łyście*
on robi*ł*	ona robi*ła*	ono robi*ło*	oni robi*li*	one robi*ły*

czuć (feel)

Masc.	*Fem.*	*Neut.*	*Men*	*Other nouns*
ja czu*łem*	ja czu*łam*	–	my czu*liśmy*	my czu*łyśmy*
ty czu*łeś*	ty czu*łaś*	–	wy czu*liście*	wy czu*łyście*
on czu*ł*	ona czu*ła*	ono czu*ło*	oni czu*li*	one czu*ły*

There are three groups of exceptions.

(a) Verbs in **-eć** change the **e** of the infinitive into **a** before **ł**. Before **l** the **e** remains:

mieć (have)

Masc.	Fem.	Neut.	Men	Other nouns
ja mia*ł*em	ja mia*ł*am	–	my mieliśmy	my mia*ł*yśmy
ty mia*ł*eś	ty mia*ł*aś	–	wy mieliście	wy mia*ł*yście
on mia*ł*	ona mia*ł*a	ono mia*ł*o	oni mieli	one mia*ł*y

Likewise: **chcieć, lecieć, leżeć, musieć, myśleć, rozumieć, siedzieć, umieć, widzieć, wiedzieć, woleć**, etc.

Note: **patrzeć/patrzyć** is conjugated as **być**, i.e. **patrzyłem, patrzył, patrzyli, patrzyły**.

(b) Verbs in **-ąć** and **-nąć** change the **ą** of the infinitive into **ę** everywhere except the masculine singular.

wziąć (take)

Masc.	Fem.	Neut.	Men	Other nouns
ja wziąłem	ja wzięłam	–	my wzięliśmy	my wzięłyśmy
ty wziąłeś	ty wzięłaś	–	wy wzięliście	wy wzięłyście
on wziął	ona wzięła	ono wzięło	oni wzięli	one wzięły

ciągnąć (pull)

Masc.	Fem.	Neut.	Men	Other nouns
ja ciągnąłem	ja ciągnęłam	–	my ciągnęliśmy	my ciągnęłyśmy
ty ciągnąłeś	ty ciągnęłaś	–	wy ciągnęliście	wy ciągnęłyście
on ciągnął	ona ciągnęła	ono ciągnęło	oni ciągnęli	one ciągnęły

Some verbs in **-nąć** omit **ną**: **biegnąć: biegłem, biegł, biegli/biegły** (run).

Some verbs in **-nąć** undergo the vowel alternation **o: ó** in the third person masculine singular and, perhaps, softening of the consonant before **l** in the masculine plural: **moknąć: mokłem, mókł, mokli/mokły** (get wet); **rosnąć: rosłem, rósł, rośli/rosły** (grow).

(c) Verbs in **-c**, **-ść** and **-źć** do not form the past tense from the infinitive. Instead, *imperfective* verbs with these infinitives insert, before the **l/ł**, the same consonant as exists in their present tense:

kłaść (place) [present tense **kładę**]

Masc.	Fem.	Neut.	Men	Other nouns
ja kładłem	ja kładłam	–	my kładliśmy	my kładłyśmy
ty kładłeś	ty kładłaś	–	wy kładliście	wy kładłyście
on kładł	ona kładła	ono kładło	oni kładli	one kładły

Likewise: **kraść: kradłem, kradł, kradli/kradły** (steal); **piec: piekłem, piekł, piekli/piekły** (bake).

Perfective verbs (which have no present tense) insert the same consonant as exists in the present tense of the corresponding imperfective verb.

uciec (escape) [imperfective **uciekać: uciekam**]

Masc.	Fem.	Neut.	Men	Other nouns
ja uciekłem	ja uciekłam	–	my uciekliśmy	my uciekłyśmy
ty uciekłeś	ty uciekłaś	–	wy uciekliście	wy uciekłyście
on uciekł	ona uciekła	ono uciekło	oni uciekli	one uciekły

Likewise: **upaść: upadłem, upadł, upadli/upadły** (fall).

Additionally, in this group, the vowel alternation **o: ó** may occur in the third person masculine singular. In the masculine plural, before **l**, change of vowel to **e** often occurs, perhaps with softening of the following consonant (usually **s** or **z**):

nieść (carry)

Masc.	Fem.	Neut.	Men	Other nouns
ja niosłem	ja niosłam	–	my nieśliśmy	my niosłyśmy
ty niosłeś	ty niosłaś	–	wy nieśliście	wy niosłyście
on niósł	ona niosła	ono niosło	oni nieśli	one niosły

Likewise:

gnieść: gniotłem, gniótł, gnietli/gniotły	crumple
pleść: plotłem, plótł, pletli/plotły	weave
wieść: wiodłem, wiódł, wiedli/wiodły	lead
wieźć: wiozłem, wiózł, wieźli/wiozły	transport
znaleźć: znalazłem, znalazł, znaleźli/znalazły	find
usiąść: usiadłem, usiadł, usiedli/usiadły	sit down

5.6.3 Common verbs with irregular past tenses

móc: mogłem, mógł, mogli/mogły	be able
pomóc: pomogłem, pomógł, pomogli/pomogły	help
drzeć: darłem, darł, darli/darły	tear
umrzeć: umarłem, umarł, umarli/umarły	die
wytrzeć: wytarłem, wytarł, wytarli/wytarły	wipe
jeść: jadłem, jadł, jedli/jadły	eat

Iść and its derivatives insert an extra **e** when pronunciation demands it.

iść (go)

Masc.	Fem.	Neut.	Men	Other nouns
ja szedłem	ja szłam	–	my szliśmy	my szłyśmy
ty szedłeś	ty szłaś	–	wy szliście	wy szłyście
on szedł	ona szła	ono szło	oni szli	one szły

Likewise:

pójść: poszedłem/poszłam, poszedł/poszła, poszli/poszły	go
wejść: wszedłem/weszłam, wszedł/weszła, weszli/weszły	come in
wyjść: wyszedłem/wyszłam, wyszedł/wyszła, wyszli/wyszły	go out
dojść: doszedłem/doszłam, doszedł/doszła, doszli/doszły	reach
przyjść: przyszedłem/przyszłam, przyszedł/przyszła, przyszli/przyszły	come

5.6.4 Movable person suffixes

The past tense person suffixes **-m**, **-ś**, **-śmy** and **-ście** are movable. Although attachment to the verb is correct and most common, in colloquial usage the suffixes are often attached to the first word in a sentence or clause (usually a pronoun, adverb or question word, but possibly a noun or adjective). Attachment is normally after a vowel (for sound) except **ą** and **ę**. When the suffix is moved, any **-e-** in the verb ending before it is lost. Attachment of **-m** is less common, but is heard in villages, among older people, and occurs in old literature/proverbs.

Suffix on verb	*Suffix on stressed word*
Wyjechali*śmy* rano.	**My*śmy* rano wyjechali. Rano*śmy* wyjechali** [very colloq.].
We set off in the morning.	
Dlaczego nie kupiłe*ś* chleba?	**Dlaczego*ś* nie kupił chleba?** [loss of 'e']
Why didn't you buy the/any bread?	
Kogo widzieli*ście*?	**Kogo*ście* widzieli?**
Whom did you see?	
Gdzie była*ś*?	**Gdzie*ś* była? Ty*ś* gdzie była?**
Where were you?/Where have you been?	
Długo na nas czekała*ś*?	**Długo*ś* na nas czekała? Ty*ś* długo na nas czekała?**
Did you wait long for us?	
Byli*śmy* bardzo zmęczeni.	**Bardzo*śmy* byli zmęczeni. Zmęczeni*śmy* byli bardzo** [old].
We were very tired.	
Czy mieli*ście* pieniądze?	**Czy*ście* mieli pieniądze? Pieniądze*ście* mieli?**
Did you have any money?	
Powiedz, jakie miasta zwiedziłe*ś*.	**Powiedz, jakie*ś* miasta zwiedził.**
Tell me, which towns did you visit?	

Co chciałem, to miałem.   **Com chciał, tom miał.**
Whatever I wanted, that
   I had.

5.7 FUTURE TENSE

5.7.1 Function

The Polish future tense translates:

1 In imperfective verbs – the English *future continuous* tense: 'I will/shall be . . .ing' or 'I'm going to be . . .ing'.

2 In perfective verbs – the English *future simple tense*: 'I will/shall . . .'. or 'I'm going to . . .'.

3 The English *future perfect* tense: 'I will/shall have . . .'.

4 The English *present* tense after conjunctions of *time and condition* – 'When I arrive (meaning 'will arrive') I'll ring you.'

5.7.2 Formation

5.7.2.1 Imperfective verbs

Imperfective verbs have a future composite tense formed in one of two ways – the future tense of **być** (to be) and either the infinitive or the former past participle. The former past participle is identical to the third person singular and third person plural of the *past* tense.
   The future tense of **być** is irregular:

Singular			Plural		
1st person	(ja)	będę	(my)	będziemy
2nd person	(ty)	będziesz	(wy)	będziecie
3rd person	(on/ona/ono)	będzie	(oni/one)	będą

Future with **będę** and infinitive, e.g. **kupować** (buy):

ja	*będę*	kupować	my	*będziemy*	kupować
ty	*będziesz*	kupować	wy	*będziecie*	kupować
on/ona/ono	*będzie*	kupować	oni/one	*będą*	kupować

Future with **będę** and past tense (this form is more common):

Masc.	Fem.	Neut.	Men	Other nouns
ja *będę*	ja *będę*	–	my *będziemy*	my *będziemy*
kupował	kupowała		kupowali	kupowały

ty *będziesz* ty *będziesz* –   wy *będziecie* wy *będziecie*
   kupowa*ł*   kupowa*ła*   kupowa*li*   kupowa*ły*
on *będzie* ona *będzie* ono *będzie* oni *będą* one *będą*
   kupowa*ł*   kupowa*ła*   kupowa*ło*   kupowa*li*   kupowa*ły*

Note: Verbs followed by an infinitive, usually modal verbs, must use this form: **Będę musiał czekać dwie godziny** (I'll have to wait two hours) *not* **Będę musieć czekać.** ...

5.7.2.2 *Perfective verbs*

The future of a perfective verb depends on the conjugation to which the verb belongs. The *present* tense endings are used to form the future.

5.7.2.2.1 Prefixed verbs
The future tense of a perfective verb formed by the addition of a *prefix* to an imperfective verb is simply the present tense of the imperfective verb preceded by that prefix. For example:

Imperfective verb	*Present tense*	*Perfective verb*	*Future tense*
czekać (wait)	czekam	zaczekać	*zaczekam*
ciągnąć (pull)	ciągnę	pociągnąć	*pociągnę*
gotować (cook)	gotuję	ugotować	*ugotuję*
jeść (eat)	jem	zjeść	*zjem*
kończyć (finish)	kończę	skończyć	*skończę*
żyć (live)	żyję	przeżyć	*przeżyję*

Note: Verbs of all conjugations occur here, including many Conjugation 1 verbs in **-ać** and Conjugation 3a verbs in **-ować**.

5.7.2.2.2 Stem-altered verbs
The future tense of a verb whose imperfective and perfective forms have different *stems* is less easy. The conjugation of the verb must be known so that the correct *present* tense endings can be added to form the future (see 5.5. Present tense). Fortunately, there are fewer verbs of this type.

Conjugation	*Present tense endings*	*Perfective verb*	*Future tense*
2b	em, e, edzą	powiedzieć	powi-em, -esz, -e, -emy, -ecie, -edzą
3c, Model 2	ę, e, ą	umrzeć	umrę, umrz-esz, -e, -emy, -ecie, umrą
3d, Model 1	ę, e, ą	dotknąć	dotknę, dotkni-esz, -e, -emy, -ecie, dotkną
3d, Model 2	ę, e, ą	zacząć	zacznę, zaczni-sz, -e, -emy, -ecie, zaczną

3d, Model 3	ę, e, ą	wziąć	wezmę, weźmi-esz, -e, -emy, -ecie, wezmą
3e	ę, e, ą	usiąść	usiądę, usiądzi-esz, -e, -emy, -ecie, usiądą
3e	ę, e, ą	pójść	pójdę, pójdzi-esz, -e, -emy, -ecie, pójdą
3e	ę, e, ą	znaleźć	znajdę, znajdzi-esz, -e, -emy, -ecie, znajdą
4a	ię, i, ią	postanowić	postanow-ię, -isz, -i, -imy, -icie, -ią
4b	ę, i, ą	powiesić	powieszę, powies-isz, -i, -imy, -icie, powieszą
4c	ę, y, ą	włączyć	włącz-ę, -ysz, -y, -ymy, -ycie, -ą

kupić *(buy)* – *4a*   **zobaczyć** *(see)* – *4c*   **uspokoić** *(calm)* – *4b*

Singular	*Plural*	*Singular*	*Plural*	*Singular*	*Plural*
ja kup*ię*	my kup*imy*	zobacz*ę*	zobacz*ymy*	uspokoj*ę*	uspoko*imy*
ty kup*isz*	wy kup*icie*	zobacz*ysz*	zobacz*ycie*	uspoko*isz*	uspoko*icie*
on/a/o kup*i*	oni/one kup*ią*	zobacz*y*	zobacz*ą*	uspoko*i*	uspokoj*ą*

Imperfective verbs

Będę czekał/czekać na ciebie.
I will/shall be waiting for you.

Tomek będzie się bawił/bawić z Jackiem.
Tom is going to play with Jake [regularly].

Będziemy budowali/budować dom.
We are going to build a house.

Czy będziecie cały dzień siedzieli/siedzieć w domu?
Are you going to sit at home all day?

Anna będzie gotowała/gotować obiad.
Anna will be cooking lunch.

Dziecko będzie chodziło/chodzić do tej szkoły.
The child will be attending this school.

Perfective verbs

Zaczekam na ciebie.
I'll wait for you.

Tomek pobawi się z Jackiem.
Tom will play with Jake [for a while].

Zbudujemy dom.
We'll build a house.

Jutro posiedzę w domu.
I'll sit at home tomorrow.

Anna ugotuje obiad.
Anna will cook lunch.

W wrześniu dziecko pójdzie do szkoły.
The child will go to school in September.

5.7.3   Irregular future tenses

dać (give)	dam, dasz, da, damy, dacie, dadzą
pomóc (help)	pomogę, pomoż-esz, -e, -emy, -ecie, pomogą
pójść (go)	pójdę, pójdzi-esz, -e, -emy, -ecie, pójdą
wejść (come in)	wejdę, wejdzi-esz, -e, -emy, -ecie, wejdą
wyjść (go out)	wyjdę, wyjdzi-esz, -e, -emy, -ecie, wyjdą
dojść (reach)	dojdę, dojdzi-esz, -e, -emy, -ecie, dojdą
przyjść (come)	przyjdę, przyjdzi-esz, -e, -emy, -ecie, przyjdą

5.7.4   English present tense with future meaning

In subordinate clauses, after conjunctions of time and condition (shown in capitals), Polish uses the future tense, usually with a perfective verb, where English uses the present tense.

Będę czekał, AŻ *przyjdziesz*.
I'll wait until you come [will come].

KIEDY będę w Krakowie, *zwiedzę* zamek.
When I am [will be] in Kraków I'll visit the castle.

Zadzwonię, JAK TYLKO *dojadę*.
I'll ring as soon as I arrive [will arrive].

DOPÓKI *będę żył*, będę kochał Polskę.
As long as I live [shall live] I will love Poland.

ZANIM Mama *wróci*, pozbieraj zabawki.
Pick up your toys before Mum returns [will return].

Trzeba czekać, DOPÓKI autobus nie *przyjedzie* [note *nie* – see 11.2.1].
We must wait until the bus comes [will come].

JAK się *ożenię*, to kupię dom.
When I get [will get] married I'll buy a house.

JEŚLI zdam egzamin, to *pójdę* na studia.
If I pass [will pass] the exam I'll go to university.

Co zrobisz, JEŻELI *będzie* padać?
What will you do if it rains [will rain]?

5.7.5   English future perfect tense

English uses the future perfect tense to say something will have occurred by a specified time (but the sentence has the same meaning if rendered with the future tense). Polish uses the future tense here, usually with a *perfective* verb since the speaker is imagining the action as completed. Actions which will still be incomplete by a specified time are expressed with the future tense of *imperfective* verbs.

Do pierwszej ugotuję obiad.
I will cook/will have cooked lunch by one o'clock. [Perf.]

Skończę książkę do soboty.
I will finish/will have finished the book by Saturday. [Perf.]

Do tego czasu nauczę się polskiego.
I will learn/will have learned Polish by then. [Perf.]

W maju będę uczył już pięć lat.
In May I will have been teaching for five years. [Imperf.]

5.8   CONDITIONAL TENSE

5.8.1   Function

The Polish conditional tense expresses:

1   Wishes and polite requests.
2   Polite but slightly aggressive commands.
3   Commands, doubts, fears, advice or wishes in subordinate clauses after **żeby**.
4   Hypothetical possible/impossible conditions in the present, future or past.

5.8.2 Formation

The conditional tense is formed from the third person singular and third person plural of the past tense, plus the endings below. The tense can be formed from imperfective and perfective verbs. The word stress remains as it was in the past tense form of the verb.

Singular			Plural	
1st person	(ja)	-bym	(my)	-byśmy
2nd person	(ty)	-byś	(wy)	-byście
3rd person	(on/ona/ono)	-by	(oni/one)	-by

Note: The endings do not distinguish between the genders but the tense does (see below).

być (be)

Masc.	Fem.	Neut.	Men	Other nouns
ja był*bym*	ja była*bym*	–	my byli*byśmy*	my były*byśmy*
ty był*byś*	ty była*byś*	–	wy byli*byście*	wy były*byście*
on był*by*	ona była*by*	ono było*by*	oni byli*by*	one były*by*

mieć (have) [note vowel change – see 5.6.2]

Masc.	Fem.	Neut.	Men	Other nouns
ja miał*bym*	ja miała*bym*	–	my mieli*byśmy*	my miały*byśmy*
ty miał*byś*	ty miała*byś*	–	wy mieli*byście*	wy miały*byście*
on miał*by*	ona miała*by*	ono miało*by*	oni mieli*by*	one miały*by*

Likewise: **chcieć** (wish, want): **chciałbym, chciałby, chcieliby, chciałyby**.

kupić (buy)

Masc.	Fem.	Neut.	Men	Other nouns
ja kupił*bym*	ja kupiła*bym*	–	my kupili*byśmy*	my kupiły*byśmy*
ty kupił*byś*	ty kupiła*byś*	–	wy kupili*byście*	wy kupiły*byście*
on kupił*by*	ona kupiła*by*	ono kupiło*by*	oni kupili*by*	one kupiły*by*

5.8.3 Movable person endings

All conditional endings can be detached from their verbs. They are usually placed after the first stressed word in a sentence or clause. They are attached to conjunctions (see 5.8.4.4 below), but stand separately after other parts of speech as in the examples below.

Gdzie *byś* **pojechała na wakacje?**	Where would you go for your holidays?
Jaki *byś* **kupił samochód?**	What type of car would you buy?
Tutaj *byście* **nie chcieli mieszkać.**	You would not want to live here.

W Warszawie *byś* **znalazła szczęście.**	You would find happiness in Warsaw.
Chętnie *byśmy* **poszli do kina.**	We would gladly go to the cinema.
Ja *bym* **tego nie robił.**	I wouldn't do that.
Nie wiem, czy *by* **wróciła do Polski.**	I don't know if she would return to Poland.

5.8.4   Usage

Verbs in all four categories below are usually perfective since the speaker is imagining the desired action as completed. However, a regular desired action requires an imperfective verb.

5.8.4.1   *Wishes and polite requests*

(a) Same subject = conditional tense + infinitive

Czy *mogłbyś* **poczekać parę minut?**
Could you wait a few minutes? [Perf.]

Chciałbym **pojechać do Anglii.**
I would like to go to England. [Perf.]

Chciałabym **być szczęśliwa.**
I would like to be happy. [Perf.]

Chcielibyśmy **się raz przejechać na sankach.**
We would like to have a sleigh ride. [Perf.]

Chcielibyśmy **ciągle jeździć na sankach.**
We would like to keep riding on sleighs. [Imperf.]

Janek *chciałby* **się nauczyć polskiego.**
John would like to learn Polish. [Perf.]

Dałby **Bóg jakąś pracę.**
If only God would give me a job. [Perf.]

(b) Different subjects = conditional tense + **żeby** + conditional tense

Note: the conjunction **żeby** (that) already includes part of the conditional ending, namely **by**.

Chciałbym, **żeby Marek pojechał do Anglii.**
I would like Mark to go to England. [Perf.]

Chciałabym, **żeby Marta była szczęśliwa.**
I would like Martha to be happy. [Perf.]

Chcielibyśmy, **żebyście się nauczyli polskiego.**
We would like you to learn Polish. [Perf.]

Chcielibyśmy, **żebyście się uczyli polskiego.**
We would like you to be learning Polish. [Imperf.]

5.8.4.2 *Polite, but slightly aggressive commands (thus avoiding use of imperative or **prosz**ę + infinitive)*

Napisałbyś **do matki!**
You could write to your mother! Why don't you write to your mother?

Dalibyście **mi wreszcie święty spokój!**
Will you finally give me some peace!

5.8.4.3 *Commands, doubts, fears, advice or wishes in subordinate clauses after conjunction **żeby** with ending*

The conditional verb can often be replaced by an infinitive, especially if the subjects of the main and subordinate clauses are identical.

Mówił, *żebyśmy jechali* **pociągiem.** [**Mówił, żeby jechać pociągiem.**]
He told us to go by train.

Nie wierzę, *żeby* **Marta** *była* **tak mądra.**
I don't believe Marta is so clever.

Boję się, *żebyście* **się nie** *zgubili.*
I'm afraid that you might get lost.

Dobrze by było, *żebym miał* **pracę.** [**Dobrze by było mieć pracę.**]
It would be good to have a job.

Radzę ci, *żebyś przyszedł* **wcześnie.** [**Radzę ci przyjść wcześnie.**]
I advise you to come early.

5.8.4.4 *Hypothetical possible/impossible conditions in the present, future or past*

These conditions imply a 'but'. Here the 'if' clause begins with the conjunction **jeśliby, jeżeliby, gdyby** or **jakby. Gdyby** and **jakby** express almost impossible conditions; **jakby** is colloquial and, being hard to say, is used less than **gdyby.** The conditional ending is already included in the conjunction:

Jeśliby/jeżeliby/ + [subordinate clause   . . . , **to** + [main clause with
   gdyby/jakby   with verb in conditional]   verb in conditional].

Alternatively, the main clause may stand first. If the 'if' clause precedes the main clause, we link the clauses with **to** (then):

Jeśliby **nie** *było* **żadnego pociągu, to pojadę autobusem.**
Pojadę autobusem, *jeśliby* **nie** *było* **żadnego pociągu.**
If there is no train at all, I'll go by bus.

Jeżelibym **się** *spóźnił,* **to nie czekaj.**
If I'm late, don't wait.

Bylibyśmy **szczęśliwi,** *gdybyśmy znaleźli* **pracę.**
Gdybyśmy znaleźli **pracę, to** *bylibyśmy* **szczęśliwi.**
We would be happy if we found work.

5.8.5 Conditional ambiguity

Because Polish has no conditional perfect (i.e. 'would have . . .') tense, hypothetical conditional sentences can sometimes be ambiguous, for example:

Gdybym miał pieniądze, to kupiłbym dom.
If I had the money I would buy a house.
If I had had the money I would have bought a house.

To avoid ambiguity, we can:

(a) Insert a clarifying adverb:

Gdybym *dzisiaj* (now) **miał pieniądze, to kupiłbym dom.**
Gdybym *wtedy* (then) **miał pieniądze, to kupiłbym dom.**

(b) Use an **ale** (but) clause instead:

Kupiłbym dom, *ale* **nie mam pieniędzy.**
Kupiłbym dom, *ale* **nie miałem pieniędzy.**

5.8.6 Real possible conditions in the present or future

These 'if' clauses begin with the conjunction **jeśli** or **jeżeli** (which mean the same). They do *not* use the conditional tense. If the main clause is in the future, so too is the 'if' clause (although, in English, it is in the present tense):

Jeśli/jeżeli + [subordinate clause with **. . ., to** + [main clause with
verb in present/future]   verb in present/future].

Alternatively, the main clause may stand first. If the 'if' clause precedes the main clause, we link the clauses with **to** (then):

Jeśli będzie **pociąg, to pojadę do Krakowa**.
Pojadę do Krakowa, *jeśli będzie* **pociąg.**
I'll go to Krakow if there is a train.

Jeśli będziesz miał **czas, to wstąp do mnie**.
Wstąp do mnie, *jeśli będziesz miał* **czas.**
If you have time, drop in on me.

Jeżeli nie ma **pociągu, to jadę autobusem**.
Jadę autobusem, *jeżeli nie ma* **pociągu.**
If there is no train I go by bus.

Jeżeli **Antoni** *nie wie,* **to spytaj się Doroty.**/**Spytaj się Doroty,** *jeżeli*
    Antoni *nie wie.*
If Antony doesn't know, (then) ask Dorothy.

5.9 REFLEXIVE VERBS

5.9.1 Function

Reflexive verbs reflect the action of the verb back to the subject. The reflexive pronoun **się** translates 'myself, yourself, ourselves, themselves', etc.

The present tense of **myć się** (to wash oneself) is shown in the table.

	Singular		*Plural*	
1st person	(ja)	myję *się*	(my)	myjemy *się*
2nd person	(ty)	myjesz *się*	(wy)	myjecie *się*
3rd person	(on/ona/ono)	myje *się*	(oni/one)	myją *się*

Notes:

1 **Się** also translates the reciprocal pronoun 'each other/one another'. So, 'They love each other' is **Kochają się** and 'We know each other' is **Znamy się**.

2 The emphatic demonstrative 'self' is translated by the adjective **sam**. So, 'I'll go myself' is **Sam pójdę** (see 8.3.1).

Polish has many reflexive verbs. They occur in all conjugations and obey the tense rules given for non-reflexive verbs. Some verbs are always reflexive, for example:

bać się (be afraid)   **śmiać się** (laugh)   **opiekować się** (look after)

Many verbs have two forms – non-reflexive and reflexive – with different meanings:

uczyć (teach) – **uczyć się** (learn)
nadawać (post) – **nadawać się** (be suitable)
czuć (feel, smell) – **czuć się** (feel, e.g. ill)
chwalić (praise) – **chwalić się** (boast)

Sometimes it is unclear why a Polish verb is reflexive, e.g. **spodziewać się** (expect).

5.9.2 Position of **się**

The position of **się** is variable. Usually, it stands after the first stressed word in the sentence or after/before the verb to which it belongs. In very short sentences **się** can stand at the end.

Cieszę *się*.	I'm glad.
Maciej chce *się* **napić.**	Maciej wants a drink.
Siostra nazywa *się* **Irena.**	My sister is called Irene.
Dzieci czują *się* **dobrze.**	The children feel well.
Dzieci *się* **źle czują.**	The children feel unwell.

Note: In a succession of reflexive verbs, **się** is not usually repeated, unless clarity demands it:

Chłopcy myją *się* **i ubierają** (*się*).	The boys are washing and dressing.
Kasia uczy *się* **i bawi** (*się*).	Kate learns and plays.
But: **Kasia bawi** *się* **i uczy.**	Kate plays and teaches.

5.9.3 Translating 'one/you/they'

This is a Polish oddity. **Się** is often added to the third person singular of *non-reflexive* verbs to translate the general 'one/you/they', a statement in the passive voice, or a request or command.

Tutaj *się* **dobrze śpi.**
One sleeps well here. [Polish has no verb **spać się**.]

Do lasu idzie *się* **prosto, potem skręca** *się* **w lewo.**
To get to the wood you go straight, then turn left.

Wstawało *się***, jadło** *się* **śniadanie i wychodziło** *się***.**
One got up, had breakfast and went out.

Jak *się* **szuka nieszczęścia, to** *się* **je znajduje.**
If one looks for trouble, one finds it.

Tam nadaje *się* **listy.**
You post letters over there.

Tak *się* **mówi.**
That's how it is said.

Takie bajki słyszy *się* **w telewizji!**
Such fables are heard on television!

Jak *się* **pisze „Polska"?**
How do you spell 'Poland'?

Mięso gotuje *się* **na wolnym ogniu.**
Cook the meat over a low heat.

Zaleca *się* **ostrożność.**
Caution advised.

Uprasza *się* **publiczności o zachowanie czystości.**
Please leave no rubbish.

An agent can be defined using a noun/pronoun in the dative case:

Jak *ci* **się spało?**
How did *you* sleep? [lit. How was sleeping to you?]

Każdemu **się dobrze spało.**
Everyone slept well. [lit. Sleeping was well to everyone.]

Czy *ludziom* **się tu dobrze mieszka?**
Do *people* live happily here? [lit. Is living happy to people here?]

Małym dzieciom **opowiada się bajki.**
You tell stories *to little children.*

Some common reflexive verbs (imperfective shown)

bać się	be afraid	**niepokoić się**	worry
bawić się	play	**okazywać się**	appear, turn out
bić się	fight		that ...
budzić się	wake up	**opiekować się**	look after
cieszyć się	be glad	**przygotowywać się**	get ready
czesać się	comb oneself	**pytać się**	ask
czuć się	feel	**spodziewać się**	expect
denerwować się	be anxious	**spóźniać się**	be late
dziać się	be happening	**stać się** [perf.]	to become
dziwić się	be amazed	**starać się**	try hard
dowiadywać się	find out about	**śmiać się**	laugh
gniewać się	be angry	**śpieszyć [or**	hurry
golić się	shave oneself	**spieszyć] się**	
interesować się	be interested	**ubierać się**	dress oneself
kąpać się	have a bath	**uczyć się**	learn
kłócić się	argue	**umawiać się**	arrange to meet
mieć się	to be [health]	**upić się** [perf.]	get drunk
modlić się	pray	**zbierać się**	congregate
myć się	wash oneself	**zbliżać się**	approach
napić się [perf.]	have a drink	**żegnać się**	take leave of
nazywać się	be called	**żenić się**	get married

5.10   MODAL AUXILIARY VERBS

5.10.1   Function

Polish has six modal auxiliary verbs: **chcieć, mieć, móc, musieć, potrafić**
and the incomplete verb **powinienem**. They are used to talk about things
which we are able/allowed to, must, should, may or want to do. They are
followed by an infinitive. **Mieć** and **chcieć** are also used as ordinary verbs,
in which usage they are followed by a direct object.

Mam **psa.**   I have a dog.
Chcesz **jabłko?**   Do you want an apple?

Some impersonal verbs, e.g. **trzeba**, **należy** are used in a modal way (see 5.11 Impersonal verbs).

5.10.2 Meaning

chcieć	to want/wish to
musieć	to have to, must [Negative meaning is 'do not have to/need not' *not* 'must not'.]
móc	to be able/allowed to, can
mieć	to be supposed/have to
potrafić	to know/have learned how to, be capable of, contrive to, succeed, try but fail
powinienem	I ought to, should.

5.10.2.1 Chcieć/musieć/móc/mieć

		chcieć		**musieć**	
		Sing.	*Pl.*	*Sing.*	*Pl.*
Pres.	1	chcę	chcemy	muszę	musimy
	2	chcesz	chcecie	musisz	musicie
	3	chce	chcą	musi	muszą
Past.	1	chciałem	–	musiałem	–
	3	chciał	chcieli/chciały	musiał	musieli/musiały
Cond.	1	chciałbym	–	musiałbym	–
	3	chciałby	chcieliby/ chciałyby	musiałby	musieliby/ musiałyby
Fut.	1	będę chciał	–	będę musiał	
	3	będzie chciał	będą chieli/ chiały	będzie musiał	będą musieli/ musiały
Imp.	1	–	chciejmy	–	–
	2	chciej	chciejcie	–	–
	3	niech chce	niech chcą	–	–

Adverb. participle			
Imperf.	chcąc		muszą c
Perf.	zechciawszy #		–

Adject. participle			
Sing.	chcący/a/e		muszący/a/e
Pl.	chcący/e		muszący/e

móc

		Sing.	Pl.
Pres.	1	mogę	możemy
	2	możesz	możecie
	3	może	mogą
Past.	1	mogłem	–
	3	mógł/mogła	mogli/mogły
Cond.	1	mógłbym	–
	3	mógłby/	mogliby/
		mogłaby	mogłyby
Fut.	1	będę mógł/	–
		mogła	
	3	będzie	będą mogli/
		mógł/mogła	mogły
Imp.	1	–	–
	2	–	–
	3	–	–

mieć

		Sing.	Pl.
Pres.	1	mam	mamy
	2	masz	macie
	3	ma	mają
Past.	1	miałem	–
	3	miał	mieli/miały
Cond.	1	miałbym	
	3	miałby	mieliby/miałyby
Fut.	1	będę miał	–
	3	będzie miał	będą mieli/
			mialy
Imp.	1	–	miejmy
	2	miej	miejcie
	3	niech ma	niech mają

Adverb. participle
Imperf.	mogąc	mając[*]
Perf.	–	–

Adject. participle
Sing.	mogący/a/e	mający/a/e[*]
Pl.	mogący/e	mający/e[*]

Notes:

1 Feminine forms are shown if masculine is irregular.
2 [*] **Mieć** is an actual imperfective. The frequentative imperfective verb **miewać** has the participles **miewając** (adverbial) and **miewający/a/e** (adjectival).
3 [#] The perfective verb **zechcieć** conjugates as **chcieć**.

Chcę **wyjechać do Polski.**	I want to emigrate to Poland.
Rób jak *chcesz*.	Do as you like.
Chciałbym **się ożenić.**	I'd like to get married.
Nie *chciał* **pracować.**	He did not want to work.
Biologia nie *chce* **mi wejść do głowy.**	Biology just refuses to sink in with me.
Muszę **coś zjeść.**	I must eat something.
Dzieci *muszą* **chodzić do szkoły.**	Children have to go to school.
Mama nie *musiała* **pracować w sobotę.**	Mum did not need to work on Saturday.
Czy *musisz* **się wygłupiać?**	Do you have to play the fool?
Czy *mógłby* **Pan to sprawdzić?**	Could you check this please?
Czy *mogę* **poprosić o ogień?**	Can I have a light, please?

Kto to *mógł* zrobić?   Who could have done this?
Paweł nie *może* przyjść wcześniej.   Paul cannot come earlier.
Jeśli chcesz, to *mogę* się zapytać.   If you want, I can ask.
***Mogłeś* poczekać.**   You could have waited.

Note: **Może** is also used as an adverb meaning 'perhaps'.
    Może **zdam egzamin.**
    Perhaps I'll pass the exam/I may pass the exam.

Jacek *ma* brać lekarstwo   Jack is to take his medicine every
  codziennie.   day.
Nie *mam* co narzekać.   I mustn't complain.
Co to *ma* być?   What is this supposed to be?
***Masz* się lepiej zachowywać.**   You must [I want you to] behave
                                          better.

***Mieliśmy* wyjechać na urlop,**   We were supposed to go on
  ale ...   holiday but ...

5.10.2.2   *Potrafić*

This verb serves as the perfective equivalent of **móc** and, therefore, has
no present tense. It is also used imperfectively, in which usage the future
tense serves as the present tense.

Past		*Future*	
Sing.	*Pl.*	*Sing.*	*Pl.*
1 potrafiłem	–	potrafię	–
3 potrafił	potrafili/potrafiły	potrafi	potrafią

Conditional		*Imperative*	
Sing.	*Pl.*	*Sing.*	*Pl.*
1 potrafiłbym	–	–	potrafmy
2 –	–	potraf	potrafcie
3 potrafiłby	potrafiliby/potrafiłyby	niech potrafi	niech potrafią

Adverbial participle   potrafiąc (imperf.)
                          potrafiwszy (perf.)

Nie *potrafił* się obronić.
He could not defend himself [although he tried].

Chłopcy! Czy nie *potraficie* poczekać?
Boys! Are you not capable of waiting?

***Potrafiła* zasnąć w pracy.**
She could actually fall asleep at work [and sometimes did].

***Potrafią* patrzeć w oczy i kłamać.**
They can look you in the eye and lie.

Potrafię **kilka dni nie jeść.**
I can go without eating for several days.

To dziecko *potrafi* **płakać i płakać.**
That child can cry and cry.

No, pokaż, co *potrafisz.*
Well, let's see what you can do.

5.10.2.3 Powinienem

This verb has no infinitive and only two tenses. In the present tense, the third person forms are adjectival; the first and second person forms are verbal, taking the present tense endings of **być**. The past tense is formed with the addition of **był/była**, etc. shown in parentheses. Impersonal usage with **powinno się** also exists.

Present and past tenses

Singular

Masc.	*Fem.*	*Neut.*
1 powinienem (był)	powinnam (była)	–
2 powinieneś (był)	powinnaś (była)	–
3 powinien (był)	powinna (była)	powinno (było)

Plural

Men	*Other nouns*
powinniśmy (byli)	powinnyśmy (były)
powinniście (byli)	powinnyście (były)
powinni (byli)	powinny (były)

Powinienem **niedługo skończyć.**	I ought to finish soon.
Powinienem był **wczoraj skończyć.**	I ought to have finished yesterday.
Powinna **iść spać.**	She ought to go to bed.
Dziecko *powinno być* **grzeczne.**	A child should be polite.
Nie *powinieneś był* **tego powiedzieć.**	You should not have said that.
Powinni byli **przyjść, ale ...**	They should have come but ...
Powinno **się tu parkować.**	One ought to park here.
Powinno się było **wcześniej zgłosić.**	One should have applied earlier.

5.11 IMPERSONAL VERBS

5.11.1 Function

Some impersonal verbs are used in a modal way. They exist only in the third person singular and are followed by the infinitive. They translate any person, the impersonal 'you' or 'one' or the passive in English.

Trzeba (one should/had better).　　Expresses need for action,
　　　　　　　　　　　　　　　　necessity, duty. Less formal than
　　　　　　　　　　　　　　　　należy. Followed by infinitive, or
　　　　　　　　　　　　　　　　by direct object in genitive case.
Potrzeba (one needs)　　　　　　Expresses lack. Followed by object
　　　　　　　　　　　　　　　　(direct or indirect).
Należy (one should/is required to) Third pers. sing. of **należeć** (to
　　　　　　　　　　　　　　　　belong to). Expresses moral,
　　　　　　　　　　　　　　　　legal, social obligation. Mainly
　　　　　　　　　　　　　　　　used in present tense.
Można (one can/is allowed to)　　Expresses permission. Less formal
　　　　　　　　　　　　　　　　than **wolno**.
Wolno (one can/is allowed to)　　Expresses permission, usually legal.
Dać się (to be possible)　　　　If used with **co**, **kiedy**, **gdzie**, **jak**
　　　　　　　　　　　　　　　　means 'whatever, whenever,
　　　　　　　　　　　　　　　　wherever, however'.
Warto (it is worthwhile to)　　　Makes a value judgement.
Szkoda (it is pointless/not worth it) If followed by infinitive expresses
　　　　　　　　　　　　　　　　pointlessness. If followed by
　　　　　　　　　　　　　　　　direct object in genitive case
　　　　　　　　　　　　　　　　means 'to feel sorry for'.

5.11.2   Meaning

5.11.2.1   Trzeba

Pres.　　**Trzeba poczekać.**
　　　　　One has to wait.
　　　　　Trzeba pomagać ludziom.
　　　　　One should help other people.
　　　　　Na to trzeba pieniędzy.
　　　　　You need money for that. [Gen.]
　　　　　Anka wie więcej niż trzeba.
　　　　　Annie knows more than required.

Past　　**Trzeba było pojść do miasta.**
　　　　　You should have gone to town.
　　　　　Trzeba było to zrobić.
　　　　　We should have done that.
　　　　　Nie trzeba było się śpieszyć.
　　　　　You need not have hurried.

Fut.　　**Trzeba będzie kupić samochód.**
　　　　　A car will have to be bought.

Cond.　　**Trzeba by było wyjechać rano.**
　　　　　We would have to leave early.

5.11.2.2 Potrzeba

Pres. **Nie** *potrzeba* **mi już słownika.**
I don't need a dictionary any more.
Potrzeba **nam nowych pracowników.**
We need some new staff.

Past *Potrzeba było* **mi pieniędzy.**
I needed money.

Fut. *Potrzeba* **mi** *będzie* **na to więcej czasu.**
I'll need more time for that.

5.11.2.3 Należy

Pres. *Należy* **się dobrze zachowywać.**
You must behave properly.
Należy **wypełnić druk.**
One must fill out a form.
Należy **go żałować.**
He is to be pitied.

Past **Za lody** *należało* **zapłacić.**
The ice creams should have been paid for.
Zrobiliśmy to, co do nas *należało.*
We did what was required.
Należało **iść do miasta.**
We should have gone to town.

Cond. *Należałoby* **płacić wyższe podatki.**
Higher taxes would have to be paid.

5.11.2.4 Można

Pres. **Nie** *można* **się spodziewać niczego innego.**
You cannot expect anything else.
Nie *można* **cały dzień spać.**
You cannot sleep all day.

Past **Bez pieniędzy nie** *można było* **żyć.**
One could not live without money.

Fut. **Od jutra nie** *będzie można* **tu parkować.**
From tomorrow one won't be able to park here.

Cond. *Można by było* **jeszcze raz spróbować.**
We could try again.

5.11.2.5 Wolno

Pres.   **Psów wprowadzać nie *wolno*.**
No dogs allowed.
***Wolno* patrzeć, ale nie dotykać.**
You can look but not touch.
Szefowi wszystko *wolno*.
The boss can do anything he likes.

Past   **Nie *wolno było* palić.**
Smoking was prohibited.

5.11.2.6 Dać się

Pres.   **Robię co *się da*, pracuję, gdzie się da.**
I do what I can, work wherever I can.
Nie *da się* skończyć tego do jutra.
It is not possible to finish this by tomorrow.

Past   **Spakowałem paczkę, jak *się dało*.**
I wrapped the parcel as best I could.
Pisał, kiedy *się dało*.
He wrote whenever he could.

Cond.   **Może *dałoby się* to inaczej zrobić.**
It could perhaps be done differently.

5.11.2.7 Warto

Pres.   **Nie *warto* się martwić.**
There's no point in worrying.

Past   **Czy *warto było* czekać?**
Was there any point in waiting?

Cond.   **Nie *warto byłoby* się nad tym zastanawiać.**
It wouldn't be worth thinking about.

5.11.2.8 Szkoda

Szkoda **nawet o tym myśleć.**	It's not worth even thinking about.
Szkoda **mi Janka.**	I feel sorry for John.
Szkoda **czasu.**	It's a waste of time.
Szkoda, **że Piotr nie przyszedł.**	It's a shame Peter did not come.

5.12 SUBJECTLESS SENTENCES

5.12.1 Słychać/Widać/Czuć/Znać (one can hear/see/smell/notice)

The present tense has an implied **jest** (is). The other tenses add the third person singular of **być**. The meaning is often passive. The negative needs the genitive case. Note that **słychać** and **widać** exist only in the infinitive.

Co *słychać?*	What's new? [lit. What is heard?]
Na ulicy *słychać było* **głosy.**	Voices were heard in the street.
Słychać, **jak rzeka szumi.**	The river can be heard murmuring.
Nie *widać* **zamku.**	The castle is not visible.
Widać, **że jesteś zmęczony.**	It is obvious that you are tired.
Na drzewach *widać było* **pączki.**	One could see buds on the trees.
W nocy *będzie widać* **gwiazdy.**	Stars will be visible at night.
Czuć **zapach bzu.**	There is a smell of lilacs.
W pokoju *czuć było* **gaz.**	There was a smell of gas in the room.
Tego nie *będzie znać.*	It won't be noticeable.

5.12.2 Natural phenomena

These expressions use verbs which can also be put into other tenses, e.g. **błyskać się**, **grzmieć**, **padać**, **lać**.

błyska się	there is lightening
grzmi	there is thunder
pada	it is raining
leje	it is pouring
wypogadza się	it is clearing up
dnieje/świta	it is growing light
ściemnia się	it is growing dark
oziębia się	it is getting colder
ochładza się	it is getting cooler
ociepla się	it is getting warmer
zbiera się na deszcz	it is threatening to rain
jest ciepło/chłodno/zimmo	it's warm/cool/cold
jest mokro/sucho/chmurno	it's wet/dry/cloudy

5.13 TRANSLATING 'THERE IS/ARE'

5.13.1 Jest/są/Znajdować się (imperfective) + nominative (There is/are)

In the past/future tense, the perfective verb **znaleźć się** also means 'was lost and will be found'.

Pres.	**W parku** *jest* **fontanna.** There is a fountain in the park. **W lesie** *są/znajdują się* **drzewa.** There are trees [to be found] in the forest. **Tutaj nie** *znajdują się* **takie rośliny.** Such plants are not indigenous here.
Past	*Był* **tu Andrzej.** Andrew was here. **Zamek** *znajdował się* **w ruinie.** The castle was in ruins. **Książka** *się znalazła.* The book was found.
Fut.	*Będzie* **śnieg.** There will be snow. *Znajdziesz się* **bez pracy.** You will be [lit. find yourself] jobless. **Książka** *się znajdzie.* The book will be found.

5.13.2   Nie ma + genitive (there is/are no)

Used only in the present tense.

Pres.	**W parku** *nie ma* **fontanny.** There is no fountain in the park. **W lesie** *nie ma* **drzew.** There are no trees in the forest.

5.13.3   Nie było/będzie + genitive (there was (were)/will be no)

Used in past/future tenses.

Past	*Nie było* **tu Andrzeja.** Andrew was not here.
Fut.	*Nie będzie* **śniegu.** There will not be any snow.

Note: Many subjectless expressions of emotion and body temperature require an indirect object in the dative case (see 6.8 Dative case).

5.14   ADVERBIAL PARTICIPLES

This section deals with adverbial participles. For adjectival participles see 8.11 Adjectival participles.

5.14.1   Function

Polish has two types of adverbial participle. Both are indeclinable.

5.14.1.1   Present participle (imperfective verbs only)

This participle translates the English '-ing' or 'while -ing'. It describes an action occurring at the same time as another, in the present, past or future. Perfective verbs, because they have a past meaning, do not have this participle.

5.14.1.2   Past participle (perfective verbs only)

This participle translates the English 'having . . .' or 'after -ing'. It describes an action which occurred before the action of the main verb. Imperfective verbs, because they have a present or continuous meaning, do not have this participle.

5.14.2   Formation

5.14.2.1   Present participle

To the third person plural of the present tense add **-c**.

Infinitive	*3rd pl. pres.*	*Pres. part.*
czytać	czytają	czytając
wiedzieć	wiedzą	wiedząc
kraść	kradną	kradnąc
mieć	mają	mając
mówić	mówią	mówiąc
budować	budują	budując
móc	mogą	mogąc
But:		
być	są	będąc

Idąc do pracy, myślę o wakacjach.
On my way to work I think about my holidays.

Słuchając muzyki, ubrałem się.
Listening to music, I got dressed.

Napiszę list, *siedząc* w parku.
I'll write the letter while sitting in the park.

Widząc łzy dziecka, matce też było smutno.
Seeing the child's tears, the mother was sad too.

Otwierając drzwi, zauważyła kogoś.
Opening the door she noticed someone.

This participle is still used in spoken and written Polish, mainly in common and short verbs and in expressions such as **szczerze** *mówiąc*, *patrząc* **na to inaczej**, **ogólnie rzecz** *biorąc*.

5.14.2.2   Past participle

Remove the ending from the first person singular of the past tense. Add **-wszy** (after a vowel) or **-łszy** (after a consonant).

Infinitive	1st sing. past	Past. part.
przeczytać	przeczytałem	przeczyta*wszy*
wymienić	wymieniłem	wymieni*wszy*
wytrzeć	wytarłem	wytar*łszy*
powiedzieć	powiedziałem	powiedzia*wszy*
zacząć	zacząłem	zaczą*wszy*
pójść	poszedłem	poszedł*szy*

Zobaczywszy **wypadek, zatrzymał samochód.**
Having seen the accident, he stopped the car.

Posłuchawszy **muzyki, wyłączył radio.**
After listening to the music he turned off the radio.

Przyszedłszy **do domu, włączył telewizor.**
Having come home, he put on the television.

Napisawszy **list, nalepiłem znaczek.**
Having written the letter, I stuck the stamp on.

In spoken and written Polish, this participle is being replaced by the past tense or by a **kiedy** clause, e.g.

Sprzedawszy **dom, wyjechał za granicę.**
Having sold his house, he went abroad. [Past. part.]
Becomes: **Sprzedał dom i wyjechał za granicę.**
or   **Kiedy sprzedał dom, wyjechał za granicę.**

5.14.3   Appropriate use of adverbial participles

Adverbial participles can be used only if both verbs have the same subject. If not, a **kiedy** clause or separate sentence must be used:

Oglądając **film, jem obiad.**
I'm eating dinner while watching the film. [Pres. part.]

Otrzymawszy **wiadomość, zmartwił się.**
Having got the news, he was worried. [Past. part.]

But: **Kiedy oglądam film, żona gotuje.**
        While I'm watching the film my wife is cooking.
        Oglądam film. Żona gotuje.

Kiedy otrzymał wiadomość, było już ciemno.
When he got the news it was already dark.
Otrzymał wiadomość. Było już ciemno.

5.15 VERBAL PREFIXES

5.15.1 Function

Verbal prefixes which are mostly prepositions, appear in front of verbs to change the verb's meaning. The most common verbs have the greatest number of prefixed variants. Prefixes can have one of two effects on a verb, as described below.

5.15.1.1 Adding a shade of meaning to the original verb

(a) In some cases the prefix required is simply the preposition with the meaning that the new verb should convey, for example

Preposition	Verb	New verb
do (to, towards)	**iść** (go)	**dojść** (reach, arrive at)
w (in)	**siadać** (sit down)	**wsiadać** (get into)
nad (above, near)	**chodzić** (go)	**nadchodzić** (draw near)
przez (across)	**iść** (go)	**przejść** (cross)

Note: Sometimes, the verb is followed by the preposition corresponding to the prefix, e.g. **dojść** *do* **końca ulicy** (reach the end of the road) **przejść** *przez* **ulicę** (cross the road).

(b) However, in many cases, the prefixes possible with each verb must be learned, for example

Preposition	Verb		New verb
po (after, for)	**czytać** (read)	*but*	**poczytać** (read for a while)
	dawać (give)		**podawać** (hand)
	wiedzieć (know)		**powiedzieć** (say)
	móc (be able)		**pomóc** (help)
za (behind)	**brać** (take)		**zabrać** (take away)
	mówić (say)		**zamówić** (order)
na (on)	**mówić** (say)		**namówić** (persuade)

5.15.1.2   Making an imperfective verb into a perfective verb

This is the more usual function of verbal prefixes. The imperfective verb implies ongoing action (in the present or past continuous tense); the perfective verb implies completed action (in the past simple or present perfect tense):

Imperfective	Perfective	Meaning
robić	zrobić	do
pić	wypić	drink
pisać	napisać	write
jeść	zjeść	eat
pytać	zapytać	ask
czytać	przeczytać	read

Piję wino. *Wypiłem* wino.
I drink/am drinking the wine. I drank/have drunk the wine.

Czytał gazetę. *Przeczytał* gazetę.
He was reading the paper. He (has) read the paper.

(For differences between imperfective and perfective verbs see 5.4 Aspects.)

5.15.2   Available verbal prefixes

An extra **-e-** is added before hard-to-say consonant groups, e.g. **wejść**. **Ch** counts as one letter, e.g. **wchodzić**.

Prefix	Meaning
do-	to, towards
na-	on, upon, in. Also implies completion.
nad-	above, near
o-, ob(e)-	about, around
o-, od(e)-	from, away, back, off
po-	after, over, through. Also implies act done for a while/gradually.
pod-	under, below; also up to, towards
prze-, przed-	in front of, before
prze-, przez-	across, through, over
przy-	near, close to, by, at
roz(e)-	dis-, un-. Also implies expansion, stretching or increase in degree.
u-	off. Also implies completion/having an effect on.
w(e)-	in
ws-, wz(e)-	up. **ws** before voiceless consonants, **wz** before voiced, e.g. **wstąpić** (enter), **wzdychać** (sigh).
współ-	together with

wy-	out
z(e)-, za-	with, together
za-, ze-	imply completion, removal, cover, changed state
s-, ś-, z(e)-, za-	with, down. **s** before voiceless consonants, **ś** before soft, **z** before voiced, e.g. **spadać** (fall down), **zdejmować** (take down).

5.15.3   Individual examples

The eight very common imperfective verbs below have many prefixed variants.

chodzić*/iść*#*	go, walk	**jeździć***/jechać*#*	travel
wozić*/wieźć*#*	transport	**nosić***/nieść*#*	carry
brać	take	**robić**	do
łaczyć	join	**dawać**	give

Note: * Indeterminate form; # determinate form. The perfective verb is formed from the determinate form.

Selected examples of these and other verbs are shown below. The perfective form of the verb is listed. The imperfective precedes it only if very different. [imperf.] indicates a verb shown in imperfective form only, the form of greatest usage for that verb.

5.15.3.1   *do-* *(to, towards)*

dobrać	select/match	**dołączyć**	join to/annex
dobudować	build/annex	**domyślić się**	guess
dochodzić/dojść	approach/reach	**donosić/donieść**	report/
doczekać	live to see		announce
dodawać/dodać	add	**dopisać**	add in writing
dogadać się	reach	**dopłacić**	pay more
	agreement	**dorobić**	make/work
dogonić	catch up		additionally
dojeżdżać/	reach by	**dosypać**	pour more
dojechać	driving	**dowiedzić się**	find out
dokładać/dołożyć	add/throw in	**dowozić/dowieźć**	transport to
doliczyć	add/include in	**dożyć**	live to see
	sum		

5.15.3.2   *na-* *(on, upon, in). Also implies completion*

najeżdżać/najechać	drive over (run over)
namydlić	lather/soap
napadać/napaść	attack
nasłuchiwać [imperf.]	listen to carefully
nastawić	tune in (radio)

Here **na** = completion:

napić się	drink enough
najeść się	eat enough
napisać	write
naprawić	mend/put to rights

5.15.3.3   nad(e)- (above, near)

nadbudować	build (on top of)
nadchodzić/nadejść	approach/draw near (season)
nadjeżdżać/nadjechać	drive up to
nadrobić	make up (lost time)
nadpłynąć	swim/sail up to
nadskakiwać [imperf.]	dance attention on

5.15.3.4   o-, ob(e)- (about, around)

obchodzić/obejść	walk round/celebrate
obejrzeć	look around
obiegać/obiec	circulate/skirt
objeżdżać/objechać	drive round/bypass
obrócić	turn round
oglądać [imperf.]	look at/inspect
opisać	write about
oplatać/opleść	wreathe

5.15.3.5   o-, od(e)- (from, away, back, off)

odebrać	take away
odchodzić/odejść	go away
odcinać/odciąć	cut off
odczepić	detach
oddawać/oddać	give back
odjeżdżać/odjechać	drive off; depart
okradać/okraść	rob
odkryć	uncover/detect
odłączyć	detach
odlecieć	fly away
odlewać/odlać	pour off (liquid)
odliczyć	deduct
odmówić	refuse
odmrozić	thaw/unfreeze
odnosić/odnieść	carry away
odpychać/odepchnąć	shove away
odsuwać/odsunąć	push away/postpone

odsyłać/odesłać	send back
odsypać	pour off (not liquid)
odwołać	recall/withdraw

5.15.3.6 *po-* *(after, over, through). Also implies act done for a while/gradually*

pobawić się	play awhile
pochodzić	walk awhile/originate or date from
poczekać	wait awhile
poczytać	read awhile
pograć	play awhile
polewać/polać	pour slowly over/glaze/water (plants)
pośpiewać	sing awhile
poroskładać	spread out gradually
pozamykać	close one after another
pozdejmować	remove gradually

5.15.3.7 *pod-* *(under, below; up to, towards)*

podchodzić/podejść	approach
podjeżdżać/podjechać	drive under/up to
podkładać/podłożyć	underlay/plant (bomb)
podkleić	stick/glue
podlecieć	fly up to
podłączyć	connect (to mains)
podnosić/podnieść	lift up
podpłynąć	swim/sail under/upto
podskoczyć	jump up

5.15.3.8 *prze-, przed-* *(in front of, before)*

przedkładać/przedłożyć	submit/present
przedsiębrać/przedsięwziąć	undertake/embark on
przedstawić	represent/present/introduce

Here **przed**, as part of main verb, is preceded by additional prefix:

sprzedać	sell
wyprzedzić	outstrip/get ahead

5.15.3.9 *prze-, przez-* *(across, through, over)*

przebrać	sort through/exceed
przebrać się	change one's clothes
przebudować	rebuild/reconstruct

przechodzić/przejść	walk across/stop (sensation)/ surpass
przeczytać	read through
przejść się	take a walk
przeglądać [imperf.]	look through
przegrać	lose (game, bet)
przejeżdżać/przejechać	drive through or over/arrive
przekładać/przełożyć	move/postpone/translate
przekroczyć	exceed/infringe
przekroić	cut through
przekwitnąć	fade (blooms)
przelecieć	fly across/through
przemarznąć	freeze solid/get chilled to the bone
przenosić/przenieść	move over
przemoknąć	get wet through
przepisać	rewrite/prescribe
przeprowadzić się	move house
przerwać	tear through/interrupt
przeskoczyć	jump over/across
przespać	sleep through
przewrócić (się)	overturn/fall over
przeziębić się	catch cold
przeżyć	live through/survive

5.15.3.10   *przy-* (near, close to, by, at)

przybrać	put on weight/adorn
przybić	nail on
przybliżyć	bring near
przychodzić/przyjść	come
przyczepić	attach
przydać się	be useful
przyglądać się [imperf.]	look at/observe
przygotować	prepare
przyjeżdżać/przyjechać	arrive by driving
przyjaźnić się	befriend
przykryć	cover
przyłączyć	annex; attach
przylecieć	fly or run to/fly into (airport)
przylepić	glue/stick
przynosić/przynieść	bring in/yield
przypominać	remind/recall
przysuwać/przysunąć	move near/draw oneself near
przywiązać (się)	attach (oneself)

przywitać	greet/welcome
przyzwyczaić (się)	accustom (oneself)

5.15.3.11 *roz(e)- (dis-, un-). Also implies expansion, stretching or increase in degree*

rozbić	smash; defeat
rozebrać (się)	undress (oneself)
rozchodzić/rozejść	go one's way/disperse
rozczarować	disillusion
rozdzielić	separate/divide
rozłamać	break apart
rozłączyć	undo/separate
rozmyślić się	change one's mind
rozpakować	unpack
rozpinać/rozpiąć	unpin/unbutton
rozwiązać	untie/solve a problem
rozwodzić/rozwieść się	get a divorce

Here **roz** = expansion:

rozbudować	expand by building
rozbudzić	rouse
rozciągać się [imperf.]	stretch/extend
roześmiać się	burst out laughing
rozgłosić	broadcast/divulge
rozkładać/rozłożyć	spread out/open
rozkwitnąć	burst into bloom
rozlewać/rozlać	spill (liquid)
rozmawiać [imperf.]	converse (talk at length)
rozpłakać się	burst out crying
rozrzucić	throw around/scatter
rozsypać	spill (not liquid)
roztopić (się)	melt
rozzłościć się	get angry

5.15.3.12 *u- (off)*

uciekać/uciec	run off/escape	**ułamać**	break off
ukryć	hide	**uniknąć**	avoid
ulotnić się	evaporate	**upadać/upaść**	fall down/drop off

u- = completion/having effect on

ubrać (się)	dress (onself)
udać się	be successful/work out
udawać [imperf.]	pretend

uderzyć	hit
udusić	strangle
układać/ułożyć	arrange
umówić się	arrange to meet
umieć	be able/know how to
umyć (się)	wash (oneself)
upić się	get drunk
urodzić (się)	bear/be born
usiąść	sit down
usnąć	fall asleep
uspokoić	appease/quieten
użenić się	marry (of man)

5.15.3.13   w(e)- (in)

wbić	hammer in/bang in
wchodzić/wejść	go in
wjeżdżać/wjechać	drive in
wkładać/włożyć	put in
włączyć	switch on (power)
wnosić/wnieść	carry in
wpisać	register/write in
wprowadzić (się)	lead in/introduce/move into a house
wsiadać/wsiąść	get into (transport)
wskoczyć	jump in
wstawić	put into/place in
wstąpić	step in/pop in on

5.15.3.14   ws-, wz(e)- (up).

Ws before voiceless consonants, wz before voiced.

wschodzić/wzejść	rise (sun)/come out (star)/sprout (seed)
wskazać	point
wspinać/wspiąć się	climb up
wspomnieć	recall to mind
wzdymać/wzdąć	inflate/swell
wzmocnić	strengthen
wznosić/wznieść	rise up/climb (plane)
wzrastać/wzrosnąć	grow up

5.15.3.15   wspól- (together with)

współczuć [imperf.]	empathise/feel for
współdziałać [imperf.]	co-operate

współgrać [imperf.]	harmonise
współposiadać [imperf.]	own jointly
współpracować [imperf.]	work with
współżyć [imperf.]	live together/co-exist

5.15.3.16   wy- (out)

wybrać	select
wybuchnąć	explode/break out (war)
wychodzić/wyjść	go out
wyciągnąć	pull out
wyciekać/wyciec	leak out
wycisnąć	squeeze out
wydawać/wydać	spend (money)/emit
wydzierać/wydrzeć	tear out
wyjaśnić	explain/clarify
wyjeżdżać/wyjechać	drive off/depart
wykładać [imperf.]	explain/lecture
wyłączyć	switch off (power)
wymiatać/wymieść	sweep out
wymyślić	invent/think out
wynosić/wynieść	carry out
wyprowadzić (się)	lead out/move out of house
wyprzedać	sell off
wysiadać/wysiąść	get out (transport)
wyspać się	sleep enough
wystroić się	adorn oneself

5.15.3.17   z(e)-, za- (with, together)

zaczepić	attach/hook/accost
zawiązać	tie
zebrać	gather/compile (harvest)
zbliżić (się)	come near
zgodzić się	agree (people/totals)
złączyć	unite
znosić/znieść	bear/put up with
zwinąć	wind together

5.15.3.18   za- (cover with)

zabłocić	cover with mud
zabudować	cover with buildings
zachmurzyć się	cloud over
zaladować	load

zakochać się	fall in love
zakryć	cover

5.15.3.19 z-/za- (completion/change of state)

zabić	kill
zachorować	get ill
zadowolić	satisfy
zakręcić	screw up
załatwić	settle
zanosić/zanieść	carry away to
zamknąć	close
zamrozić	freeze/refrigerate
zaniknąć	die/become extinct
zapomnieć	remember
zapamiętać	retain in memory
zdążyć	come in time/finish in time
znaleźć	find
znudzić się	get bored
zniszczyć	destroy
zwyciężyć	win

5.15.3.20 s-, ś-, z(e)-, za- (down)

S before voiceless consonants, ś before softened, z before voiced.

schodzić/zejść	come down
schować	hide
schylić się	bend down
ściągnąć	pull down/attract/draw
składać/złożyć	fold (linen, umbrella)/put together
skończyć	finish
skruszyć	crumble
spadać/spaść	fall down
spłacić	pay off/ repay
spłynąć	flow down
sprawdzić	verify/check
stopić (się)	melt
zdejmować/zdjąć	take down/take off (clothes)
zjeżdżać/zjechać	descend from by driving
zrywać/zerwać	tear down/pluck (blooms)
zemdleć	faint
zabłądzić	go astray/lose way
zabraknąć	fail/fall short
zabronić	forbid
zachodzić/zajść	set (sun)

załamać się	break down/collapse
zalepić	glue down
zapalić	set alight/switch on light
zapisać (się)	note down/enrol for

6 NOUNS

6.1 CASES AND DECLENSIONS

In inflected languages such as Polish each noun, pronoun and adjective, by changing its endings, clearly shows its relationship to other words in the sentence (its *case*). Polish has seven cases – nominative, accusative, genitive, locative, instrumental, dative and vocative.

The pattern of case endings for nouns is called a *declension*. The declension to which a noun belongs is governed by factors such as its spelling, origin, and development through usage over the years. Nouns which change their endings identically belong to the same declension.

Polish has five masculine, six feminine and six neuter declensions (with variants in endings occurring within them). Polish language dictionaries show the gender and declension number of each noun. Nouns borrowed from other languages, e.g **biznes**, **koktajl**, **dżem**, **drink**, **kryzys**, **sytuacja**, usually obtain Polish spelling and are added to an appropriate declension.

The case endings of one declension and another, for the same gender, often vary only slightly. Also, the case endings for the masculine and neuter genders are often identical. Hence, rather than remembering many declension patterns, it is wiser to learn the most typical case endings found in each gender, and to memorise the declension of nouns which do not behave typically. For typical declensions of some regular and irregular nouns see 6.9 and 6.10.

6.1.1 Stems and endings

The stem of a word is the part to which case endings (nouns and adjectives) and person endings (verbs) are affixed, e.g. **kobiet-*a***, **okn-*o***, **dobr-*y***, **jad-*ę***. The final stem consonant can change under the influence of a following **e** or **i** (see chapter 4).

6.1.2 Gender

Polish has three genders: masculine, feminine and neuter. Each noun has a gender. All male persons are masculine; all female persons are feminine. The gender of all remaining nouns, with a few exceptions, is governed by their endings.

6.2 NOMINATIVE CASE

The subject of a sentence stands in the nominative case. Note the Polish oddity: the predicate of the verb 'to be', when a noun (with/without adjective), stands in the *instrumental* case (see 6.7 Instrumental case).

Nom. **Dobry ojciec kocha dzieci.**
  A good father loves his children.

Instr. **Marcin jest *dobrym ojcem*.**
  Martin is a good father.

6.2.1 Nominative singular

6.2.1.1 Masculine nouns

These have no ending as such. Their stems end in a *consonant*, e.g. **stół, zamek, kot, samochód, dźwig, pokój, pociąg, pan, chłopiec** (table, castle, cat, plane, lift, room, train, gentleman, boy).

Masculine diminutive nouns take the ending **-ek/ik/yk**, **-czek/szek**, **-uś**, or **-ch**. See 6.2.9 Diminutives.

Exceptions: A few diminutive proper names and relation names end in **-o/-u**, e.g. **Tadzio, dziadzio, Zdzisiu.**

Note: Masculine nouns ending in **-ec, -ek, -er, -es, -en**, and **-ech** usually lose the **-e** when the noun is declined, e.g. **chłopiec: chłopca; domek: domka; pies: psa; majster: majstra; sen: snu; mech: mchu.** Masculine nouns in **-in** lose the **-in** in the plural, e.g. **Amerykanin: Amerykanie; Meksykanin: Meksykanie.**

6.2.1.1.1 Polish masculine nouns: a Polish oddity

In the accusative singular, Polish distinguishes between masculine 'alive' nouns denoting males, animals, birds, fish and insects, e.g. **ojciec, brat, syn, kot, ptak** (father, brother, son, cat, bird) and masculine 'non-alive' nouns denoting objects, e.g. **ołówek, płaszcz, dzień** (pencil, coat, day).

In the nominative and accusative plural, Polish distinguishes between masculine 'men' nouns denoting males, and masculine 'non-men' nouns denoting animals and objects.

These distinctions are pointed out where appropriate, but should be remembered at all times.

6.2.1.1.2 Mixed declension nouns

A few nouns referring to males end in **-a**, e.g. **kolega, dentysta, kierowca, mężczyzna, wydawca, poeta, tata, obrońca, kaleka** (friend, dentist, driver, man, publisher, poet, daddy, guardian, cripple). **-a** is a feminine ending, so such nouns are declined as feminine in the singular but as masculine in the plural. This occurs also with masculine surnames ending in **-a** and **-o**.

Mixed declension nouns: singular

Nom.	kolega	kierowca	mężczyzna
Voc.	kolego	kierowco	mężczyzno
Acc.	kolegę	kierowcę	mężczyznę
Gen.	kolegi	kierowcy	mężczyzny
Loc.	koledze	kierowcy	mężczyźnie
Instr.	kolegą	kierowcą	mężczyzną
Dat.	koledze	kierowcy	mężczyźnie

Singular

Nom.	kaleka	Matejko	Zaręba
Voc.	kaleko	Matejko	Zarębo
Acc.	kalekę	Matejkę	Zarębę
Gen.	kaleki	Matejki	Zaręby
Loc.	kalece	Matejce	Zarębie
Instr.	kaleką	Matejką	Zarębą
Dat.	kalece	Matejce	Zarębie

Mixed declension nouns: plural

Nom.	koledzy	kierowcy	mężczyźni
Voc.	koledzy	kierowcy	mężczyźni
Acc.	kolegów	kierowców	mężczyzn[1]
Gen.	kolegów	kierowców	mężczyzn[1]
Loc.	kolegach	kierowcach	mężczyznach
Instr.	kolegami	kierowcami	mężczyznami
Dat.	kolegom	kierowcom	mężczyznom

Plural

Nom.	kalecy	Matejkowie	Zarębowie
Voc.	kalecy	Matejkowie	Zarębowie
Acc.	kaleków	Matejków	Zarębów
Gen.	kaleków	Matejków	Zarębów
Loc.	kalekach	Matejkach	Zarębach
Instr.	kalekami	Matejkami	Zarębami
Dat.	kalekom	Matejkom	Zarębom

[1] Acts as feminine here and therefore takes no ending.

Note: Any associated adjectives are declined as masculine.

6.2.1.2   Feminine nouns

These have the ending **-a**, e.g. **kobieta**, **dziewczyna**, **gazeta**, **marchewka**, **poczta**, **kawiarnia**, **Polska** (woman, girl, newspaper, carrot, post office, café, Poland).

A few have the ending **-i**, e.g. **pani**, **gospodyni**, **wychowawczyni**, **dozorczyni** (lady, landlady, educator, guard).

Feminine diminutive nouns take the ending **-ka**, **-czka** or **-szka**. Affectionate forms take the ending **-ia**, **-la** or **-ina**. See 6.2.9 Diminutives.

Exceptions: Some feminine nouns end in a consonant, e.g. **noc**, **część**, **kość**, **jesień**, **wieś**, **mysz**, **krew** (night, part, bone, autumn, village, mouse, blood).

Abstract nouns ending in **-ść** are feminine, e.g. **miłość**, **ciekawość**, **wdzięczność**, **jakość**, **wartość** (love, curiosity, gratitude, quality, value).

6.2.1.3 Neuter nouns

The following endings occur:

- *-o*   **okno**, **dziecko**, **miasto**, **ciasto**, **pudło**, **zimno**, (window, child, town, cake, box, cold)
- *-e*   **życie**, **morze**, **mieszkanie**, **zdjęcie**, **pole** (life, sea, flat, photograph, field)
- *-ię*   **imię**, **ramię**, **szczenię** (name, arm, pup)
- *-ę*   **zwierzę**, **cielę**, **kurczę**, **niemowlę** (animal, calf, chicken, baby)
- *-um* **muzeum**, **gimnazjum**, **liceum**, **wotum** (museum, academy, high school, vote).

Notes:

1 Neuter nouns in **-um** are declined in the plural but not in the singular.

2 The true stem of nouns in **-ię** is not seen in the nominative. For example, the stem of **imię** is **imien-** (sing.) and **imion-** (pl.). It is seen in other cases.

3 The true stem of nouns in **-ę** is not seen in the nominative. For example, the stem of **zwierzę** is **zwierzęt-** (with consonant alternation **t:c** in the singular). It is seen in other cases.

Neuter diminutive nouns take the endings **-ko**, **-czko**, **-szko** or **-ątko**. See 6.2.9 Diminutives.

6.2.2 Nominative plural

6.2.2.1 Masculine nouns (including animals but not men)

The following vowel alternations occur:

ó occurring as the last stem vowel becomes **o**, e.g. **stół**: **stoły**, **róg**: **rogi**.
ą occurring as the last stem vowel becomes **ę**, e.g. **ząb**: **zęby**.

Ending	When used	Examples	
y	After hard consonant except **k**, **g**.	dom: domy	numer: numery
		baran: barany	orzech: orzechy
		sklep: sklepy	śpiew: śpiewy
		blef: blefy	czas: czasy
		kot: koty	

Ending	*When used*	*Examples*	
y	After hard consonant except **k**, **g**.	stół: stoły klub: kluby	ślad: ślady gaz: gazy
i	After **k**, **g**.	bank: banki róg: rogi	ptak: ptaki pociąg: pociągi
e	After **j**, **l**.	kraj: kraje hotel: hotele	pokój: pokoje parasol: parasole
e	After **c**, **cz**, **sz**, **rz**, **ż**, **dż**, **dz**.	piec: piece koniec: końce pałac: pałace klucz: klucze pieniądz: pieniądze kapelusz: kapelusze cmentarz: cmentarze	widelec: widelce miesiąc: miesiące tysiąc: tysiące grosz: grosze talerz: talerze bagaż: bagaże nóż: noże
ie	After ´ accent (accent lost, **i** added).	koń: konie cień: cienie liść: liście niedźwiedź: niedźwiedzie	tydzień: tygodnie ogień: ognie gość: goście
ie	A few nouns ending in **-b**, **-p**.	gołąb: gołębie	karp: karpie

6.2.2.2 Masculine 'men' nouns

Five endings occur. The endings **-i** and **-y** cause consonant alternations as defined in 6.2.2.2.1.

Ending	*When used*	*Examples*	
owie	Titles, professions, family members, a few nationalities, surnames except those in **-ski**, **-cki** and **-dzki**.	pan: panowie mąż: mężowie Belg: Belgowie oficer: oficerowie syn: synowie	profesor: profesorowie dziadek: dziadkowie Kowalczyk: Kowalczykowie ojciec: ojcowie Arab: Arabowie tata: tatowie
	Note: After ´ accent, ending here is **-iowie**.	uczeń: uczniowie	więzień: więźniowie Kornaś: Kornasiowie *But*: brat: bracia

Ending	When used	Examples	
ie	Nationalities in **-in** drop their ending.	Rosjanin: Rosjanie	Amerykanin: Amerykanie
e	After **rz**, **sz**, **cz**, **j**, **l**, and ´ accent.	lekarz: lekarze góral: górale towarzysz: towarzysze obywatel: obywatele posługacz: posługacze *But*: król: królowie	żołnierz: żołnierze złodziej: złodzieje nauczyciel: nauczyciele przyjaciel: przyjaciele przechodzień: przechodnie
i[1]	After hard consonant. Applies to most nouns unless plural ends in **-owie**. Final consonant often alternates (see 6.2.2.2.1).	chłop: chłopi Czech: Czesi mężczyzna: mężczyźni anioł: anieli[2] *But*: Hiszpan: Hiszpanie	sąsiad: sąsiedzi student: studenci
y	After **k**, **g**, **r**. Final consonant alternates **k**: **c**; **g**: **dz**; **r**: **rz** (see 6.2.2.2.1).	Polak: Polacy Grek: Grecy kolega: koledzy stomatolog: stomatolodzy Chińczyk: Chińczycy	Anglik: Anglicy Norweg: Norwedzy doktor: doktorzy mechanik: mechanicy Holender: Holenderzy
y	After **c**, **iec**, **niec**. **c**:**cy**; **iec**: **cy**; **niec**: **ńcy**.	kierowca: kierowcy Niemiec: Niemcy mieszkaniec: mieszkańcy	sprzedawca: sprzedawcy chłopiec: chłopcy

[1] The real nominative plural ending for masculine nouns is **-i**, as it is for adjectives. However, a vast number of plurals ending in **-owie**, **-e** or **-y** also exist.

[2] Old form. **Aniołowie** now current.

6.2.2.2.1   Consonant alternations in masculine 'men' nouns

Original	Becomes	Examples	
k	**cy**	Polak: Polacy	Chińczyk: Chińczycy
		Grek: Grecy	ogrodnik: ogrodnicy
		mechanik: mechanicy	kaleka: kalecy
		Anglik: Anglicy	lotnik: lotnicy
g	**dzy**	stomatolog: stomatolodzy	kolega: koledzy
		Norweg: Norwedzy	
r	**rzy**	Bułgar: Bułgarzy	Holender: Holendrzy
		bohater: bohaterzy	doktor: doktorzy
		inżynier: inżynierzy	autor: autorzy
		Węgier: Węgrzy	kelner: kelnerzy
		fryzjer: fryzjerzy	
t	**ci**	architekt: architekci	emigrant: emigranci
		sierżant: sierżanci	student: studenci
		poeta: poeci	Szkot: Szkoci
st	**ści**	ekonomista: ekonomiści	specjalista: specjaliści
		finansista: finansiści	pianista: pianiści
		dentysta: dentyści	artysta: artyści
		turysta: turyści	
ch	**si**	Czech: Czesi	Włoch: Włosi
d	**dzi**	sąsiad: sąsiedzi	Szwed: Szwedzi
z	**zi**	Francuz: Francuzi	mężczyzna: mężczyźni
ł	**li**	diabeł: diabli[1]	anioł: anieli[1]

[1] Old forms. **Diabły** and **aniołowie** now current.

6.2.2.3   Feminine nouns

Ending	When used	Examples	
y	After hard stem	kobieta: kobiety	lampa: lampy
	(except **k**, **g**) + **-a**.	szkoła: szkoły	strona: strony
		gwiazda: gwiazdy	kawa: kawy
		kiełbasa: kiełbasy	rama: ramy
		łza: łzy	ryba: ryby
		siostra: siostry	szafa: szafy
		mucha: muchy	
i	After **k**, **g** stem + **-a**.	matka: matki	córka: córki
		droga: drogi	noga: nogi
		Polka: Polki	figa: figi
		But: ręka: ręce	

Ending	When used	Examples	
i	Nouns in **-ść**, and some in **-ć, ń, dź** (accent lost).	opowieść: opowieści spowiedź: spowiedzi przyjaźń: przyjaźni miłość: miłości	kość: kości nić: nici pieśń: pieśni sieć: sieci
i	Some nouns in **-l, -w**.	myśl: myśli *But*: cerkiew: cerkwie	brew: brwi chorągiew: chorągwie
e	After **j, l**, often followed by **-a**.	stacja: stacje kolej: koleje niedziela: niedziele aleja: aleje sala: sale	lekcja: lekcje kąpiel: kąpiele chwila: chwile sól: sole
e	After consonant + **-i** (usually followed by **-a**).	kuchnia: kuchnie historia: historie gospodyni: gospodynie babcia: babcie	ziemia: ziemie parafia: parafie pani: panie religia: religie lilia: lilie
e	After **c, ca, cza, rz, rza, sza, ż, ża, dż**.	noc: noce tęcza: tęcze podróż: podróże owca: owce grusza: grusze	ulica: ulice burza: burze wieża: wieże róża: róże
y	Nouns in **-cz, -sz**.	rzecz: rzeczy	mysz: myszy
ie	After ´ accent (accent lost, **i** added). Alternation **ó: o**; **ą:ę**; **e: –** may occur.	wieś: wsie jesień: jesienie żołądź: żołędzie jabłoń: jabłonie	dłoń: dłonie łódź: łodzie gałąź: gałęzie

6.2.2.4 Neuter nouns

Ending	When used	Examples	
a	Nouns in **-o, -e, -ie, -um**.	okno: okna kino: kina pole: pola krzesło: krzesła mieszkanie: mieszkania	jabłko: jabłka morze: morza liceum: licea muzeum: muzea
iona	Most nouns in **-ię** extend **-ię** to **-iona**.	imię: imiona ramię: ramiona	plemię: plemiona siemię: siemiona

Ending	When used	Examples	
iona	Most nouns in **-ię** extend **-ię** to **-iona**.	ciemię: ciemiona znamię: znamiona	brzemię: brzemiona strzemię: strzemiona
		But: jagnię: jagnięta prosię: prosięta	źrebię: źrebięta
ęta	Nouns in **-ę** alone extend **-ę** to **-ęta**.	cielę: cielęta bydlę: bydlęta pisklę: pisklęta zwierzę: zwierzęta dziewczę: dziewczęta	kurczę: kurczęta koźlę: koźlęta książę: książęta niemowlę: niemowlęta

6.2.3 Nouns existing only in the plural

These usually consist of two or several parts:

sanie	sleigh	**wakacje**	holiday
usta	lips	**wczasy**	holiday
skrzypce	violin	**ferie**	holiday
spodnie	trousers	**okulary**	spectacles
rajstopy	tights	**manatki**	belongings
drożdże	yeast	**bliźnięta**	twins
nosze	stretcher	**rodzice**	parents
nożyczki	scissors	**schody**	stairs
nożyce	scissors	**drzwi**	door
urodziny	birthday	**wrota**	gate
imieniny	name day	**plecy**	back
chrzciny	christening	**organy**	organ
kajdany	handcuffs	**dzieje**	history
finanse	finances	**grabie**	rake

Many towns are plural: **Kielce, Katowice, Bartoszyce, Siedlce, Suwałki, Szamotuły, Puławy.**

6.2.4 Plural after numbers

The *appropriate case* of the plural noun is used after numbers 1 to 4, e.g. **dwaj synowie przyjechali, kupiłem dwa ołówki, znam trzy miasta.**

The *genitive* case of the plural noun is used after numbers 5 onwards and after quantities, e.g. **wielu synów przyjechało, kupiłem pięć ołówków, znam parę miast** (see 6.5 Genitive case).

6.2.5 Feminine nouns from masculine nouns

These normally denote a profession, relationship or female animal, and are formed by adding feminine endings:

-ka/-anka, usually to nouns not ending in **-k**:

nauczyciel: **nauczycielka**	teacher
kelner: **kelnerka**	waiter: waitress
student: **studentka**	student
piekarz: **piekarka**	baker
lekarz: **lekarka**	doctor
przyjaciel: **przyjaciółka**	companion
cudzoziemiec: **cudzoziemka**	foreigner
bratanek: **bratanka**	nephew: niece

-ca/-czka, often to nouns ending in **-k**:

pracownik: **pracownica**	worker
kierownik: **kierowniczka**	manager
urzędnik: **urzędniczka**	clerk
uczeń: **uczennica**	pupil
siostrzeniec: **siostrzenica**	nephew: niece
królik: **królica**	rabbit
tygrys: **tygrysica**	tiger
samiec: **samica** (m./f.)	animal/bird

Feminine nouns of nationality usually end in **-ka**. Some feminine nouns end in **-owa/-ewna**:

Niemiec: **Niemka**	German	**brat**: **bratowa**	brother-: sister-in-law
Amerykanin:	American	**król**: **królowa**	king: queen
Amerykanka		**teść**: **teściowa**	father-: mother-in-law
Polak: **Polka**	Pole	**syn**: **synowa**	son-: daughter-in-law
Włoch: **Włoszka**	Italian		

Some feminine nouns end in **-yni**:

gospodarz: **gospodyni**	landlord: lady
wychowawca: **wychowawczyni**	educator
dozorca: **dozorczyni**	guard

Where only one form of a noun exists, **pani** is added to create the feminine, e.g. **pani dyrektor**, **pani profesor**, **pani doktor**, **pani inżynier**.

6.2.6   Nouns declined as adjectives

1   Surnames ending in **-ski**, **-cki**, **-dzki** (m.) and **-ska**, **-cka**, **-dzka** (f.). See 6.2.6.1 and 6.2.6.2.

2   Feminine surnames and family designations ending in **-owa**: **Janowa**, **bratowa**, **synowa**, **królowa** (Mrs. Jones, sister-in-law, daughter-in-law, queen).

3   Names/surnames ending in **-i** or **-y**: **Antoni**, **Bazyli**, **Jerzy**, **Batory**.

4   Foreign surnames ending in **-e** are declined as adjectives in the singular and as nouns in the plural, e.g. **Linde** – **Lindego**, **Lindemu** (Gen., Dat. sing.), **Lindów**, **Lindom** (Gen., Dat. pl.)

5   Adjectival street names, e.g. **Lwowska**, **Krakowska** – **na Lwowskiej**, **za Krakowską**.

6   Adjectival place names, e.g. **Biała Podlaska**, **Zakopane**, **Wysokie Mazowieckie** – **do Białej Podlaskiej**, **do Zakopanego**, **do Wysokiego Mazowieckiego**.

7   Adjectival regional names, e.g. **Lubelskie** – **z Lubielskiego**, **w Lubelskiem**.

8   Some professions, e.g. **budowniczy**, **leśniczy**, **myśliwy**, **gajowy**, **księgowy** (builder, forester, hunter, gamekeeper, accountant). Some professions are really adjectival participles, e.g. **służący/a**, **przełożony/a**, **naczelny/a**, (servant, boss, chief).

9   Nouns denoting relationships , e.g. **krewny/a**, **bliskie/bliscy** (relative, dear ones).

10   Nouns (really adjectives) denoting particular groups of people, e.g. **niewidomi**, **niemi**, **niepełnosprawni**, **bezrobotni** (blind, dumb, handicapped, unemployed). These are usually used in plural.

11   The month February (**luty** means 'severe') – **w lutym**, **do lutego**.

6.2.6.1   Surnames: masculine

Singular

	-ski	*-cki*	*-dzki*
N.	Krupski	Malicki	Zawadzki
V.	Krupski	Malicki	Zawadzki
A.	Krupskiego	Malickiego	Zawadzkiego
G.	Krupskiego	Malickiego	Zawadzkiego
L.	Krupskim	Malickim	Zawadzkim
I.	Krupskim	Malickim	Zawadzkim
D.	Krupskiemu	Malickiemu	Zawadzkiemu

Plural

	-scy	-ccy	-dzcy
N.	Krupscy	Maliccy	Zawadzcy
V.	Krupscy	Maliccy	Zawadzcy
A.	Krupskich	Malickich	Zawadzkich
G.	Krupskich	Malickich	Zawadzkich
L.	Krupskich	Malickich	Zawadzkich
I.	Krupskimi	Malickimi	Zawadzkimi
D.	Krupskim	Malickim	Zawadzkim

6.2.6.2 *Surnames: feminine*

Singular

	-ska	-cka	-dzka
N.	Krupska	Malicka	Zawadzka
V.	Krupska	Malicka	Zawadzka
A.	Krupską	Malicką	Zawadzką
G.	Krupskiej	Malickiej	Zawadzkiej
L.	Krupskiej	Malickiej	Zawadzkiej
I.	Krupską	Malicką	Zawadzką
D.	Krupskiej	Malickiej	Zawadzkiej

Plural

	-skie	-ckie	-dzkie
N.	Krupskie	Malickie	Zawadzkie
V.	Krupskie	Malickie	Zawadzkie
A.	Krupskie	Malickie	Zawadzkie
G.	Krupskich	Malickich	Zawadzkich
L.	Krupskich	Malickich	Zawadzkich
I.	Krupskimi	Malickimi	Zawadzkimi
D.	Krupskim	Malickim	Zawadzkim

6.2.7 Names of countries and their inhabitants

Most countries are feminine because they end in **-a**. Those ending in **-e**, **-i**, **-o** and **-u** are neuter (many of these are not declined). The remainder are masculine.

Włochy, **Węgry**, **Chiny**, **Czechy**, **Niemcy** are feminine plural. **Stany Zjednoczone** is masculine plural.

Country	Inhabitant			Adjective
	Masc.	Fem.	Pl.	
Afryka	Afrykańczyk	Afrykanka	Afrykańczycy	afrykański
Ameryka	Amerykanin	Amerykanka	Amerykanie	amerykański
Anglia	Anglik	Angielka	Anglicy	angielski
Australia	Australijczyk	Australijka	Australijczycy	australijski

Country	Masc.	Inhabitant Fem.	Pl.	Adjective
Austria	Austriak	Austriaczka	Austriacy	austriacki
Belgia	Belg	Belgijka	Belgowie	belgijski
Bułgaria	Bułgar	Bułgarka	Bułgarzy	bułgarski
Dania	Duńczyk	Dunka	Duńczycy	duński
Europa	Europejczyk	Europejka	Europejczycy	europejski
Finlandia	Fin	Finka	Finowie	fiński
Francja	Francuz	Francuzka	Francuzi	francuski
Grecja	Grek	Greczynka	Grecy	grecki
Hiszpania	Hiszpan	Hiszpanka	Hiszpanie	hiszpański
Holandia	Holender	Holenderka	Holenderzy	holanderski
India	Hindus	Hinduska	Hindusi	hinduski/ indyjski
Irlandia	Irlandczyk	Irlandka	Irlandczycy	irlandzki
Japonia	Japończyk	Japonka	Japończycy	japoński
Jugosławia	Jugosłowianin	Jugosłowianka	Jugosłowianie	jugosłowiański
Kanada	Kanadyjczyk	Kanadyjka	Kanadyjczycy	kanadyjski
Norwegia	Norweg	Norweżka	Norwedzy	norweski
Nowa Zelandia	Nowo- zelandczyk	Nowozelandka	Nowo- zelandczycy	nowo- zelandzki
Polska	Polak	Polka	Polacy	polski
Portugalia	Portugalczyk	Portugalka	Portugalczycy	portugalski
Rosja	Rosjanin	Rosjanka	Rosjanie	rosyjski
Rumunia	Rumun	Rumunka	Rumuni	rumuński
Szkocja	Szkot	Szkotka	Szkoci	szkocki
Słowacja	Słowak	Słowaczka	Słowacy	słowacki
Szwecja (Sweden)	Szwed	Szwedka	Szwedzi	szwedzki
Szwajcaria (Switz.)	Szwajcar	Szwajcarka	Szwajcarzy	szwajcarski
Turcja	Turek	Turczynka	Turcy	turecki
Walia (Wales)	Walijczyk	Walijka	Walijczycy	walijski
Wielka Brytania	Brytyjczyk	Brytyjka	Brytyjczycy	brytyjski
Egipt	Egipcjanin	Egipcjanka	Egipcjanie	egipski
Meksyk	Meksykanin	Meksykanka	Meksykanie	meksykański
Chile	Chilijczyck	Chilijka	Chilijczycy	chilijski
Maroko	Marokańczyk	Marokanka	Marokańczycy	marokański
Peru	Peruwiańczyk	Peruwianka	Peruwiańczycy	peruwiański
Chiny	Chińczyk	Chinka	Chińczycy	chiński
Czechy	Czech	Czeszka	Czesi	czeski
Niemcy (Germany)	Niemiec	Niemka	Niemcy	niemiecki
Węgry (Hungary)	Węgier	Węgierka	Węgrzy	węgierski
Włochy (Italy)	Włoch	Włoszka	Włosi	włoski

6.2.7.1 Being in a country

Use **w/we** and the locative case (see 6.6 Locative case), e.g. **w Anglii, we Francji, we Wielkiej Brytanii, w Kanadzie, w Egipcie, w Peru, w Niemczech, we Włoszech, w Chinach, w Stanach (Zjednoczonych).**

Exceptions: **na** + locative case: **na Węgrzech, na Bliskim/Dalekim Wschodzie** (near/far East).

6.2.7.2 Going to a country

Use **do** and the genitive case (see 6.5 Genitive case), e.g. **do Anglii, do Francji, do Wielkiej Brytanii, do Kanady, do Egiptu, do Peru, do Niemiec, do Włoch, do Chin, do Stanów (Zjednoczonych).**

Exceptions: **na** + accusative case: **na Węgry, na Bliski/Daleki Wschód** (near/far East).

6.2.7.3 Coming from a country

Use **z/ze** and the genitive case (see 6.5 Genitive case), e.g. **z Anglii, z Francji, z Wielkiej Brytanii, z Kanady, z Egiptu, z Peru, z Niemiec, z Chin, ze Stanów (Zjednoczonych), z Węgier, z Bliskiego/Dalekiego Wschodu.**

Notes:

The genitive singular of countries ending in **-ja** is **-ji**, e.g. **Francji, Turcji**.

The genitive singular of countries ending in **-ia** is **-ii**, e.g. **Anglii, Belgii**.

The genitives of the plural countries are: **Chin, Niemiec, Węgier, Włoch, Stanów (Zjednoczonych)**. Their locatives are: **Chinach, Niemczech, Węgrzech, Włoszech, Stanach (Zjednoczonych)**.

The genitive of many masculine foreign countries ends in **-u**, e.g. **Egiptu, Pakistanu, Iraku**. *But*: **Izraela, Luksemburga**.

6.2.8 Names of towns

The genitive of most masculine Polish towns ends in **-a**, e.g. **Krakowa, Wrocławia, Szczecina**.

The genitive of many masculine foreign towns, rivers and mountains ends in **-u**, e.g. **Madrytu, Londynu, Rzymu, Tel Awiwu, Singapuru, Renu, Dunaju, Bugu, Kaukazu**. *But*: **Paryża, Berlina, Hamburga**. To work out the genitive of non-masculine towns see 6.5 Genitive case.

Many Polish towns are plural and take plural case endings, for example:

Kielce, Katowice, Bartoszyce, Siedlce	**w Kielcach, do Katowic, od Bartoszyc, za Siedlcami**
Suwałki, Szamotuły, Puławy	**w Suwałkach, do Szamotuł, od Puław, za Suwałkami**

Place names composed of several parts of speech are declined accordingly, for example:

Białystok [adjective + noun]	**w Białymstoku, do Białegostoku**
Wysokie Mazowieckie [two adjectives]	**w Wysokim Mazowieckim, do Wysokiego Mazowieckiego**
Zakopane [adjective]	**w Zakopanem** (exceptionally not -ym), **do Zakopanego**
Bielsko-Biała [name + adjective]	**w Bielsku-Białej, do Bielska-Białej**

6.2.9   Diminutives

Diminutive forms of nouns (less often of other words) are a particular, very frequent feature of Polish. They denote the *smallness of*, or *fondness towards*, a person or object.

6.2.9.1   *Diminutives of ordinary nouns*

The original form of the noun dictates its diminutive ending (with a few exceptions). Consonant and vowel alternations (shown in capitals) often occur.

-ek, **-ka**, **-ko** are added to nouns with a hard stem consonant.

Masculine	*-ek*	*Feminine*	*-ka*	*Neuter*	*-ko*
dzban	dzbanek	bluza	bluzka	ciasto	ciastko
dziad	dziadek	gwiazda	dwiazdka	drzewo	drzewko
gołąb	gołąbek	godzina	godzinka	gniazdo	gniazdko
kloc	klocek	herbata	herbatka	jajo	jajko
kogut	kogutek	kropla	kropElka	koło	kÓłko
komin	kominek	krowa	krÓwka	krzesło	krzesEłko
kot	kotek	mucha	muSZka	lustro	lustErko
mazur	mazurek	noga	nÓŻka	okno	oKIEnko
ogród	ogródek	panna	paNIEnka	naczynie	naczyŃko
pieniądz	pieniąŻek	skarpeta	skarpetka	pudło	pudEłko
pies	piesek	skrzynia	skrzynka	słowo	słÓwko
ser	serek	stajnia	stajEnka	śniadanie	śniadanko
sznur	sznurek	taśma	taSIEmka	światłło	światEłko
wuj	wujek	torba	torEbka	wino	winko

-czek, **-eczka**, **-eczko** are added to nouns with stem consonant **k** or, sometimes, **c**. Thus, further diminutives can be created from existing diminutives. Here **k/c** changes to **cz**.

Masculine	*-czek*	*Feminine*	*-eczka*	*Neuter*	*-eczko*
bok	boczek	bułka	bułeczka	ciastko	ciasteczko
burak	buraczek	bluzka	bluzeczka	jajko	jajeczko
czajnik	czajniczek	chustka	chusteczka	łóżko	łóżeczko

Masculine	-czek	Feminine	-eczka	Neuter	-eczko
kapuśniak	kapuśniaczek	córka[1]	córeczka	miasto	miasteczko[2]
piesek	pieseczek	książka[1]	książeczka	mleko	mleczko
sznurek	sznureczek	łyżka	łyżeczka	oknienko	okieneczko
zając	zajączek	But: siostra	siostRZyczka	oko	oczko

[1] Original forms are **córa**, **księga**.

[2] Diminutive **miastko** is not used.

-szek, **-szka**, **-szko** appear where the above endings would create unacceptable sounds.

Masculine	-szek	Feminine	-uszka	Neuter	-uszko
brat	braciszek	baba	babuszka	jabłko	jabłuszko
brzuch	brzuszek			ucho	uszko
kielich	kieliszek				
palec	paluszek				

-yk appears in masculine nouns in **-c**, **-cz**, **-rz**, **-sz**. Further diminutives end in **-yczek**.

-ik appears in many masculine nouns in **-t**, **-d**, **-ł**, **-j** or a soft accent. Further diminutives end in **-iczek**.

Masculine	-yk			Masculine	-ik	
barszcz	barszczyk			but	buCik	
deszcz	deszczyk			drut	druCik	
koc	koczyk			gwóźdź	gwOźdZik	
klucz	kluczyk			kąt	kąCik	
kołnierz	kołnierzyk			koń	koNik	koniczek
kosz	koszyk	koszyczek		pokój	pokOik	pokoiczek
płaszcz	płaszczyk			samochód	samochODZik	
talerz	talerzyk	talerzyczek		słój	słOik	słoiczek
But:				stół	stolik	stoliczek
kamień	kamyk	kamyczek				
promień	promyk	promyczek		But:		
				grosz	groSik,	
				kapelusz	kapeluSik	

6.2.9.2 Diminutives of proper names

-cia, **-sia**, **-zia**, **-unia**, **-la**, **-ina**, **-ątko** are all used to form diminutives, often of proper names and family relationships. Male proper names often end in **-ek**, **-io**, **-iu** or **uś**. **-ocha** is used colloquially and, sometimes, pejoratively.

babka	babcia	Halina	Hala, Lunia	tato/tata	tatuś
ciotka	ciocia	Anna	Anka, Ania	Piotr	Piotrek, Piotruś
Lucyna	Lucia	Magdalena	Madzia	Tadeusz	Tadek, Tadzio

Danuta	Danusia	matka	matula	Wojciech	Wojtek, Wojtuś
Katarzyna	Kasia	koń	koniątko	Zbigniew	Zbyszek, Zbych
mama	mamusia	Kasia	Kacha	Zdzisław	Zdzisiu, Zdzich
Małgorzata	Gosia	Małgosia	Gocha	dziecko	dziecina, dzieciątko
		wieś	wioska, wiocha	dziewczę	dziewucha [pejorative]

6.2.9.3 Diminutives with changed meaning

A diminutive ending may entirely change the meaning of a noun, as:

biuro	office	**biurko**	desk
brat	brother	**bratek**	pansy
cukier	sugar	**cukierek**	sweet
droga	road	**dróżka**	path
grosz	penny	**groszek**	peas
guz	lump	**guzik**	button
kanapa	couch	**kanapka**	sandwich
kolej	railway	**kolejka**	queue
król	king	**królik**	minor king, rabbit
ołów	lead	**ołówek**	pencil
pąk	bud	**pączek**	bud, doughnut
piła	saw	**piłka**	ball
proch	gunpowder	**proszek**	soap powder
ręka	hand	**rączka**	handle
sałata	lettuce	**sałatka**	salad
skóra	skin	**skórka**	crust
smok	dragon	**smoczek**	baby's dummy
szopa	shed	**szopka**	Nativity scene
szyna	rail	**szynka**	ham
ucho	ear	**uszko**	handle
waga	weigh	**ważka**	dragonfly
woda	water	**wódka**	vodka
zegar	clock	**zegarek**	watch
zabawa	game	**zabawka**	toy

6.2.9.4 Diminutives of adjectives and adverbs

These intensify the meaning to 'very' or 'completely'.
-utki/a/ie and, further, **-usieńki/a/ie** appear in diminutives of adjectives:

blady	bledziutki	
ciepły	cieplutki	
mały	malutki	malusieńki
głupi	głupiutki	
słodki	słodziutki	

miły	milutki	milusieńki
krótki	króciutki	
świeży	świeżutki	
nowy	nowiutki	nowiusieńki

A few adverbs have diminutive forms:

trochę	troszkę	troszeczkę
cicho	cichutko	
mało	malutko/maleńko	malusieńko
krótko	króciutko	
szybko	szybciutko	

6.3 VOCATIVE CASE

The vocative case is used to address people, animals and objects by name, e. g. **Kochasz ją**, *Jurku*? **A ty,** *Piotrze*? (Do you love her, George? And you, Peter?).

However, to call someone, use the nominative, e.g. *Jurek*, **chodź tu!** (George, come here!).

Colloquially, the nominative is used if a name is not preceded by **Pan/Pani**, e.g. **Cześć, Ewa/Marek** (Nom.) *but* **Dzień dobry, Pani Ewo/ Panie Marku** (Voc.).

Note: In greetings with **Pan/Pani/Państwo** alone the dative is used, e.g. **Dzień dobry Panu/Pani/Państwu.** (lit. Good morning *to* . . . [indirect object]).

In the vocative singular and plural, masculine and feminine nouns which are declined as adjectives take the appropriate nominative case adjectival ending, e.g. **Szanowny Panie Księgowy! Droga królow***a***! Moi drodzy krew***ni***!

6.3.1 Vocative singular

6.3.1.1 Masculine nouns

For most nouns, the vocative singular is identical to the locative singular. Therefore, consonant and vowel alternations occur as in the locative.

Ending	*When used*	*Examples*	
e	After hard consonants (except **k, g, ch**). Same as locative.	doktor: doktorze	brat: bracie
		biskup: biskupie	Jan: Janie
		generał: generale	anioł: aniele
		sąsiad: sąsiedzie	kot: kocie
		kelner: kelnerze	Szwed: Szwedzie
		Piotr: Piotrze	pies: psie
		szef: szefie	wóz: wozie
		świat: świecie	

Ending	When used	Examples	
Note:		pan: panie (Loc. = **panu**) syn: synu (Loc. = **synu**)	ksiądz: księże (Loc. = **księdzu**) dom: domu (Loc. = **domu**)
u	After **k, g, ch, j, l.** Same as locative.	człowiek: człowieku urzędnik: urzędniku nauczyciel: nauczycielu Polak: Polaku Czech: Czechu	Jurek: Jurku królik: króliku pokój: pokoju kraj: kraju
		But: Bóg: Boże (Loc. = **Bogu**)	
u	After **c, cz, sz, rz, ż, dż**. After ´ accent (accent lost, **i** added.)	towarzysz: towarzyszu posługacz: posługaczu Mateusz: Mateuszu mąż: mężu	liść: liściu łabędź: łabędziu żołnierz: żołnierzu koń: koniu
cze	After **-ec**. (Not **-u** as in locative.)	chłopiec: chłopcze Niemiec: Niemcze kupiec: kupcze	krawiec: krawcze ojciec: ojcze głupiec: głupcze
o	Nouns in **-a**.	kierowca: kierowco mężczyzna: mężczyzno tata: tato	kolega: kolego dowódca: dowódco sługa: sługo

6.3.1.2 Feminine nouns

The ending is predominantly **-o**, but **-u** is also frequent.

Ending	When used	Examples	
o	After hard stems and **-a** ending.	matka: matko pszczoła: pszczoło Danuta: Danuto żona: żono mucha: mucho	kobieta: kobieto gwiazda: gwiazdo mama: mamo siostra: siostro
o	After **c, cz, rz, ż, dż, sz** stems and **-a** ending.	stolica: stolico burza: burzo dusza: duszo	róża: różo tęcza: tęczo
o	After soft stems. Nouns often end in **-ia**.	niedziela: niedzielo armia: armio	aleja: alejo ziemia: ziemio

u	In diminutives in -ia.	Danusia: Danusiu babunia: babuniu Kasia: Kasiu	Magdzia: Magdziu ciocia: ciociu
i	Vocative of nouns in -i is same as nominative.	gospodyni: gospodyni	pani: pani
i	Nouns ending in ´ accent (accent lost, i added).	postać: postaci pieśń: pieśni	miłość: miłości wieś: wsi
y	Nouns in -c, -cz, -rz, -ż, -dż, -sz.	młodzież: młodzieży podróż: podróży noc: nocy	rzecz: rzecy twarz: twarzy mysz: myszy

6.3.1.3 Neuter nouns

The vocative singular is identical to the nominative singular.

6.3.2 Vocative plural

The vocative plural is identical to the nominative plural for all genders.

6.4 ACCUSATIVE CASE

The accusative case is used:

1 For the direct object of the verb. However, if the verb is in the negative, the direct object stands in the genitive case (see 6.5 Genitive case).

2 In statements about health.

3 After certain prepositions, especially when the verb expresses motion (see 10 Prepositions).

4 To state the period of duration of an action (See 9.10 Adverbs of time).

Note: In the accusative singular and plural, nouns which are declined as adjectives take the appropriate accusative case adjectival ending.

6.4.1 Accusative singular

6.4.1.1 Masculine 'non-alive' nouns (objects)

The accusative singular is identical to the nominative singular.

Nom: **To jest *ładny dom/niski fotel*.**
This is a nice house/low armchair.

Acc: **Mam *ładny dom/niski fotel*.**
I have a nice house/low armchair.

Exceptions: The following categories of masculine 'non-alive' noun use their *genitive* case ending in the accusative singular:

1 Fruit and vegetables, e.g. **jeść banana, pomidora, kalafiora, grzyba, ziemniaka.**

2 Vehicles, e.g. **kupić forda, nissana, fiata, poloneza, mercedesa.**

3 Units of currency, e.g. **mieć dolara, funta, franka.**

4 Games, e.g. **grać w brydża, tenisa, ping-ponga, hokeja.**

5 Dances, e.g. **tańczyć/grać krakowiaka, mazurka, poloneza, walca, fokstrota.**

6 Cigarettes (including brand names), e.g. **palić papierosa, camela, kapitana, salema.**

6.4.1.2   Masculine 'alive' nouns (men and living creatures)

Nouns not ending in **-a** use the genitive singular as the accusative singular (for endings see 6.5 Genitive case).

> *Nom*:   **Chłopiec jest wysoki. Kot jest mały.**
>   The boy is tall. The cat is small.

> *Acc*:   **Widzę *wysokiego chłopca* i *małego kota*.**
>   I see a tall boy and a small cat.

6.4.1.3   Masculine nouns ending in -a

These nouns take the feminine accusative singular ending **-ę**. Accompanying adjectives, however, stand in the genitive singular, as for masculine 'alive' nouns.

> *Nom*:   **To jest mój dobry polski kolega.**
>   This is my good Polish friend.

> *Acc*:   **Czy znasz *mojego dobrego polskiego kolegę*?**
>   Do you know my good Polish friend?

6.4.1.4   Feminine nouns

The following endings occur:

Ending	When used	Examples	
ę	Nouns in **-a** change **-a** to **-ę**.	kobieta: kobietę	szkoła: szkołę
		gwiazda: gwiazdę	kawa: kawę
		Angielka: Angielkę	matka: matkę
		droga: drogę	ziemia: ziemię

Ending	When used	Examples	
		babcia: babcię	ulica: ulicę
		siostra: siostrę	kuchnia: kuchnię
		kiełbasa: kiełbasę	Irena: Irenę
		Polska: Polskę	
ę	Nouns in **-i** add **-ę**.	gospodyni: gospodynię	wychowawczyni: wychowawczynię
		But: pani: panią	
–	Nouns ending in a consonant do not change.	miłość: miłość	podróż: podróż
		kolej: kolej	rzecz: rzecz
		noc: noc	twarz: twarz

Nom: **Nauczycielka jest miła i mądra.**
The teacher is kind and clever.

Acc: **Tomasz ma *miłą i mądrą* nauczycielkę.**
Thomas has a kind and clever teacher.

6.4.1.5   Neuter nouns

The accusative singular is identical to the nominative singular.

Nom: **To drzewo jest młode ale już piękne.**
This tree is young but already beautiful.

Acc: **Kupuję *młode* ale już *piękne drzewo*.**
I am buying a young but already beautiful tree.

6.4.2   Accusative plural

6.4.2.1   Masculine nouns (objects and living creatures, but not men)

The accusative plural is identical to the nominative plural.

Nom: **Te ołówki są drogie.**
These pencils are dear.

Acc: **Kupiłem *drogie ołówki*.**
I bought dear pencils.

Nom: **Moje koty są czarne.**
My cats are black.

Acc: **Czy lubisz *czarne koty*?**
Do you like black cats?

6.4.2.2   Masculine nouns (men, including nouns ending in -a)

All such nouns use the *genitive* plural as the accusative plural (for endings see 6.5 Genitive case).

Nom: **Profesorowie/lekarze przyjechali z Anglii.**
         The teachers/doctors arrived from England.

Acc: **Spotkałem *angielskich profesorów/lekarzy*.**
         I met the English teachers/doctors.

Nom: **Dwaj koledzy/mężczyźni czekają.**
         Two friends/men are waiting.

Acc: **Znam *tych kolegów/mężczyzn*.**
         I know these friends/men.

6.4.2.3   Feminine nouns

The accusative plural is identical to the nominative plural.

6.4.2.4   Neuter nouns

The accusative plural is identical to the nominative plural.

6.4.3   Accusative in statements of health

To say 'I have a sore head, sore eyes etc.' the Poles say 'My head/eyes hurt(s) me'. The verb is **boleć**. The person experiencing the pain stands in the accusative case.

Boli *mnie* głowa/ręka/gardło.	I have a sore head/hand/throat.
Martę bolą zęby/oczy.	Martha has toothache/sore eyes.
Chłopca[1] bolały uszy/plecy.	The boy had earache/backache.
Żołnierzy[1] bolą nogi.[1]	The soldiers' legs are hurting.

[1] Genitive used since masc. 'alive'.

6.5   GENITIVE CASE

The genitive case is the most frequently-used case in Polish. It is used:

1   To denote possession.

2   For the accusative case in (a) masculine singular/plural nouns denoting men and (b) singular nouns denoting living creatures.

3   For the direct object of a negative verb.

4   For the direct object after certain positive verbs.

5   After the number five and upwards.

6   In expressions of quantity.

7 To express 'some' before uncountable nouns.

8 In dates and expressions of vague time.

9 After certain prepositions (see 10 Prepositions).

6.5.1 Alternations

Consonant alternations are rare in the genitive case, but vowel alternations abound. Feminine and neuter nouns often lose their endings in the plural. So, in many cases, they lengthen their stem vowels or add an extra **e** to compensate:

	Masculine	Feminine	Neuter
o: ó	–	szkoła: szkół	słowo: słów
ę: ą	–	ręka: rąk	święto: świąt
-: e	–	matka: matek	krzesło: krzeseł

The reverse occurs in masculine and feminine nouns ending in a consonant. When endings are added in the singular and plural these nouns, in many cases, compensate by shortening their stem vowels or losing an **e**:

	Masculine (sing., pl.)	Feminine (sing., pl.)	Neuter
ó: o	pokój: pokoju, pokoi	łódź: łodzi, łodzi	–
ą: ę	mąż: męża, mężów	gałąź: gałęzi, gałęzi	–
e: –	wujek: wujka, wujków	wieś: wsi, wsi	–

Note: Vowel alternations present in the genitive singular are also present in the dative and instrumental singular, and throughout the plural declension. However, the locative singular may show a different vowel alternation based on the addition of the case ending **-e**.

6.5.2 Genitive singular

6.5.2.1 Masculine nouns

6.5.2.1.1 The following endings occur (see also 6.5.2.1.2 below):

Ending	When used	Examples	
u	Most 'non-alive' nouns.	obiad: obiadu	obraz: obrazu
		sklep: sklepu	bank: banku
		stół: stołu	dom: domu

Ending	When used	Examples	
		pokój: pokoju	wiatr: wiatru
		strych: strychu	
u	Nouns in List U below.		
a	Nouns in List A below.		
a	'Alive' nouns ending in a consonant.	pan: pana	syn: syna
		brat: brata	lotnik: lotnika
		mąż: męża	lekarz: lekarza
		kot: kota	królik: królika
		pies: psa	wąż: węża
		bóbr: bobra	paw: pawia
		przyjaciel: przyjaciela	Francuz: Francuza
		listonosz: listonosza	koń: konia
		But: wół: wołu	bawół: bawołu
i	'Alive' nouns ending in **k/g** + **-a**.	kolega: kolegi	sługa: sługi
		kaleka: kaleki	
y	'Alive' nouns ending in another consonant + **-a**.	poeta: poety	kierowca: kierowcy
		turysta: turysty	mężczyzna: mężczyzny

6.5.2.1.2 Masculine nouns ending as below have the following endings in the genitive singular:

Ending	Becomes	Examples	
iec/ec	**ca**	chłopiec: chłopca	ojciec: ojca
		surowiec: surowca	starzec: starca
		samiec: samca	dworzec: dworca
		But: piec: pieca	
niec	**ńca**	młodzieniec: młodzieńca	siostrzeniec: siostrzeńca
ść	**ścia**	gość: gościa	teść: teścia
ek	**ka**	dziadek: dziadka	wujek: wujka
		wózek: wózka	kubek: kubka
		Janek: Janka	Piotrek: Piotrka
ier/er	**ra** (sometimes)	szwagier: szwagra	
		But: inżynier: inżyniera	

6.5.2.1.3   Deciding the ending

The genitive case singular ending of 'non-alive' nouns, either **-u** or **-a**, is decided by the morphology of the noun, not by its meaning. Both endings occur with similar frequency and strict rules are not possible. But, with some exceptions, nouns fit in List A or in List U:

*List A – masculine 'non-alive' nouns taking ending **-a** in genitive case*

1 Fruit and vegetables, e.g. **banana, pomidora, kalafiora, grzyba, ziemniaka**.

2 Vehicles, e.g. **forda, nissana, fiata, poloneza, mercedesa** (car names do not have capitals).

3 Units of currency, e.g. **dolara, funta, franka**.

4 Games, e.g. **brydża, tenisa, ping-ponga, hokeja**.

5 Dances, e.g. **krakowiaka, mazurka, poloneza, walca, fokstrota**.

6 Cigarettes, e.g. **papierosa, camela, kapitana, salema** (brand names do not have capitals).

7 Tools/containers, e.g. **młotka, klucza, ołówka, noża** (Nom. **nóż**), **widelca, garnka, talerza, dzbana**.

8 Parts of the body, e.g. **nosa, brzucha, zęba** (Nom. **ząb**), **łokcia** (Nom. **łokieć**), **palca** (Nom. **palec**). *But*: **boku**.

9 Most Polish towns, e.g. **Krakowa, Wrocławia, Szczecina**.

10 Units of the day, e.g. **dnia** (Nom. **dzień**), **wieczora** (Nom. **wieczór**), **poranka**. *But*: **świtu**.

11 Nouns ending in **-ek**, **-ik**, **-yk**, many of which are diminutives, e.g. **zegarka, kwiatka, kawałka, stolika, słoika, języka, patyka, koszyka**. *But*: Note nouns in **-ek** derived from verbs in List U.

*List U – masculine 'non-alive' nouns taking ending **-u** in genitive case*

1 Abstract nouns, e.g. **bólu, żalu, czasu, dyżuru, zawodu** (Nom. **zawód**).

2 Collective nouns, e.g. **lasu, tłumu, narodu** (Nom. **naród**), **kraju, sejmu, urzędu** (Nom. **urząd**).

3 Substances, liquids and gases, e.g. **miodu** (Nom. **miód**), **cukru, dżemu, pasztetu, barszczu, atramentu, oleju, tłuszczu, azotu, tlenu**. *But*: **chleba, sera, węgla** (Nom. **węgiel**).

4 Many foreign words, e.g. **teatru, dramatu, akcentu, sukcesu, numeru, biznesu, hotelu, uniwersytetu, autobusu, aerozolu, aerobiku**.

5 Many foreign countries, e.g. **Egiptu, Pakistanu, Iraku**. *But*: **Izraela, Luksemburga**.

6   Many foreign towns, rivers, mountains, e.g. **Madrytu**, **Londynu**, **Rzymu**, **Tel Awiwu**, **Singapuru**, **Renu**, **Dunaju**, **Bugu**, **Kaukazu**. *But*: **Paryża**, **Berlina**, **Hamburga**.

7   Nouns derived from verbs, e.g. **dźwięku (dźwięczeć)**, **druku (drukować)**, **zbioru (zbierać)**, **dźwigu (dźwigać)**, **wydatku (wydać)**, **majątku (mieć)**, **wyjątku (wyjąć)**, **wyniku (wynikać)**.

8   The four masculine days, i.e. **poniedziałku**, **wtorku**, **czwartku**, **piątku**.

Nom: **Mój brat jest miły.**
My brother is pleasant.

Gen: **Córka** *mojego brata* **jest śliczna.**
My brother's daughter is beautiful.

Nom: **Mężczyzna czeka.**
The man is waiting.

Gen: **Samochód** *mężczyzny* **stoi tam.**
The man's car is standing over there.

Nom: **Stolica nazywa się Paryż.**
The city is called Paris.

Gen: **Kościoły** *Paryża* **są cudowne.**
The churches of Paris are magnificent.

Nom: **Królik to ładne zwierzę.**
A rabbit is a lovely animal.

Gen: **Ogon** *królika* **jest krótki.**
A rabbit's tail is short.

Nom: **Kraj jest daleko.**
The country is far away.

Gen: **Ludzie** *z tego kraju* **ciężko pracują.**
The people of this country work hard.

6.5.2.2 *Feminine nouns (same as locative singular unless indicated otherwise)*

Ending	When used	Examples	
y	After hard stems except **k/g** + **-a**. i.e. same as Nom. plural.	kobieta: kobiety szkoła: szkoły kiełbasa: kiełbasy ryba: ryby łza: łzy	lampa: lampy siostra: siostry gwiazda: gwiazdy kawa: kawy

Ending	When used	Examples	
y	After **c, ca, cz, cza, sz, sza, rz, rza, ż, ża.**	noc: nocy tęcza: tęczy twarz: twarzy róża: róży rzecz: rzeczy	ulica: ulicy mysz: myszy burza: burzy grusza: gruszy podróż: podróży
ji	After consonant + **-ja. J** kept. Usually foreign words in **-cja, -sja, zja.**	Francja: Francji stacja: stacji telewizja: telewizji lekcja: lekcji sesja: sesji	Szkocja: Szkocji impresja: impresji Tunezja: Tunezji poezja: poezji
i	After vowel + **-j** or **-ja. J** merges with **i.**	aleja: alei kolej: kolei	szyja: szyi żmija: żmii
i	After **k/g** stem. i.e. same as Nom. plural.	matka: matki droga: drogi ręka: ręki	córka: córki noga: nogi
i	Nouns in **-la, -l, -w.**	cebula: cebuli chorągiew: chorągwi myśl: myśli	chwila: chwili krew: krwi sól: soli
i	Foreign nouns in **-ea, -ua.**	idea: idei statua: statui *or* statuy	Korea: Korei Gwinea: Gwinei
i	After ´ accent (accent lost, **-i** added). i.e. same as Nom. plural unless that ends in **-ie.**	pieśń: pieśni pamięć: pamięci opowieść: opowieści gałąź: gałęzi sieć: sieci jesień: jesieni	nić: nici dłoń: dłoni wartość: wartości łódź: łodzi miłość: miłości wieś: wsi
i	After **c, s, z, b, m, n, p, w** + **-ia.** Also after nouns in **-i.** The two **i**'s merge into one.	babcia: babci ziemia: ziemi Zuzia: Zuzi *But*: Some foreign nouns in **b, m, n, p, w** + **-ia** take **-ii,** e.g. **Libii, chemii, manii, Jugosławii**	Kasia: Kasi kuchnia: kuchni pani: pani
ii	After **d, ch, f, g, k, l, r, t** + **-i** (usually followed by **-a**).	melodia: melodii Belgia: Belgii historia: historii parafia: parafii	tragedia: tragedii religia: religii sympatia: sympatii Anglia: Anglii
Nom:	**Matka kupuje owoce.** The mother is buying fruit.		

Gen: **Oczy *matki* są zielone.**
          The mother's eyes are green.

Nom: **Lekcja jest interesująca.**
          The lesson is interesting.

Gen: **Jest koniec *lekcji*.**
          It is the end of the lesson.

6.5.2.3   *Neuter nouns*

Ending	When used	Examples	
a	Nouns in **-o**, **-e** or **-ie**. i.e. same as Nom. plural.	okno: okna morze: morza mieszkanie: mieszkania	jabłko: jabłka pole: pola krzesło: krzesła
ienia	Most nouns in **-ię** extend **-ię** to **-ienia**.	imię: imienia *But*: jagnię: jagnięcia prosię: prosięcia	ramię: ramienia źrebię: źrebięcia
ęcia	Nouns in **-ę** alone extend **-ę** to **-ęcia**.	zwierzę: zwierzęcia *But*: książę: księcia (not	dziewczę: dziewczęcia książęcia)
um	Nouns in **-um** are not declined.	muzeum: muzeum	

Nom: **Miasto jest bardzo stare.**
          The town is very old.

Gen: **Ulice *miasta* są wąskie.**
          The streets of the town are narrow.

Nom: **Niemowlę śpi słodko.**
          The baby is sleeping happily.

Gen: **Oto zabawki *niemowlęcia*.**
          Here are the baby's toys.

Nom: **Dziecko bawi się.**
          The child is playing.

Gen: **Siostra *dziecka* zbiera kwiatki.**
          The child's sister is picking flowers.

Nom: **Prosię je siano.**
          The piglet is eating the straw.

Gen: **Siano *prosięcia* jest mokre.**
          The piglet's straw is wet.

6.5.3   Genitive plural

6.5.3.1   Masculine nouns

Ending	When used	Examples	
ów[1]	After hard consonants, including **k** and **g**, and after **c**.	bank: banków róg: rogów pies: psów koniec: końców dom: domów stól: stołów *But*: brat: braci tysiąc: tysięcy	ptak: ptaków dowód: dowodow chłopiec: chłopców widelec: widelców samochód: samochodów miesiąc: miesięcy
ów[1]	Nouns with Nom. plural = -**owie**. *Note*: Nouns with Nom. plural = -**iowie** take the ending -**iów**.	pan: panów syn: synów ojciec: ojców profesor: profesorów dziadek: dziadków. uczeń: uczniów Kornaś: Kornasiów	mąż: mężów Belg: Belgów oficer: oficerów więzień: więźniów
ów	Nouns in -**a**.	dowódca: dowódców Zaręba: Zarębów *But*: mężczyzna: mężczyzn	kolega: kolegów kaleka: kalek
i	After ´ accent (accent lost, -**i** added) unless Nom. plural = -**owie**.	koń: koni cień: cieni liść: liści tydzień: tygodni	ogień: ogni łabędź: łabędzi gość: gości niedźwiedź: niedźwiedzi
i[2]	After **l**, **j**. **J** merges with **i**.	hotel: hoteli parasol: parasoli nauczyciel: nauczycieli *But*: kraj: krajów	pokój: pokoi złodziej: złodziei nastrój: nastrojów

y[2]	After **cz**, **sz**, **rz**, **ż**, **dż**.	klucz: kluczy
		
		grosz: groszy
		żołnierz: żołnierzy
		talerz: talerzy
		nóż: noży
			kapelusz:
			   kapeluszy
			cmentarz:
			   cmentarzy
			lekarz: lekarzy
			pejzaż: pejzaży

[1] Vowel alternation, namely **ó**: **o**; **ą**: **ę** or **e**: –, may occur when ending is added.

[2] Nouns which take the **-i** or **-y** ending are increasingly adopting an alternative form in **-ów**, e.g. **pokojów, napojów, hotelów, koszów, pisarzów, garażów**.

6.5.3.2 Feminine nouns

Ending	When used	Examples	
–	After consonant + **a** (except nouns in **-cja, -sja, -zja**).	gwiazda: gwiazd orkiestra: orkiestr kolęda: kolęd niedziela: niedziel szyja: szyj żona: żon lampa: lamp	ulica: ulic kobieta: kobiet kiełbasa: kiełbas chwila: chwil żmija: żmij ryba: ryb sala: sal
		But: aleja: alei	nadzieja: nadziei
	Vowel alternations occur if stem ends in difficult consonant group: **o**: **ó**; **ę**: **ą**; –: **e**.	droga: dróg noga: nóg siostra: sióstr ręka: rąk córka: córek łza: łez cegła: cegieł	głowa: głów środa: śród szkoła: szkół księga: ksiąg teczka: teczek sosna: sosen panna: panien
–	Nouns in **-i**, **-ia** (but not **-nia** nor foreign nouns in **-ia**). **-i** lost, accent added if possible).	gospodyni: gospodyń ziemia: ziem	pani: pań ciocia: cioć
y[1]	After **c, cz, sz, rz, ż**.	noc: nocy twarz: twarzy mysz: myszy	rzecz: rzeczy podróż: podróży
i[1,2]	Nouns in **-nia**. Two **i**'s merge into one.	cukiernia: cukierni księgarnia: księgarni suknia: sukni	kuchnia: kuchni pralnia: pralni
		But: skrzynia: skrzyń	
i[1]	After ´ accent (accent lost, **-i** added). Vowel alternations may occur: **ó**: **o**; **ą**: **ę**; **e**: –.	część: części nić: nici łódź: łodzi żołądź: żołędzi	jabłoń: jabłoni pieśń: pieśni wieś: wsi gałąź: gałęzi

Ending	When used	Examples	
i[1]	Nouns in **-l**, **-w**, **-j** and foreign nouns in **-ea**, **-ua**. **J** merges with **i**.	chorągiew: chorągwi sól: soli idea: idei myśl: myśli	brew: brwi kolej: kolei statua: statui
ii[1]	Foreign nouns in **-ia**.	historia: historii tragedia: tragedii religia: religii	parafia: parafii lilia: lilii armia: armii
ji[1]	Foreign nouns in **-cja**, **-sja**, **zja**.	stacja: stacji poezja: poezji	lekcja: lekcji impresja: impresji

[1] Same as genitive singular.

[2] Some nouns ending in **-nia** are increasingly adopting an alternative 'no ending' form, e.g. **suknia: sukien**, **księgarnia: księgarń**, **kuchnia: kuchen**.

6.5.3.3 Neuter nouns

Ending	When used	Examples	
–	Most nouns in **-o**, **-e**, **-ie**.	drzewo: drzew jezioro: jezior słońce: słońc miasto: miast lato: lat naswisko: naswisk	pióro: piór mięso: mięs piwo: piw wojsko: wojsk serce: serc
	Vowel alternations occur if stem ends in difficult consonant group: **o: ó**; **ę: ą**;[1] **-: e**.[2]	morze: mórz święto: świąt okno: okien piętro: pięter łóżko: łóżek szkło: szkieł	pole: pól słowo: słów jabłko: jabłek krzesło: krzeseł koło: kół
	In nouns in **-cie** or **-nie**, loss of ending exposes soft consonants **ci**, **ni**. So, ´ accent is added.	*But*: dziecko: dzieci (same as Nom. plural) zdjęcie: zdjęć ubranie: ubrań	uczucie: uczuć śniadanie: śniadań mieszkanie: mieszkań
ion	Most nouns in **-ię** use plural stem **-ion**.	imię: imion *But*: jagnię: jagniąt prosię: prosiąt	ramię: ramion źrebię: źrebiąt

Ending	When used	Examples	
ąt	Nouns in -ę alone. Vowel alternation of plural stem ęt: ąt occurs.	zwierzę: zwierząt książę: książąt	dziewczę: dziewcząt
i, y	Few nouns, usually of three syllables, with soft consonant before ending.	narzędzie: narzędzi wybrzeże: wybrzeży przymierze: przymierzy	naręcze: naręczy
ów	Nouns in -um.	gimnazjum: gimnazjów	muzeum: muzeów liceum: liceów

[1] Alternation ę: ą is not usual in nouns derived from verbs.

[2] Also occurs in diminutives in -tko, -czko.

6.5.4   Function

6.5.4.1   Genitive denoting possession

Nom: **Ci profesorowie pracują w Warszawie.**
These teachers work in Warsaw.

Gen: **Lekcje *tych profesorów* są trudne.**
The lessons given by these teachers are difficult.

Nom: **Ta matka czeka na dzieci.**
This mother is waiting for her children.

Gen: **Dzieci tej matki bawią się.**
This mother's children are playing.

Nom: **Miasta polskie są piękne.**
Polish towns are pretty.

Gen: **Historia *polskich miast* jest ciekawa.**
The history of Polish towns is interesting.

6.5.4.2   Genitive used for accusative

The genitive case is used for the accusative case in:

(a) Masculine singular/plural nouns denoting men (but *accusative* used for nouns in -a)

Kocham *brata, ojca, syna* i *męża*.
I love my brother, father, son and husband.

Mam *dwóch braci* i *trzech synów*.
I have two brothers and three sons.

Spotkałem *lekarza, inżyniera, ucznia* **i** *innego* **mężczyznę.**
I met a doctor, engineer, pupil and some other man.

Spotkałem *lekarzy, inżynierów, uczniów* **i** *innych mężczyzn.*
I met doctors, engineers, pupils and some other men.

(b) Singular nouns denoting living creatures

Note: The accusative is used for the plural.

> *Gen*:   **Wujek ma** *psa, kota, królika, węża, ptaka.*
> Uncle has a dog, cat, rabbit, snake, bird.

> *Acc*:   **Wujek ma psy, koty, króliki, węże, ptaki.**
> Uncle has dogs, cats, rabbits, snakes, birds.

6.5.4.3   *Genitive for direct object of negative verb*

After a negative verb the *direct object* stands in the *genitive* case.

Lubię i kotlety schabowe i kapustę.
I like both pork chops and cabbage.

Nie **lubię ani** *kotletów schabowych* **ani** *kapusty.*
I do not like pork chops or cabbage.

Kupiłem nowy samochód.
I have bought a new car.

Nie **kupiłem** *nowego samochodu.*
I have not bought a new car.

Notice how the case of the direct object does *not* change if the object is of a type covered in 6.5.4.2 above or if the negated verb already takes the genitive (see 6.5.4.4 below).

Kocham *brata.*	I love my brother.
Nie kocham *brata.*	I do not love my brother.
Słucham *radia.*	I listen to the radio.
Nie słucham *radia.*	I do not listen to the radio.
Rozkaz dotyczy *pasażerów.*	The order applies to passangers.
Rozkaz nie dotyczy *pasażerów.*	The order does not apply to passengers.

Notice also the impersonal negative expressions **nie ma**, **nie było**, **nie będzie** to express there is/was/will be no. . . .' The verb stands in the third person *singular* even with a plural subject.

Jan jest na dworcu.
John is at the station.

Nie ma Jana **na dworcu.**
John is not at the station [lit. There is no John at the station].

Matka była w domu.
Mother was at home.

Nie było matki **w domu.**
Mother was not at home [lit. There was no mother at home].

Piotr będzie dzisiaj.
Peter will be here today.

Nie będzie Piotra **dzisiaj.**
Peter will not be here today [lit. There will be no Peter here today].

Nauczyciele byli w kolegium.
The teachers were in college.

Nie było nauczycieli **w kolegium.**
There were no teachers in college.

6.5.4.4 *Genitive for direct object after positive verb*

The direct object (someone/something) stands in the *genitive* case after the following verbs. The perfective form of the verb, if it exists, is in parentheses:

bać się	be afraid of	**pragnąć**	long for
brakować [impersonal][1]	be lacking	**próbować** (**spróbować**)	try, test out
bronić (obronić)	defend	**przestrzegać** (**przestrzec**)	obey, comply with
chcieć (zechcieć)	want	**pytać (zapytać) się**	ask, enquire of
doczekiwać (**doczekać**)	live to see	**szukać (poszukać)**	look for
domagać się	demand	**słuchać (posłuchać)**	listen to
domyślać (**domyślić**) **się**	guess	**spodziewać się**	expect
		uczyć (nauczyć) się	study, learn
dotykać (**dotknąć**)	touch	**używać (użyć)**	make use of
dotyczyć	apply to, concern	**wstydzić** (**zawstydzić**) **się**	be ashamed of
dożyć	live to see	**wymagać**	demand, require
najeść się[2]	eat your fill of	**zapominać** (**zapomnieć**)	forget
napić się[2]	drink your fill of		
oczekiwać	expect, wait for	**żałować** (**pozałować**)	regret, pity
pilnować (**upilnować**)	look after, watch	**żądać (zażądać)**	demand
potrzebować	need	**życzyć**[3]	wish

[1] Used in third person singular, e.g. **Brakuje mi czasu** (I'm short of time [lit. It is short to me (dative) of time].)

[2] But after **jeść** and **pić** the direct object is in the accusative, e.g. **jem chleb, piję wodę.**

[3] Direct object (something) stands in genitive; indirect object (to someone) stands in dative, e.g. **życzyć szczęścia matce** (to wish of luck to mother).

6.5.4.5   Genitive after numbers

To a Pole, any number above 'four' is a quantity. Therefore, any following noun, and any associated adjective, stands in the *genitive* case.

Acc: **Paweł kupił trzy długie zielone ołówki i dwa grube zeszyty.**
        Paul bought three long, green pencils and two fat jotters. [Masculine]

Gen: **Paweł kupił pięć *długich zielonych ołówków* i siedem *grubych zeszytów.***
        Paul bought five long, green pencils and seven fat jotters.

Acc: **Mam dwie pocztówki i cztery koperty.**
        I have two postcards and four envelopes. [Feminine]

Gen: **Mam sześć *pocztówek* i dziesięć *kopert.***
        I have six postcards and ten envelopes.

The above difference is not seen in the noun if the direct object is a number and a noun denoting a male (since the genitive is used to express the direct object anyway).

Nom: **Byli tam trzej panowie i dwaj studenci.**
        Three men and two students were there.

Acc. [dir. obj.]:   **Widzę trzech *panów* i dwóch *studentów.***
        I see three men and two students.

Gen. of quantity: **Widzę pięciu *panów* i ośmiu *studentów.***
        I see five men and eight students.

6.5.4.6   Genitive in expressions of quantity

Even if 'of' is not present in English, expressions of quantity require the *genitive* case. For plural 'men' forms *weilu* and *paru* see Section 12.8.

[1]**dużo, więcej, najwięcej**	a lot of, more, most	*dużo* mleka, *więcej* czasu
[2]**wiele, więcej, najwięcej**	many, more, most	*wiele* dzieci, *więcej* książek
mało, mniej, najmniej	little/few, less/fewer, least/fewest	*mało* śniegu, *najmniej* bajek
[1]**niedużo** [2]**niewiele**	not a lot, not many	*niedużo* ochoty, *niewielu* panów

za dużo/wiele/mało	too much/many/ little/few	*za dużo* **hałasu**, *za wiele* **dzieci**
parę	a few	*parę* **gazet**, *paru* **ludzi**
sporo	quite a lot of	*sporo* **zajęć**, *sporo* **ciszy**
mnóstwo/tłum	a multitude/crowd of	*mnóstwo* **pań**, *tłum* **ludzi**
gromada/grupa	an assembly/group of	*gromada* **pań**, *grupa* **lekarzy**
większość	the majority of	*większość* **ludzi**
reszta	the rest/remaining/ other	*reszta* **lekarzy**, *reszta* **miast**
resztka	the remainder/bit left	*resztka* **masła**, *reszkta* **dżemu**
trochę	a little/not much	*trochę* **czasu**, *trochę* **kawy**
odrobina	a tiny amount	*odrobina* **mleka**
dość/dosyć	enough	*dość* **pieniędzy**, *dosyć* **roboty**
nic + neut. sing. adjective	nothing	*nic* **ładnego**, *nic* **niebieskiego**
coś + neut. sing. adjective	something	*coś* **nowego**, *coś* **dobrego**
But: **wszystko co**	everything	*wszystko co* **dobre/ładne** etc.

[1] Used with uncountable nouns.

[2] Used with countable nouns.

The genitive is also used after collective numerals **pięcioro, sześcioro** etc., indefinite numerals **ile/ilu?, tyle/tylu, kilka/kilku, kilkanaście/kilkunastu** etc., fractions, weights, measures and dates (see 12 Numerals).

6.5.4.6.1   Quantities and containers used with the genitive (selected examples)

bochenek *chleba*	loaf of bread	**kropla** *deszczu*	drop of rain
butelka *piwa*	bottle of beer	**kubek** *jagód*	mug of berries
dzbanek *mleka*	jug of milk	**łyżka** *miodu*	spoonful of honey
filiżanka *kawy*	cup of coffee		
flaszka *wody*	bottle of water	**paczka** *herbaty*	packet of tea
garść *trawy*	handful of grass	**para** *majtek*	pair of pants
karton *soku*	carton of juice	**pudełko** *zapałek*	box of matches
kawałek *mięsa*	piece of meat	**puszka** *ryby*	tin of fish
kieliszek *wina*	glass of wine	**słoik** *dżemu*	jar of jam
kieszeń *groszy*	pocketful of pennies	**skrzynka** *jabłek*	crate of apples
		tubka *kremu*	tube of cream
kostka *masła*	cube of butter	**wazon** *kwiatów*	vase of flowers
kromka *chleba*	slice of bread	**wiadro** *węgla*	pailful of coal

6.5.4.7   Genitive after 'some'

A noun following 'some' (not translated in Polish) stands in the *genitive* case.

Kupię *mleka i sera.*	I'll buy some milk and cheese.
Daj mu *cukierków.*	Give him some sweets.
Jeżeli jesteś głodny, to zjedz *chleba.*	If you are hungry eat some bread.

6.5.4.8   Genitive in dates and expressions of vague time

Dates and vague time, in expressions with nouns, stand in the genitive case.

pierwszego **maja**	on 1st May	*czternastego* **grudnia**	on 14th December
jednego **dnia**	one day	*któregoś* **wieczora**	one of these evenings
każdego **roku**	every year	*pewnej* **nocy**	on a certain night

6.6   LOCATIVE CASE

The locative case is used only to specify position after these prepositions (see 10 Prepositions):

w	in, inside	**przy**	near, close to, by	**o**	about, concerning,
na	on, at in	**po**	along, after (time)		at (time)

6.6.1   Locative singular

6.6.1.1   Consonant alternations

Various endings occur exceptionally, but the normal and most frequent locative case ending, *in all three genders*, is **-e**. It has a softening effect and so causes consonant alternations which may, in turn, cause vowel alternations (see 6.6.1.2).

Original stem consonant	Alternation: locative case ending	Examples Masculine	Feminine	Neuter
b	**bie**	chleb: chlebie	osoba: osobie	niebo: niebie
p	**pie**	sklep: sklepie	Europa: Europie	tempo: tempie
f	**fie**	szef: szefie	szafa: szafie	–
w	**wie**	Kraków: Krakowie	zabawa: zabawie	słowo: słowie
m	**mie**	tłum: tłumie	zima: zimie	–
sm	**śmie**	–	–	pismo: piśmie
n	**nie**	telefon: telefonie	Anna: Annie	okno: oknie
sn	**śnie**	–	wiosna: wiośnie	–
zn	**źnie**	–	ojczyzna: ojczyźnie	–
s	**sie**	czas: czasie	prasa: prasie	mięso: mięsie
z	**zie**	raz: razie	koza: kozie	żelazo: żelazie

Original stem consonant	Alternation: locative case ending	Examples Masculine	Feminine	Neuter
dz	dzie	–	–	–
ł	le	generał: generale	szkoła: szkole	mydło: mydle
sł	śle	pomysł: pomyśle	Wisła: Wiśle	krzesło: krześle
t	cie	brat: bracie	kobieta: kobiecie	złoto: złocie
st	ście	list: liście	kapusta: kapuście	miasto: mieście
d	dzie	wykład: wykładzie	woda: wodzie	stado: stadzie
zd	ździe	wyjazd: wyjeździe	gwiazda: gwieździe	gniazdo: gnieździe
r	rz	teatr: teatrze	siostra: siostrze	pióro: piórze

For feminine nouns and masculine nouns in **-a** only:

k	ce	kaleka: kalece	Polska: Polsce	–
g	dze	kolega: koledze	droga: drodze	–
ch	sze	–	mucha: musze	–

Note: **-s** becomes **-ś** before **-mie**, **-nie**, **-cie**, **-le**. **-z** becomes **-ź** before **-dzie**, **-nzie**.

6612   Vowel alternations

When endings are added, many nouns compensate by shortening their stem vowels or losing an **e**. This happens very frequently, affecting both locative singular and plural nouns. Alternation **a: e** occurs in the singular only.

Notice that the locative plural ending **-ach** does not cause *consonant* alternations.

	Masculine	Feminine	Neuter
ó: o	ogród: ogrodzie, ogrodach	łódź: łodzie, łodziach	–
	wóz: wozie, wozach stół: stole, stołach	sól: soli, solach	
ą: ę	mąż: mężu, mężach błąd: błędzie, błędach	gałąź: gałęzi, gałęziach	–
e: –	wujek: wujku, wujkach dzień: dniu, dniach	wieś: wsi, wsiach	–
a: e	świat: świecie, światach	wiara: wierze, wiarach	światło: świetle, światłach
	las: lesie, lasach	gwiazda: gwieździe, gwiazdach	miasto: mieście, miastach
	obiad: obiedzie, obiadach	miara: mierze, miarach	ciało: ciele, ciałach
	waitr: wietrze, wiatrach		lato: lecie, latach

6.6.1.3 Masculine nouns

Masculine nouns denoting men, animals or objects obey the same rules.

Ending	When used	Examples	
e/ie	After hard consonant except **k**, **g**, **ch**. Consonants alternate.[1]	kot: kocie kwiat: kwiecie samochód: samochodzie anioł: aniele wiatr: wietrze spacer: spacerze	student: studencie most: moście kościół: kościele doktor: doktorze Londyn: Londynie urlop: urlopie
		But: pan: panu dom: domu	syn: synu
u	After **k**, **g**, **ch**, **j**, **l**. Consonants do not alternate.[1]	bank: banku Polak: Polaku brzeg: brzegu wuj: wuju kraj: kraju cel: celu człowiek: człowieku Bóg: Bogu góral: góralu Włoch: Włochu	dziadek: dziadku pociąg: pociągu dach: dachu złodziej: złodzieju szpital: szpitalu hotel: hotelu pokój: pokoju nauczyciel: nauczycielu
u	After **c**, **cz**, **sz**, **rz**, **ż**, **dż**.	piec: piecu ojciec: ojcu koniec: końcu klucz: kluczu grosz: groszu talerz: talerzu marzec: marcu cmentarz: cmentarzu nóż: nożu	widelec: widelcu Niemiec: Niemcu miesiąc: miesiącu kapelusz: kapeluszu żołnierz: żołnierzu garaż: garażu chłopiec: chłopcu
iu	After ´ accent (accent lost, **i** added).	koń: koniu uczeń: uczniu liść: liściu kwiecień: kwietniu gość: gościu	tydzień: tygodniu ogień: ogniu niedźwiedź: niedźwiedziu
e/ie	Nouns in hard stem + **-a** behave as fem. loc. sing. Consonants alternate.	tata: tacie sługa: słudze	kolega: koledze kaleka: kalece

Ending	When used	Examples	
y	Nouns in **-ca**. Consonants do not alternate.	kierowca: kierowcy	sprzedawca: sprzedawcy

[1] Vowels may alternate as above.

6.6.1.4   Feminine nouns

The feminine locative singular is identical to the feminine genitive singular except as below.

Ending	When used	Examples	
e/ie	After hard stem (including **k**, **g**) + **-a**. Consonants alternate.[1]	sosna: sośnie Agata: Agacie rzeka: rzece wiara: wierze chata: chacie matka: matce pończocha: pończosze chmura: chmurze podłoga: podłodze	kawa: kawie Wisła: Wiśle łza: łzie poczta: poczcie lista: liście córka: córce bielizna: bieliźnie toaleta: toalecie winda: windzie

[1] Vowels may alternate as in 6.6.1.2 above.

6.6.1.5   Neuter nouns

For nouns in **-o**, the neuter locative singular is formed as the masculine locative singular.

Ending	When used	Examples	
e/ie	After hard stems (except **k**, **g**, **ch**) + **-o**. Consonants alternate.[1]	kino: kinie jezioro: jeziorze drzewo: drzewie koło: kole piętro: piętrze zimno: zimnie	błoto: błocie biuro: biurze piwo: piwie szkło: szkle państwo: państwie masło: maśle
u	After **k**, **g**, **ch**, **j**, **l**. Consonants do not alternate.[1,2]	jabłko: jabłku oko: oku ucho: uchu wojsko: wojsku	biurko: biurku tango: tangu jajo: jaju echo: echu
u	Nouns in **-e** and **-ie** replace **-e** by **-u**.[2]	serce: sercu pole: polu życie: życiu zboże: zbożu zdjęcie: zdjęciu	słońce: słońcu śniadanie: śniadaniu marzenie: marzeniu morze: morzu

Ending	When used	Examples	
ieniu	Most nouns in **-ię** extend **-ię** to **-ieniu**.[2]	imię: imieniu	ramię: ramieniu
		But: jagnię: jagnięciu źrebię: źrebięciu prosię: prosięciu	
ęciu	Nouns in **-ę** alone extend **-ę** to **-ęciu**.[2]	zwierzę: zwierzęciu dziewczę: dziewczęciu	
		But: książę: księciu (*not* książęciu)	
um	Nouns in **-um** are not declined.	muzeum: muzeum	

[1] Vowels may alternate as in 6.1.1.2 above.

[2] Same as dative singular.

6.6.2 Locative plural

6.6.2.1 All genders

The locative plural ending for all genders is **-ach** (or -iach if necessary). Neuter nouns in **-ię** and **-ę** exhibit their true stems (see 6.2.1.3). Consonant alternations do not occur. Vowel alternations which occur in the singular are retained in the plural.

Ending	When used	Examples	
ach	Nouns not ending in ´ accent, **-ia** or **-io**.	klub: klubach park: parkach pokój: pokojach pies: psach dziura: dziurach szyja: szyjach pole: polach numer: numerach Rosjanin: Rosjanach chłopiec: chłopcach Angielka: Angielkach	baran: baranach koniec: końcach anioł: aniołach mąż: mężach kobieta: kobietach aleja: alejach święto: świętach lekcja: lekcjach muzeum: muzeach pudełko: pudełkach
iach	Nouns ending in ´ accent (accent lost, **i** added).	pieśń: pieśniach gość: gościach wieś: wsiach	gałąź: gałęziach liść: liściach koń: koniach
iach	Nouns in **-ia** and **-io**.	armia: armiach ziemia: ziemiach kuchnia: kuchniach	ciocia: ciociach dziadzio: dziadziach

Ending	*When used*	*Examples*	
ionach	Nouns in **-ię** add **-ach** to true stem ending **-ion**.	imię: imionach	ramię: ramionach
		But: jagnię: jagniętach	źrebię: źrebiętach
		prosię: prosiętach	
ętach	Nouns in **-ę** add **-ach** to true stem ending **-ęt**.	zwierzę: zwierzętach	dziewczę: dziewczętach
		kurczę: kurczętach	książę: książętach
ech	A few countries.	Niemcy: Niemczech	Węgry: Węgrzech
		Włochy: Włoszech	

6.7 INSTRUMENTAL CASE

The instrumental case is used:

1 For the predicate of verb 'to be' or 'to call' (when stating nationality, occupation, etc.).

2 For the means, route or tool used to perform an action (without a preposition).

3 For the time or duration of an action (without a preposition).

4 After certain verbs.

5 After certain prepositions (See 10 Prepositions).

6.7.1 Instrumental singular

Any vowel alternations present in the genitive singular also occur here.

6.7.1.1 Masculine nouns

Ending	*When used*	*Examples*	
em	After hard stem except **k**, **g**.	syn: synem	brat: bratem
		dom: domem	ząb: zębem
		mąż: mężem	pies: psem
		pan: panem	król: królem
		ojciec: ojcem	koniec: końcem
		Niemiec: Niemcem	Maciej: Maciejem
		klucz: kluczem	pałac: pałacem
		nóż: nożem	grosz: groszem
		pokój: pokojem	chłopiec: chłopcem
		kościół: kościołem	Rosjanin: Rosjaninem
		ksiądz: księdzem	
		żołnierz: żołnierzem	

Ending	When used	Examples	
		sąsiad: sąsiadem	kapelusz: kapeluszem
iem	After **k**, **g**.	Polak: Polakiem	ptak: ptakiem
		krok: krokiem	Wojtek: Wojtkiem
		brzeg: brzegiem	róg: rogiem
		Anglik: Anglikiem	Bóg: Bogiem
		pociąg: pociągiem	
iem	Nouns in ´ accent (accent lost, **i** added).	liść: liściem	gość: gościem
		uczeń: uczniem	koń: koniem
		tydzień: tygodniem	gwóźdź: gwoździem
ą	Nouns in **-a**.	tata: tatą	kolega: kolegą
		poeta: poetą	turysta: turystą
		kaleka: kaleką	obrońca: obrońcą
		sługa: sługą	dentysta: dentystą
		kierowca: kierowcą	mężczyzna: mężczyzną

6.7.1.2 Feminine nouns

Ending	When used	Examples	
ą	Nouns in **-a** or **-ia**.	ręka: ręką	kobieta: kobietą
		sala: salą	kuchnia: kuchnią
		ulica: ulicą	lekcja: lekcją
		siostra: siostrą	Francja: Francją
		ciocia: ciocią	ziemia: ziemią
		droga: drogą	Anna: Anną
		Polska: Polską	Danusia: Danusią
		taśma: taśmą	
ą	Nouns in consonant without ´ accent add **-a**.	sól: solą	myśl: myślą
		noc: nocą	twarz: twarzą
		kolej: koleją	rzecz: rzeczą
		podróż: podróżą	mysz: myszą
		But: chorągiew: chorągwią	krew: krwią
			brew: brwią
ią	Nouns in **-i** add **-ą**.	pani: panią	gospodyni: gospodynią
ią	Nouns in ´ accent (accent lost, **i** added).	wieś: wsią	dłoń: dłonią
		nić: nicią	część: częścią
		gałąź: gałęzią	pieśń: pieśnią
		jesień: jesienią	kość: kością

6.7.1.3 Neuter nouns

Ending	When used	Examples	
em	After hard stem (except **k**, **g**) + **-o** or **-e**.	krzesło: krzesłem święto: świętem serce: sercem miasto: miastem słońce: słońcem	okno: oknem morze: morzem zboże: zbożem pole: polem
iem	Nouns in **-ie**, **-ko**, **-go**.	jabłko: jabłkiem życie: życiem dziecko: dzieckiem	jajko: jajkiem zdjęcie: zdjęciem zadanie: zadaniem
ieniem	Nouns in **-ię** extend **-ię** to **-ieniem**.	imię: imieniem *But*: źrebię: źrebięciem	ramię: ramieniem jagnię: jagnięciem prosię: prosięciem
ęciem	Nouns in **-ę** alone extend **-ę** to **-ęciem**.	zwierzę: zwierzęciem *But*: książę: księciem (*not* książęciem)	dziewczę: dziewczęciem
um	Nouns in **-um** are not declined.	muzeum: muzeum	

6.7.2 Instrumental plural

6.7.2.1 All genders

Any vowel alternations present in the genitive singular also occur here.

Ending	When used	Examples	
ami	Most nouns.	syn: synami ząb: zębami ojciec: ojcami Polak: Polakami stół: stołami droga: drogami noc: nocami siostra: siostrami okno: oknami kościół: kościołami chłopiec: chłopcami lekarz: lekarzami pociąg: pociągami kobieta: kobietami	pokój: pokojami grosz: groszami mąż: mężami pies: psami kolega: kolegami lekcja: lekcjami ulica: ulicami kolej: kolejami święto: świętami rzecz: rzeczami podróż: podróżami pudełko: pudełkami muzeum: muzeami

Ending	When used	Examples	
		But: brat: braćmi człowiek: ludźmi przyjaciel: przyjaciółmi	ksiądz: księżmi pieniądz: pieniędzmi dziecko: dziećmi
iami	Nouns in **-i**, **-ia**, **-io**, **-ie**.	babcia: babciami pani: paniami	zdjęcie: zdjęciami dziadzio: dziadziami
iami	Most nouns in ´ accent (accent lost, **i** added).	wieś: wsiami uczeń: uczniami gałąź: gałęziami	pieśń: pieśniami gwóźdź: gwoździami tydzień: tygodniami
mi	Some nouns (often monosyllabic) in ´ accent retain accent.	gość: gośćmi nić: nićmi liść: liśćmi	kość: kośćmi dłoń: dłońmi koń: końmi
ionami	Nouns in **-ię** extend **-ię** to **-ionami**.	imię: imionami *But*: źrebię: źrebiętami	ramię: ramionami jagnię: jagniętami prosię: prosiętami
ętami	Nouns in **-ę** alone extend **-ę** to **-ętami**.	zwierzę: zwierzętami książę: książętami	dziewczę: dziewczętami

6.7.3 Function

6.7.3.1 Instrumental for predicate of verb

The predicate of the verb 'to be' and 'to call', when a *noun* with or without an adjective, stands in the instrumental case. In most cases, the predicate is a job, rank, nationality, social/family status or the name or judgement we give to someone.

Piotr jest *urzędnikiem*. Jest *Polakiem*.
Peter is a clerk. He is Polish [lit. a Pole].

Są *policjantami*. Są *Anglikami*.
They are policemen. They are English.

Chciałabym być *najlepszą lekarką*.
I'd like to be the best (woman) doctor.

Danuta jest *miłą nauczycielką*. Jest *Polką*.
Danuta is a friendly teacher. She is Polish.

Michel był *młodym francuskim dentystą*.
Michel was a young French dentist.

Łukasza nie można nazwać *rozsądnym ojcem*.
You can't call Luke a responsible father.

Ja bym nazwał ten dom *pałacem*.
I would call this house a palace.

Notes:

1   A predicate which is a *proper name*, an *adjective*, or follows the expression '*This is/was*' stands in the *nominative* case, for example:

Jestem *Andrzej Malicki*.
I am Andrew Malicki.

Jestem *głodny* i żona jest też *głodna*.
I am hungry and my wife is hungry too.

To jest *Marcin, mój kolega*.
This is Martin, my friend.

2   To say what someone is called use the nominative case, for example:

Nazywam się *Magda Krupska*. Pierwsza córka ma na imię *Katarzyna*.
My name is Magda Krupska. My first daughter is called Catherine.

6.7.3.2   *Instrumental for means to an end, route or tool*

The instrumental case expresses how an action occurs. We often specify the tool, transport type, route or accompaniment.

Tool

Wolę pisać *długopisem* niż *ołówkiem*.
I prefer to write in ballpoint rather than in pencil.

Paweł maluje *farbami*. Kasia rysuje *kredkami*.
Paul paints with paints. Kate draws with coloured pencils.

Zamiatam *miotłą*. Kurze ścieram *ścierką*.
I sweep with a brush. I dust with a duster.

Hanka myje się *mydłem* i *wodą*.
Annie is washing herself with soap and water.

Chłopiec bawi się *zabawką*.
The boy is playing with a toy.

Przykryj dziecko *kocem*.
Cover the child with a blanket.

Jan machnął *ręką*, kiwnął *głową*, i poszedł.
John waved his hand, shook his head, and went.

Transport

Jeżdżę *samolotem, pociągiem, samochodem* **i** *rowerem.*
I go by plane, train, car and bicycle.

Kuzyn przyjechał *statkiem* **do Gdyni.**
My cousin arrived in Gdynia by ship.

Można iść *piechotą.*
One can go on foot.

Route

Idę *ulicą* **albo** *dróżką.*
I go along the road or by the path.

Szliśmy *polem* **i** *lasem.*
We went via field and forest.

Łódź płynie *Wisłą,* **a okręt** *Bałtykiem.*
The boat sails on the Wisła, the liner on the Baltic.

Szedł *korytarzem,* **potem** *schodkami* **do góry.**
He went along the corridor, then up the stairs.

„Ty pójdziesz *górą,* **a ja** *doliną.* **Ty zakwitniesz** *różą,* **a ja** *kaliną.“*
"You'll go up the hill but I through the valley. You'll bloom as a rose but I as a viburnum."

Accompaniment

Papieża przywitano *wielką radością, krzykiem* **i** *piosenkami.*
The Pope was welcomed with great joy, shouting and singing.

Tę gwiazdę zobaczysz *gołym okiem.*
You'll see this star with the naked eye.

Tak *nawiasem* **mówiąc, jest** *dobrym lekarzem.*
By the way, he is a good doctor.

6.7.3.3 Instrumental for time and duration

The instrumental case expresses when an action occurs or its duration.

Time

Wiosną **zbieramy kwiatki;** *jesienią* **grzybki.**
In spring we pick flowers; in autumn mushrooms.

Latem **Maciej jest kelnerem w hotelu.**
In the summer Maciej works as a hotel waiter.

Ranem jest *czasem* tutaj zimno.
Sometimes it is cold here in the morning.

Wychodzę *wczesnym rankiem* do pracy.
I leave for work early in the morning.

Późnym wieczorem oglądam telewizję.
I watch television late in the evening.

Nocą czuwał nad chorym dzieckiem.
He watched over the sick child by night.

Duration

Tomek pracował nad książką *całymi latami*.
Tom worked on the book for years on end.

W kolejkach staliśmy *godzinami*.
We stood in queues for hours on end.

6.7.3.4   *Instrumental after certain verbs*

The following verbs, usually followed by a preposition in English (e.g.
'with', 'of'), are followed by the instrumental case and *no preposition* in
Polish. The perfective form of the verb, if it exists, is in parentheses.
Examples are given for non-obvious verbs.

Note: Many verbs have several prefixes (e.g. **kryć** [to cover] exists as
okryć, **pokryć**, **nakryć**, **zakryć**, **przykryć** etc.). See 5.15 Verbal prefixes.

bawić (zabawić) się	play with
być	be
cieszyć (ucieszyć) się	rejoice at, enjoy, possess
dysponować	have at one's disposal
interesować się	be interested in
kierować	drive, direct, rule
martwić (zmartwić) się	worry about
napełniać (napełnić)	fill with
niepokoić (zaniepokoić)	worry s.o. with
obciążać (obciążyć)	burden with
obładowywać (obładować)	burden with
ochraniać (ochronić)	protect with
obdarzać (obdarzyć)	endow/bless with
ogradzać (ogrodzić)	surround with
opiekować (zaopiekować) się	tend, care for, have charge of
otaczać (otoczyć) (się*)	surround with
pachnąć	smell of
pokrywać (pokryć) (się*)	cover with

posługiwać (posłużyć) się	make use of
smucić (zasmucić) się	be sad about, grieve over
stawać (stać) się	become
sterować	steer, regulate
władać	reign over, command
zajmować (zająć) się	busy oneself with
zasłaniać (zasłonić)	cover/veil with
zasnuwać (zasnuć) (się*)	surround with
zostać	become, reach rank of

* Can be used reflexively or with a direct object.

Marek cieszy się *dobrym zdrowiem.*
Mark enjoys good health.

Narazie dysponuję *czasem/gotówką.*
Right now I have free time/ready money.

Niepokoił ojca *swoimi złymi wynikami.*
He worried his father with his bad results.

Anna jest obładowana *ciężką torbą.*
Anna is burdened with a heavy bag.

Napełniłem wannę *wodą.*
I filled the bath with water.

Bóg nas obdarzył *pokojem i radością.*
God blessed us with peace and joy.

Wojtek stał się *kapitanem.*
Wojtek became a captain.

Córka została *lekarką.*
My daughter became a doctor.

Niebo zasnuło się *chmurami.*
The sky became covered with clouds.

Noc zasnuła górę *ciemnością.*
Night covered the hill with darkness.

Zygmunt otacza się *przyjaciółmi.*
Zygmunt surrounds himself with friends.

Książę otoczył zamek *fosą.*
The prince surrounded the castle with a moat.

Pani zasłoniła okna *firankami.*
The lady covered the windows with curtains.

Posługiwałem się *gramatyką* **i** *słownikiem.*
I used a grammar book and dictionary.

Grzegorz dobrze włada *językiem polskim.*
Gregory has a good command of Polish.

6.8   DATIVE CASE

The dative case is used:

1   For the indirect object of the verb.

2   After certain verbs requiring an indirect object in Polish.

3   In certain impersonal expressions.

4   After certain prepositions (See 10 Prepositions).

6.8.1   Dative singular

6.8.1.1   Masculine nouns

Any vowel alternations present in the genitive singular also occur here.

Ending	When used	Examples	
owi	Most nouns.	syn: synowi	student: studentowi
		dom: domowi	kościół: kościołowi
		anioł: aniołowi	człowiek: człowiekowi
		kraj: krajowi	pokój: pokojowi
		mąż: mężowi	Rosjanin: Rosjaninowi
		Niemiec: Niemcowi	Chińczyk: Chińczykowi
		doktor: doktorowi	sąsiad: sąsiadowi
		Polak: Polakowi	ząb: zębowi
iowi	Nouns in ´ accent (accent lost, **i** added).	liść: liściowi	tydzień: tygodniowi
		koń: koniowi	niedźwiedź:
		uczeń: uczniowi	niedźwiedziowi
		gość: gościowi	
u	A few old, mainly monosyllabic, nouns.	Bóg: Bogu	pan: panu
		ojciec: ojcu	pies: psu
		kot: kotu	brat: bratu
		ksiądz: księdzu	świat: światu
		chłopiec: chłopcu	kwiat: kwiatu
		diabeł: diabłu	
e/ie	After hard stem + **-a**.	tata: tacie	kolega: koledze
		poeta: poecie	dentysta: dentyście

Ending	When used	Examples	
	Consonants alternate as for locative singular.	kaleka: kalece sługa: słudze artysta: artyście	mężczyzna: mężczyźnie turysta: turyście
y	Nouns in **-ca**.	kierowca: kierowcy	sprzedawca: sprzedawcy

6.8.1.2   Feminine nouns

The dative singular is exactly as the locative singular. The same consonant and vowel alternations occur.

6.8.1.3   Neuter nouns

The dative singular differs from the locative singular in one respect: *all* nouns in **-o** take the ending **-u**. In practice, the indirect object is rarely a neuter noun unless it denotes a person or animal.

Ending	When used	Examples	
u	Nouns in **-o**, **-e** and **-ie**.	jabłko: jabłku zboże: zbożu państwo: państwu dziecko: dziecku serce: sercu miasto: miastu	krzesło: krzesłu światło: światłu słońce: słońcu zadanie: zadaniu pole: polu życie: życiu
ieniu	Most nouns in **-ię**.[1]	imię: imieniu *But*: jagnię: jagnięciu	ramię: ramieniu źrebię: źrebięciu prosię: prosięciu
ęciu	Nouns in **-ę**.[1]	zwierzę: zwierzęciu *But*: książę: księciu (*not*	dziewczę: dziewczęciu książęciu)
um	Nouns in **-um** are not declined.	muzeum: muzeum	

[1] Same as locative singular.

6.8.2   Dative plural

6.8.2.1   All genders

Any vowel alternations present in the genitive singular also occur here. The following endings occur:

Ending	When used	Examples	
om	Most nouns.	ojciec: ojcom pies: psom	syn: synom wróg: wrogom

Ending When used		Examples	
		mąż: mężom	wujek: wujkom
		kraj: krajom	kolega: kolegom
		rzecz: rzeczom	matka: matkom
		żona: żonom	jabłko: jabłkom
	Nationalities in	Rosjanin: Rosjanom	Polak: Polakom
	-in drop their	sąsiad: sąsiadom	lekcja: lekcjom
	ending.	chłopiec: chłopcom	muzeum: muzeom
		But: dziecko: dzieciom	
iom	Nouns in ´	gość: gościom	teść: teściom
	accent (accent	gałąź: gałęziom	pieśń: pieśniom
	lost, **i** added).	koń: koniom	łódź: łodziom
iom	Nouns in **-i**, **-ia**,	pani: paniom	babcia: babciom
	-io, **-ie**.	ziemia: ziemiom	zdjęcie: zdjęciom
		kuchnia: kuchniom	dziadzio: dziadziom
ionom	Nouns in **-ię** add	imię: imionom	ramię: ramionom
	-om to true		
	stem ending	*But*: jagnię: jagniętom źrebię: źrebiętom	
	-ion.	prosię: prosiętom	
ętom	Nouns in **-ę** add	zwierzę: zwierzętom	dziewczę:
	-om to true	kurczę: kurczętom	dziewczętom
	stem ending **-ęt**.	książę: książętom	

6.8.3   Function

6.8.3.1   *Dative for indirect object*

The *indirect object* carries the meaning 'to' or 'for' someone or something. These words are often omitted in English. In Polish, no word for 'to' or 'for' exists. In both languages, the order of direct and indirect objects can be reversed. For example:

Daję książkę *Jankowi.*	I give the book *to John.*
[acc.] [dat.]	[dir. obj.] [indir. obj.]
Daję *Jankowi* książkę.	I give *John* the book.
[dat.] [acc.]	[indir. obj.] [dir. obj.]
Kupię rower *Agnieszce.*	I'll buy a bike *for Agnes.*
[acc.] [dat.]	[dir. obj.] [indir. obj.]
Kupię *Agnieszce* rower.	I'll buy *Agnes* a bike.
[dat.] [acc.]	[indir. obj.] [dir. obj.]

Similarly:

Pożycz mi ołówek.   Lend (to) me a pencil.
Ponieś Agacie torbę.   Carry Agatha's bag/Carry the bag for Agatha.

Note: In most sentences 'to' and 'for' do not require an indirect object. They are simply expressed by prepositions followed by the appropriate case. For example:

Idę *do* sklepu.   I'm going to the shop.
To jest *dla* Mamusi.   That's for Mummy.

6.8.3.2   *Verbs requiring dative case*

The verbs below require an indirect object in Polish but not in English. They denote action passing from the subject to another person/thing. The sentence can often be rephrased to include the word 'to' or 'for'. The perfective form of the verb, if it exists, is in parentheses.

być do twarzy[1]	suit
darować (podarować)	give as a gift
dawać (dać)	give
dawać (dać) znać	inform
docinać (dociąć)	tease
dokuczać (dokuczyć)	annoy
dziękować (podziękować)	thank
dziwić (zdziwić) się	be astonished
grozić (zagrozić)	threaten
kazać (nakazać)	command
meldować (zameldować)	inform
mówić (powiedzieć)	say, tell
nadawać (nadać) się	be of use
odpowiadać (odpowiedzieć)	reply
opowiadać (opowiedzieć)	narrate
pisać (napisać)	write
płacić (zapłacić)	pay
podobać (spodobać) się	appeal, attract
pokazywać (pokazać)	show
pomagać (pomóc)	help
powiadać (powiedzieć)	say, tell
pozwalać (pozwolić)	allow
pożyczać (pożyczyć)	lend to
przeszkadzać (przeszkodzić)	hamper
przyglądać (przyjrzeć) się	observe
przykazywać (przykazać)	inform
przypominać (przypomnieć)	remind
radzić (poradzić)	advise

rozkazywać (rozkazać)	order
służyć (usłużyć)	serve
szkodzić (zaszkodzić)	harm
ufać (zaufać)	trust
ulegać (ulec)	comply with
wierzyć (uwierzyć)	believe
wybaczać (wybaczyć)	forgive
zabierać (zabrać)	take from
zadawać (zadać)	inflict on
zagrażać (zagrozić)	threaten
życzyć[2]	wish

[1] lit. 'to be to ones's face'.

[2] Direct object (something) is in genitive; indirect object (to someone) is in dative, e.g. **Życzę tobie szczęścia** (I wish you success).

6.8.3.3   Dative in impersonal expressions

The verb **być** (to be) can be omitted in very short sentences in the present tense.

6.8.3.3.1   Expressing emotions and body temperature
Polish often uses impersonal expressions, e.g. 'It is cold to me' or 'It is needful to him . . .' where the English would say 'I am/feel cold' or 'He needs . . .'. Such expressions use the verb **być** in the third person singular. The *feeling* is expressed with an *adverb* (in capitals below). The person experiencing is expressed with the dative case, e.g. 'to me, to him, to the boy/children', etc.

Jest *mi* **ŹLE/SŁABO.**
I feel ill/faint.

Było *mu* **DUSZNO.**
He needed some air.

SMUTNO *mi* **(jest) tutaj.**
I feel lonely here. [It is sad to me . . .]

Było *jej* **bardzo ZIMNO/GORĄCO.**
She was very cold/hot. [It was very cold/hot to her.]

MIŁO *nam* **było u Babci.**
We had a nice time at Granny's. [It was pleasant to us . . .]

Dzieciom **będzie WESOŁO na zabawie.**
The children will enjoy the party. [It will be joyful to . . .]

Chłopcu **TRUDNO jest w wojsku.**
The boy finds army life difficult. [It is difficult to the boy . . .]

ŁATWO *mu* **było zdać egzamin.**
He passed the exam easily. [It was easy to him . . .]

Jeżeli nie przydzie, to będzie *mi* **GŁUPIO.**
If he does not come I will feel stupid.

6.8.3.3.2   Other expressions

Nudzi *mi* **się w szkole.**
I am bored at school. [It is boring to me . . .]

Chce *mi* **się spać.**
I want to sleep. [It wants to me . . .]

Zdaje *mi* **się, że jest dzisiaj zimniej.**
I think it is colder today. [It appears to me that . . .]

Wstyd *mi,* **że dałem tanią kartkę.**
I'm ashamed of giving a cheap card. [It is shame to me . . .]

Żal *mi* **syna/córki/dziecka/dzieci.**
I feel sorry for the son/daughter/child/children. [It makes sorrow to
  me (Dat.) of the son/daughter/child/children (Gen.).]

Brak *mi* **(jest) pieniędzy.**
I'm short of money. [It is shortage to me (Dat.) of money (Gen.).]

Brakuje *mi* **czasu.**
I'm short of time. [It lacks to me (Dat.) of time (Gen.).]

Jest *mi* **do twarzy w kolorze niebieskim.**
The colour blue suits me. [. . . is to me to the face.]

6.9   TYPICAL DECLENSIONS OF REGULAR NOUNS

6.9.1   Masculine

Note the variety of nominative plural and genitive plural endings. The
accusative and genitive are identical for 'men alive' nouns. Vocative and
locative singular endings are also identical. Note locative singular conso-
nant/vowel alternations (**profesorze, sąsiedzie, świecie, stole**). Note vowel
alternation throughout declension (**ząb**). Note shortened stems (**wujk-,
krawc-**) and loss of **-in** in plural (**Rosjanie**). Note extra **-i** after loss of soft
accent (**koń**).

Singular	Plural	Singular	Plural	Singular	Plural
(professor)		(neighbour)		(doctor)	
N. profesor	profesorowie	sąsiad	sąsiedzi	lekarz	lekarze
V. profesorze	profesorowie	sąsiedzie	sąsiedzi	lekarzu	lekarze
A. profesora	profesorów	sąsiada	sąsiadów	lekarza	lekarzy
G. profesora	profesorów	sąsiada	sąsiadów	lekarza	lekarzy
L. profesorze	profesorach	sąsiedzie	sąsiadach	lekarzu	lekarzach
I. profesorem	profesorami	sąsiadem	sąsiadami	lekarzem	lekarzami
D. profesorowi	profesorom	sąsiadowi	sąsiadom	lekarzowi	lekarzom

(Pole)		(tailor)		(teacher)	
N. Polak	Polacy	krawiec	krawcy	nauczyciel	nauczyciele
V. Polaku	Polacy	krawcze	krawcy	nauczycielu	nauczyciele
A. Polaka	Polaków	krawca	krawców	nauczyciela	nauczycieli
G. Polaka	Polaków	krawca	krawców	nauczyciela	nauczycieli
L. Polaku	Polakach	krawcu	krawcach	nauczycielu	nauczycielach
I. Polakiem	Polakami	krawcem	krawcami	nauczycielem	nauczycielami
D. Polakowi	Polakom	krawcowi	krawcom	nauczycielowi	nauczycielom

(uncle)		(world)		(tooth)	
N. wujek	wujkowie	świat	światy	ząb	zęby
V. wujku	wujkowie	świecie	światy	zębie	zęby
A. wujka	wujków	świat	światy	ząb	zęby
G. wujka	wujków	świata	światów	zęba	zębów
L. wujku	wujkach	świecie	światach	zębie	zębach
I. wujkiem	wujkami	światem	światami	zębem	zębami
D. wujkowi	wujkom	światu	światom	zębowi	zębom

(Russian)		(country)		(horse)	
N. Rosjanin	Rosjanie	kraj	kraje	koń	konie
V. Rosjaninie	Rosjanie	kraju	kraje	koniu	konie
A. Rosjanina	Rosjanów	kraj	kraje	konia	konie
G. Rosjanina	Rosjanów	kraju	krajów	konia	koni
L. Rosjaninie	Rosjanach	kraju	krajach	koniu	koniach
I. Rosjaninem	Rosjanami	krajem	krajami	koniem	końmi
D. Rosjaninowi	Rosjanom	krajowi	krajom	koniowi	koniom

(table)		(bird)		(edge)	
N. stół	stoły	ptak	ptaki	brzeg	brzegi
V. stole	stoły	ptaku	ptaki	brzegu	brzegi
A. stół	stoły	ptaka	ptaki	brzeg	brzegi
G. stołu	stołów	ptaka	ptaków	brzegu	brzegów
L. stole	stołach	ptaku	ptakach	brzegu	brzegach
I. stołem	stołami	ptakiem	ptakami	brzegiem	brzegami
D. stołowi	stołom	ptakowi	ptakom	brzegowi	brzegom

6.9.2 Feminine

Note the variety of nominative plural endings. Dative and locative singular (sometimes also genitive singular) are identical. Note locative singular consonant/vowel alternations (**matce, drodze, szkole, wierze**) and genitive plural vowel alternations (**matek, dróg, szkół**). Note where genitive singular and plural are identical (**lekcji, alei, armii**). Note merging of **-j** and **i** (**szyi**). Note extra **-i** after loss of soft accent (**pieśnią, gałęzią,** etc.). Note where vocative singular ending is not **-o**.

	Singular (mother)	Plural	Singular (road)	Plural	Singular (school)	Plural
N.	matka	matki	droga	drogi	szkoła	szkoły
V.	matko	matki	drogo	drogi	szkoło	szkoły
A.	matkę	matki	drogę	drogi	szkołę	szkoły
G.	matki	matek	drogi	dróg	szkoły	szkół
L.	matce	matkach	drodze	drogach	szkole	szkołach
I.	matką	matkami	drogą	drogami	szkołą	szkołami
D.	matce	matom	drodze	drogom	szkole	szkołom

	Singular (lesson)	Plural	Singular (avenue)	Plural	Singular (neck)	Plural
N.	lekcja	lekcje	aleja	aleje	szyja	szyje
V.	lekcjo	lekcje	alejo	aleje	szyjo	szyje
A.	lekcję	lekcje	aleję	aleje	szyję	szyje
G.	lekcji	lekcji	alei	alei	szyi	szyj
L.	lekcji	lekcjach	alei	alejach	szyi	szyjach
I.	lekcją	lekcjami	aleją	alejami	szyją	szyjami
D.	lekcji	lekcjom	alei	alejom	szyi	szyjom

	Singular (auntie)	Plural	Singular (earth)	Plural	Singular (army)	Plural
N.	ciocia	ciocie	ziemia	ziemie	armia	armie
V.	ciociu	ciocie	ziemio	ziemie	armio	armie
A.	ciocię	ciocie	ziemię	ziemie	armię	armie
G.	cioci	cioć	ziemi	ziem	armii	armii
L.	cioci	ciociach	ziemi	ziemiach	armii	armiach
I.	ciocią	ciociami	ziemią	ziemiami	armią	armiami
D.	cioci	ciociom	ziemi	ziemiom	armii	armiom

	Singular (Sunday)	Plural	Singular (road)	Plural	Singular (faith)	Plural
N.	niedziela	niedziele	ulica	ulice	wiara	wiary
V.	niedzielo	niedziele	ulico	ulice	wiaro	wiary
A.	niedzielę	niedziele	ulicę	ulice	wiarę	wiary
G.	niedzieli	niedziel	ulicy	ulic	wiary	wiar
L.	niedzieli	niedzielach	ulicy	ulicach	wierze	wiarach
I.	niedzielą	niedzielami	ulicą	ulicami	wiarą	wiarami
D.	niedzieli	niedzielom	ulicy	ulicom	wierze	wiarom

	Singular (song)	Plural	Singular (night)	Plural	Singular (branch)	Plural
N.	pieśń	pieśni	noc	noce	gałąź	gałęzie
V.	pieśni	pieśni	nocy	noce	gałęzi	gałęzie
A.	pieśń	pieśni	noc	noce	gałąź	gałęzie
G.	pieśni	pieśni	nocy	nocy	gałęzi	gałęzi
L.	pieśni	pieśniach	nocy	nocach	gałęzi	gałęziach
I.	pieśnią	pieśniami	nocą	nocami	gałęzią	gałęziami
D.	pieśni	pieśniom	nocy	nocom	gałęzi	gałęziom

6.9.3   Neuter

Nominative, vocative and accusative are identical in both singular and plural. Nominative plural is identical to genitive singular. Note the locative singular consonant/vowel alternations (**drzewie, oknie, mieście, wiadrze, gnieździe, kole, biurze, święcie**) and the genitive plural vowel alternations (**wiader, kół, pól, jabłek, świąt, okien**). Notice also the addition of soft accent after loss of **-i** in genitive plural (**zdjęć, mieszkań**). Note true stem **-ien/ion** (nouns in **-ę**) and **-ęt** (nouns in **-ię**).

	Singular (tree)	Plural	Singular (town)	Plural	Singular (pail)	Plural
N.	drzewo	drzewa	miasto	miasta	wiadro	wiadra
V.	drzewo	drzewa	miasto	miasta	wiadro	wiadra
A.	drzewo	drzewa	miasto	miasta	wiadro	wiadra
G.	drzewa	drzew	miasta	miast	wiadra	wiader
L.	drzewie	drzewach	mieście	miastach	wiadrze	wiadrach
I.	drzewem	drzewami	miastem	miastami	wiadrem	wiadrami
D.	drzewu	drzewom	miastu	miastom	wiadru	wiadrom

	(nest)		(wheel)		(apple)	
N.	gniazdo	gniazda	koło	koła	jabłko	jabłka
V.	gniazdo	gniazda	koło	koła	jabłko	jabłka
A.	gniazdo	gniazda	koło	koła	jabłko	jabłka
G.	gniazda	gniazd	koła	kół	jabłka	jabłek
L.	gnieździe	gniazdach	kole	kołach	jabłku	jabłkach
I.	gniazdem	gniazdami	kołem	kołami	jabłkiem	jabłkami
D.	gniazdu	gniazdom	kołu	kołom	jabłku	jabłkom

	(window)		(office)		(festival)	
N.	okno	okna	biuro	biura	święto	święta
V.	okno	okna	biuro	biura	święto	święta
A.	okno	okna	biuro	biura	święto	święta
G.	okna	okien	biura	biur	święta	świąt
L.	oknie	oknach	biurze	biurach	święcie	świętach
I.	oknem	oknami	biurem	biurami	świętem	świętami
D.	oknu	oknom	biuru	biurom	świętu	świętom

	Singular (photograph)	Plural	Singular (flat)	Plural	Singular (field)	Plural
N.	zdjęcie	zdjęcia	mieszkanie	mieszkania	pole	pola
V.	zdjęcie	zdjęcia	mieszkanie	mieszkania	pole	pola
A.	zdjęcie	zdjęcia	mieszkanie	mieszkania	pole	pola
G.	zdjęcia	zdjęć	mieszkania	mieszkań	pola	pól
L.	zdjęciu	zdjęciach	mieszkaniu	mieszkaniach	polu	polach
I.	zdjęciem	zdjęciami	mieszkaniem	mieszkaniami	polem	polami
D.	zdjęciu	zdjęciom	mieszkaniu	mieszkaniom	polu	polom

	(name)		(animal)		(museum)	
N.	imię	imiona	zwierzę	zwierzęta	muzeum	muzea
V.	imię	imiona	zwierzę	zwierzęta	muzeum	muzea
A.	imię	imiona	zwierzę	zwierzęta	muzeum	muzea
G.	imienia	imion	zwierzęcia	zwierząt	muzeum	muzeów
L.	imieniu	imionach	zwierzęciu	zwierzętach	muzeum	muzeach
I.	imieniem	imionami	zwierzęciem	zwierzętami	muzeum	muzeami
D.	imieniu	imionom	zwierzęciu	zwierzętom	muzeum	muzeom

6.10   DECLENSIONS OF IRREGULAR NOUNS

6.10.1   Masculine

Note nouns with two meanings.

	Singular (day)	Plural	Singular (week)	Plural	Singular (companion)	Plural
N.	dzień	[1]dni/dnie	tydzień	tygodnie	przyjaciel	przyjaciele
V.	dniu	[1]dni/dnie	tygodniu	tygodnie	przyjacielu	przyjaciele
A.	dzień	[1]dni/dnie	tydzień	tygodnie	przyjaciela	przyjaciół
G.	dnia	dni	tygodnia	tygodni	przyjaciela	przyjaciół
L.	dniu	dniach	tygodniu	tygodniach	przyjacielu	przyjaciołach
I.	dniem	dniami	tygodniem	tygodniami	przyjacielem	przyjaciółmi
D.	dniowi	dniom	tygodniowi	tygodniom	przyjacielowi	przyjaciołom

	(brother)		(father)		(priest)	
N.	brat	bracia	ojciec	ojcowie	ksiądz	księża
V.	bracie	bracia	ojcze	ojcowie	księże	księża
A.	brata	braci	ojca	ojców	księdza	księży
G.	brata	braci	ojca	ojców	księdza	księży
L.	bracie	braciach	ojcu	ojcach	księdzu	księżach
I.	bratem	braćmi	ojcem	ojcami	księdzem	księżmi
D.	bratu	braciom	ojcu	ojcom	księdzu	księżom

	Singular (eagle)	Plural	Singular (person)	Plural (people)	Singular (year)	Plural (lit. summers)
N.	orzeł	orły	człowiek	ludzie	rok	lata
V.	orle	orły	człowieku	ludzie	roku	lata
A.	orła	orły	człowieka	ludzi	rok	lata
G.	orła	orłów	człowieka	ludzi	roku	lat
L.	orle	orłach	człowieku	ludziach	roku	latach
I.	orłem	orłami	człowiekiem	ludźmi	rokiem	latami/[2]laty
D.	orłowi	orłom	człowiekowi	ludziom	rokowi	latom

	(government)		(row)		(money)	
N.	rząd	rządy	rząd	rzędy	pieniądz	pieniądze
V.	rządzie	rządy	rzędzie	rzędy	–	–
A.	rząd	rządy	rząd	rzędy	pieniądz	pieniądz
G.	rządu	rządów	rzędu	rzędów	pieniądza	pieniędzy
L.	rządzie	rządach	rzędzie	rzędach	pieniądzu	pieniądzach
I.	rządem	rządami	rzędem	rzędami	pieniądzem	pieniędzmi
D.	rządowi	rządom	rzędowi	rzędom	pieniądzowi	pieniądzom

	(April)		(gentleman)		(dog)	
N.	kwiecień	kwietnie	pan	panowie	pies	psy
V.	–	–	panie	panowie	psie	psy
A.	kwiecień	kwietnie	pana	panów	psa	psy
G.	kwietnia	kwietni	pana	panów	psa	psów
L.	kwietniu	kwietniach	panu	panach	psie	psach
I.	kwietniem	–	panem	panami	psem	psami
D.	kwietniowi	–	panu	panom	psu	psom

[1] *Dni* was used after numbers, e.g. *trzy dni*, but is now also used after adjectives, e.g. *ładne dni* and when 'days' is qualified, e.g. *dni mojego życia*. *Dnie* survives in rare phrases, e.g. *noce i dnie*.

[2] Old form **laty** appears, often after prepositions, e.g. **przed kilku/dwoma/trzema laty**.

6.10.2 Feminine

	Singular (lady)	Plural	Singular (landlady)	Plural	Singular (hand)	Plural
N.	pani	panie	gospodyni	gospodynie	ręka	ręce
V.	pani	panie	gospodyni	gospodynie	ręko	ręce
A.	panią	panie	gospodynię	gospodynie	rękę	ręce
G.	pani	pań	gospodyni	gospodyń	ręki	rąk
L.	pani	paniach	gospodyni	gospodyniach	ręce/ręku	rękach
I.	panią	paniami	gospodynią	gospodyniami	ręką	rękami/[1]rękoma
D.	pani	paniom	gospodyni	gospodyniom	ręce	rękom

	Singular (village)	Plural	Singular (thing)	Plural	Singular (railway)	Plural
N.	wieś	wsie	rzecz	rzeczy	kolej	koleje
V.	wsi	wsie	rzeczy	rzeczy	–	–
A.	wieś	wsie	rzecz	rzeczy	kolej	koleje
G.	wsi	wsi	rzeczy	rzeczy	kolei	kolei
L.	wsi	wsiach	rzeczy	rzeczach	kolei	kolejach
I.	wsią	wsiami	rzeczą	rzeczami	koleją	kolejami
D.	wsi	wsiom	rzeczy	rzeczom	kolei	kolejom

	Singular (thread)	Plural
N.	nić	nici
V.	–	–
A.	nić	nici
G.	nici	nici
L.	nici	niciach
I.	nicią	nićmi
D.	nici	niciom

[1] **Rękoma** is an older form.

6.10.3   Neuter

Note nouns with two meanings.

	Singular (child)	Plural	Singular (eye)	Plural	Singular (ear)	Plural
N.	dziecko	dzieci	oko	oczy/[1]oka	ucho	uszy/[4]ucha
V.	dziecko	dzieci	oko	oczy	ucho	uszy
A.	dziecko	dzieci	oko	oczy	ucho	uszy
G.	dziecka	dzieci	oka	oczu[2]	ucha	uszu[5]
L.	dziecku	dzieciach	oku	oczach	uchu	uszach
I.	dzieckiem	dziećmi	okiem	oczami[3]	uchem	uszami[6]
D.	dziecku	dzieciom	oku	oczom	uchu	uszom

	Singular (prince)	Plural	Singular (radio)	Plural	Singular (studio)	Plural
N.	książę	książęta	radio	radia	studio	studia[7]
V.	książę	książęta	–	–	–	–
A.	księcia	książąt	radio	radia	studio	studia
G.	księcia	książąt	radia	–	studia	studiów
L.	księciu	książętach	radio/radiu	radiach	studio/studiu	studiach
I.	księciem	książętami	radiem	radiami	studiem	studiami
D.	księciu	książętom	radiu	radiom	studiu	studiom

	Singular (state)	Plural	Singular (Mr. and Mrs.)	Plural	Singular (summer)	Plural
N.	państwo	państwa	państwo	–	lato	lata
V.	państwo	państwa	państwo	–	lato	lata

	Singular	Plural	Singular	Plural	Singular	Plural
A.	państwo	państwa	państwa	–	lato	lata
G.	państwa	państw	państwa	–	lata	used
L.	państwie	państwach	państwu	–	lecie	as plural
I.	państwem	państwami	państwem	–	latem	of **rok**
D.	państwu	państwom	państwu	–	latu	(year)

[1] Form **oka**, declined in all cases, is used for circle-like objects, e.g. **łancuch z okami** (chain with links), **oka tłuszczu** (globules of fat).

[2] Genitive form **oczów** also exists.

[3] Instrumental form **oczyma** also exists.

[4] Form **ucha**, declined in all cases, means 'handle, tag, flag, eye (needle)'.

[5] Rarer genitive form **uszów** exists.

[6] Instrumental form **uszyma** is archaic.

[7] This is also the plural of **studium** (course of study).

7 PRONOUNS

A pronoun replaces a noun. All Polish pronouns, except the reflexives, decline according to the gender, number and case of the noun which they replace. Many pronouns are identical to the corresponding adjective, for example:

To jest moja [adj.] **książka. Ta książka jest moja** [pron.]**.**
This is my book. This book is mine.

Note: In the tables below, the plural column 'they (men)' applies to men and mixed company; 'they (non-men)' applies to women, animals and objects.

7.1 PERSONAL PRONOUNS

There are three types of personal pronoun.

7.1.1 Ordinary

An ordinary personal pronoun is used if emphasis is not required and if the pronoun does *not* follow a preposition. The pronouns **ty** and **wy** are sometimes used with a personal name to attract attention, for example:

Oj, ty! Marto! Co tu robisz?
Hey, you! Martha! What are you doing here?

The pronouns **mię**, **mi**, **cię**, **ci**, **go**, **mu** are enclitic. They cannot start a sentence nor carry the sentence stress. In such situations use the *emphatic* form of these pronouns.

Note: Ordinary *nominative* case pronouns are best omitted, unless clarification of meaning is required, e.g. **My jemy jabłka** (we eat apples) could be heard as **Myjemy jabłka** (we wash apples). Therefore, it is better to say **Jemy jabłka** and **My myjemy jabłka**, respectively.

	Singular						*Plural*		
	I	*you*	*he*	*she*	*it*	*we*	*you*	*they (men)*	*they (non–men)*
Nom.	ja	ty	on	ona	ono	my	wy	oni	one
Voc.	ja	ty	–	–	–	my	wy	–	–
Acc.	mię	cię	go	ją	je	nas	was	ich	je
Gen.	mię	cię	go	jej	go	nas	was	ich	ich
Loc.	–	–	–	–	–	–	–	–	–
Inst.	mną	tobą	nim	nią	nim	nami	wami	nimi	nimi
Dat.	mi	ci	mu	jej	mu	nam	wam	im	im

Nom:	**[Ja] jestem chory.**	I'm ill.
	[On/ona/ono] jest w Warszawie.	He/she/it is in Warsaw.
Voc:	**Oj, ty wariacie!**	Oh, you idiot!
Acc:	**Kocham cię/was.**	I love you.
Gen:	**Nie ma go/jej/go w Warszawie**	He/she/it is not in Warsaw.
Instr:	**Opiekujemy sie nim/nią/nim/nimi**	We look after him/her/it/them.
Dat:	**Daj mi piwo.**	Give me the beer.

7.1.1.1 *Polite forms of address*

The pronouns **ty** and **wy** are used to address people you know well. The nouns **pan** (gentleman), **pani** (lady), and their plurals **panowie** (gentlemen), **panie** (ladies), as well as **państwo** (mixed male and female company) and **panna/panienka** (young lady) are used to address people you do not know well. The Poles often use **Pan**, **Pani** and **Panna** before first names to imply familiarity, e.g. **Pan Janek**, **Pani Zosia**, **Panna Marysia**.

Czy Pan jest głodny?	Are you hungry? [to a man]
Czy Pani jest głodna?	Are you hungry? [to a woman]
Czy Panienka jest zmęczona?	Are you tired? [to a young lady]
Czy Panowie/Panie są z Krakowa?	Are you from Cracow? [to men/ladies]
Czy Państwo są głodni?	Are you hungry? [to mixed company]
Czy Pani Teresa pije kawę?	Do you drink coffee, Teresa?
Pana Janka jeszcze nie ma.	John is not here yet.

7.1.2 Emphatic

An emphatic personal pronoun is used if emphasis is required. Only certain ones exist. In all other instances use the ordinary personal pronoun.

	Singular			
	I	*you*	*he*	*it*
Acc.	mnie	ciebie	jego	–
Gen.	mnie	ciebie	jego	jego
Dat.	mnie	tobie	jemu	jemu

Acc:	**On kocha *mnie* i *ciebie*.**	He loves me and you.
Gen:	**Nie znam ani *ciebie* ani *jego*.**	I know neither you nor him.
Dat:	**Daj *mnie* piwo; daj *jemu* wino.**	Give me the beer; give him the wine.

7.1.3 Prepositional

A prepositional personal pronoun is used after a preposition. Only third person singular/plural ones, shown in italics, exist. In the first and second person singular use the emphatic personal pronoun shown in capitals. In the remaining instances use the ordinary personal pronoun.

	Singular					Plural			
	I	*you*	*he*	*she*	*it*	*we*	*you*	*they (men)*	*they (non-men)*
Acc.	MNIE	CIEBIE	*niego*	*nią*	*nie*	nas	was	*nich*	*nie*
Gen.	MNIE	CIEBIE	*niego*	*niej*	*niego*	nas	was	*nich*	*nich*
Dat.	MNIE	TOBIE	*niemu*	*niej*	*niemu*	nam	wam	*nim*	*nim*
Loc.	MNIE	TOBIE	nim	*niej*	nim	nas	was	*nich*	*nich*
Inst.	mną	tobą	nim	nią	nim	nami	wami	nimi	nimi

Acc:	**Czeka na *niego/nią/nich/nie*.**	
	He's waiting for him/her/them.	
	Czeka na MNIE/CIEBIE.	
	He's waiting for me/you.	
Gen:	**Piotr kupuje to dla *niego/niej/nich*.**	
	Peter is buying that for him/her/them.	
	Piotr kupuje to dla MNIE.	
	Peter is buying that for me.	
Dat:	**Dzięki *niemu/niej/nim* mam dom.**	
	Thanks to him/her/them I have a house.	
	Dzięki TOBIE zdałem egzamin.	
	Thanks to you I passed my exam.	

Loc: **Jan został przy MNIE/nas.**
John remained at home [lit. by me/us].
Anna rozmawia o *nim/niej/nich.*
Anna is speaking about him/her/them.

Inst: **Tomasz siedzi za mną/tobą/nami.**
Thomas is sitting behind me/you/us.

7.2   REFLEXIVE PRONOUNS

A reflexive pronoun is used when the action of a verb reflects back to the subject of that verb. The pronoun translates 'myself, yourself, himself, oneself', etc. There are only a few such pronouns. They are used for all three genders, in both singular and plural.

Note: Watch out for Polish reflexive verbs which do not carry the idea of 'self' when translated into English, e.g. **bać się/ubawiać się** (fear), **czuć się** (feel), **stać się** (happen). Also, notice how often an extra **sobie** (for/to oneself) appears in the dative case.

Nom/Voc. –
Acc.   **się**   (accusative form **siebie** is used for emphasis)
Gen.   **siebie**
Loc.   **sobie**   (used only after preposition)
Inst.   **sobą**
Dat.   **sobie**

Acc: **Myję** *się*. **On/ona ubiera** *się*.
I wash myself. He/She dresses himself/herself.
Oni/One nazywają *się* ...
They are called ...
Marek kocha tylko *siebie.*
Mark loves only himself.

Gen: **Odsunęła od** *siebie* **stołek.**
She pushed the stool away from herself.
Mówię do *siebie.*
I'm talking to myself.

Loc.   **Miała tylko łachy na** *sobie.*
She was wearing only rags.
Myślała tylko o *sobie.*
She thought only about herself.

Inst.   **Mam/Mamy trudną pracę przed** *sobą.*
I/We have a hard task in front of me/us.
Chcę rządzić *sobą.*
I want to control my life [lit. 'rule myself'].
Proszę zamknąć drzwi za *sobą.*
Please close the door after yourself/yourselves.

Dat: **Kupiliście *sobie* tani obiad?**
Did you buy a cheap lunch [for yourselves]?
Znalazł *sobie* dziewczynę.
He has found himself a girlfriend.
Pojechała *sobie* na urlop.
She has gone on holiday.
Jakoś robię *sobie* kłopoty.
Somehow I make problems for myself.
Przypominasz *sobie*, że był tutaj?
Do you remember his being here?
Pójdźmy *sobie* na spacer.
Let's go for a walk.
Idź/Idźcie *sobie*.
Go away! Get lost! Take yourself/yourselves off!

7.2.1   Emphatic 'self'

This is expressed with the adjective **sam/sama/samo**, and *not* with a pronoun (see 8 Adjectives).

7.3   RECIPROCAL PRONOUNS

These are also a type of reflexive pronoun and are, therefore, identical to them. They carry the idea of 'each other/one another', and are used for all three genders in the plural.

Acc.   **Bardzo *się* kochają.**
They love one another very much

Gen: **Mieszkamy blisko/daleko *siebie*.**
We live near/far from each other.
Cały wieczór siedzą u *siebie*.
They spend all evening in each other's homes.

Loc.   **Zawsze czekacie na *siebie*?**
Do you always wait for each other?

Inst.   **Rozmawiacie często z *sobą*?**
Do you often talk with one another?

Dat.   **Kupili *sobie* prezenty.**
They have bought presents for each other.
Ciągle pomagają *sobie*.
They are always helping one other.

7.4 POSSESSIVE PRONOUNS

The possessive pronouns **mój**, **twój**, **swój**, **nasz** and **wasz** decline exactly as the identical possessive adjectives (see 8.2). The possessive pronouns **jego**, **jej**, and **ich** are, like the identical possessive adjectives, indeclinable.

Nie bierz tej parasolki. Weź *moją.* [Acc.]
Don't take this umbrella. Take mine.

Kup jeszcze dżem. *Mojego* **już nie ma.** [Gen. of negation]
Buy some jam too. Mine is finished.

Syn wziął nowy samochód, więć pojadę *swoim.* [Instr.]
My son took the new car, so I'll go in my own one.

Rower/książka/wino jest *jego/jej/ich.* [Nom.]
The bicycle/book/wine is his/hers/theirs.

7.5 DEMONSTRATIVE PRONOUNS

The demonstrative pronouns **ten/ta/to**, **tamten/tamta/tamto** and **taki/taka/takie** decline exactly as the identical demonstrative adjectives.

Taką chcesz lalkę? *Takiej* **ci nie kupię.** [Gen. of negation]
You want that kind of doll? I won't buy you one like that.

Ten **krzyczy,** *tamten* **płacze, a** *ci* **stoją i gapią się.** [all Nom.]
This one [i.e. person] shouts, that one cries, and these [people] stand and stare.

Daj pieniądze *tym,* **nie** *tamtym.* [both Dat.]
Give some money to these [people], not to those.

Mówię o *tamtych* **a nie o** *tych.* [both Loc. after **o**]
I'm talking about those, not these.

7.6 INTERROGATIVE PRONOUNS

The interrogative pronouns **jaki/jaka/jakie?** (what like?) and **który/która/które?** (which?) decline exactly as the identical interrogative adjectives. **Czyj/czyja/czyje?** (whose?) declines thus:

	Singular Masc.	Fem.	Neut.	Plural Non-men	Men
Nom.	czyj	czyja	czyje	czyje	**czyi**
Voc.	–	–	–	–	–
Acc.	czyj	czyją	czyje	czyje	**czyich**
Gen.	czyjego	czyjej	czyjego	**czyich**	**czyich**
Loc.	**czyim**	czyjej	**czyim**	**czyich**	**czyich**
Instr.	**czyim**	czyją	**czyim**	**czyimi**	**czyimi**
Dat.	czyjemu	czyjej	czyjemu	**czyim**	**czyim**

Note: A 'j' which is followed by 'i' is lost.

Lubisz książki? *Jakie* **czytasz w szkole?** [Acc.]
You like books? What sort do you read in school?

Tyle pysznych ciastek! *Które* **wolisz?** [Acc.]
What a lot of delicious cakes! Which one would you like?

Ta lampka/te ołówki. To *czyja/czyje*? [Nom.]
This lamp/these pencils. Whose is it/Whose are they?

Była z dzieckiem. Z *czyim*? [Instr.]
She was with a child. With whose?

The interrogative pronouns **kto?** and **co?** and their negative forms **nikt** and **nic** decline as below. The one form serves all genders and numbers. **Nikt** and **nic** require a double negative (see 5.3.4 Negation). The accusative form **nic** is acceptable for the direct object after a negative verb, e.g. **Nic nie mam.** (I have nothing.)

	Kto	Nikt	Co	Nic
Nom.	kto	nikt	co	nic
Acc.	kogo	nikogo	co	nic
Gen.	kogo	nikogo	czego	niczego/nic
Loc.	kim	nikim	czym	niczym
Inst.	kim	nikim	czym	niczym
Dat.	komu	nikomu	czemu	niczemu

Kto tam? *Nikt,* tylko ja.	Who's there? No-one, just me.
Kto to tutaj zostawił?	Who left this here?
Komu sprzedałaś samochód?	To whom did you sell your car?
Anka z *kim* idzie na zabawę?	With whom is Annie going to the party?
Kogo Pan szuka?	Who are you looking for?
Nikt nie ma czasu.	No-one has time.
Nie było tam *nikogo* znajomego.	There was no-one I knew there.
Ona z *nikim* się nie zgadza.	She does not agree with anyone.
Co to jest? *Nic* ciekawego.	What is this? Nothing interesting.
Co to są, te gazety tutaj?	What are these newspapers here?
Co widziałeś w teatrze?	What did you see in the theatre?
Udają że *nic* nie rozumieją.	They pretend not to understand anything.
Został po wojnie bez *niczego.*	He was left with nothing after the war.
Nie chcę słyszeć o *niczym.*	I don't want to hear about anything.

Note: **Czego** combines with genitive preposition **dla** to form question word **Dlaczego?** (Why?). However, the dative **Czemu?** often replaces **Dlaczego?** in spoken and colloquial language, for example:

Czemu płaczesz?	Why are you crying? [rather than *Dlaczego* płaczesz?]
Czemu nie zjadłeś obiadu?	Why didn't you eat your dinner?

7.7   DISTRIBUTIVE PRONOUNS

The distributive pronouns **każdy/każda/każde, wszystkie/wszyscy, niektóry/niektóra/niektóre** and **żaden/żadna/żadne** decline exactly as the identical distributive adjectives (see 8.4). **Żaden** requires a double negative (see 5.3.4 Negation).

Tylu studentów! Czy mam zapytać *każdego*? [Acc. of masc. alive noun]
So many students! Do I need to ask each one?

Ma trzy córki. *Żadna* nie jest piękna. [Nom.]
He/she has three daughters. None of them is pretty.

Kup mi papierosy. Nie mam *żadnych*. [Gen. of negation]
Buy me some cigarettes. I have none.

Nie lubię *żadnej* z moich sióstr. [Gen. of negation]
I don't like either/any of my sisters.

Nie ma nauczycieli. *Wszyscy* są na wakacjach. [Nom.]
There are no teachers. They are all on holiday.

Iść do muzeum? *Wszystkie* **już odwiedziłem.** [Acc.]
Go to a museum? I've visited them all already.

Niektórzy **z gości spóźnili się.** [Nom.]
Some of the guests were late.

Tylko *niektóre* **z dzieci zdały egzamin.** [Nom.]
Only some of the children passed the exam.

7.8   RELATIVE PRONOUNS

The relative pronoun **który/która/które** (which) declines exactly as the
identical relative adjective (see 8.6). It is often replaced by **co** in speech,
and always after the pronouns **to** and **kto**. **W** and **który** is often shortened to **gdzie**, for example:

Mówił o filmie. Nie pamiętam o *którym.* [Loc. after **o**]
He talked about a film. I don't remember which one.

Wygrali nagrodę. Już zapomniałem *którą.* [Acc.]
They won a prize. I've already forgotten which.

Zrób to, *co* **mówiłeś.** [Acc.]
Do what you said.

Jest ktoś, *co* **cię kocha.** [Nom.]
There is someone who loves you.

Chata, *gdzie* **mieszkali, była mała.**
The cottage in which they lived was small. [*w której*]

Siedział w ogrodzie, *gdzie* **było widno.**
He sat in the garden where it was light. [*w którym*]

7.9   INDEFINITE PRONOUNS

7.9.1   Indeclinable particle -ś

The indeclinable particle **-ś** is added to the following pronouns in the
appropriate gender, number and case to create indefinite pronouns with
the meaning 'some-'.

kto	who	**ktoś**	someone, somebody
co	what	**coś**	something
jaki	what like	**jakiś**	of some kind or other, a certain
który	which	**któryś**	some or other
czyj	whose	**czyjś**	somebody's

Ktoś dzwonił. *Ktoś* inny. [both Nom.]
Someone rang. Someone else.

Czy *ktoś* lubi barszcz? [Nom.]
Does anyone like beetroot soup?

Rozmawiała z *kimś* na dworcu. [Instr. after z]
She spoke with someone at the station.

Komuś to się przyda. [Dat.]
Someone will find this useful [lit. it will be useful to someone].

Słyszałem głos. *Czyjś*, ale nie Piotra. [Acc.]
I heard a voice. Somebody's, but not Peter's.

Kupił rower. Jaki? Nie wiem dokładnie. Wiem tylko że *jakiś* kupił.
[Acc.]
He bought a bike. What like? I don't know exactly. I just know he
bought one.

Był tu *ktoryś* z jego uczniów. [Nom.]
One or other of his students was here.

7.9.2   Indeclinable suffix -kolwiek

The indeclinable suffix **-kolwiek** is added to the following pronouns in the
appropriate gender, number and case to create indefinite pronouns with
the meaning '-ever' or 'at all'. These can be replaced by the form with **bądź**.

kto	who	**kto*kolwiek*, kto *bądź***	whoever, anyone at all
co	what	**co*kolwiek*, co *bądź***	whatever, anything at all
jaki	what like	**jaki*kolwiek*, jaki *bądź***	of whatever kind, of any kind at all
który	which	**który*kolwiek*, który *bądź***	whichever, any one at all
czyj	whose	**czyj*kolwiek*, czyj *bądź***	anybody's

Którą chcesz zabawkę? *Którąkolwiek/Którą bądź.* [Acc.]
Which toy do you want? Whichever/Anyone of these.

Jaki ci dać papier? *Jakikolwiek/Jaki bądź.* [Acc.]
What type of paper shall I give you? Any at all.

Przyjdzie *ktokolwiek/kto bądź*, już dajesz pieniądze. [Nom.]
No matter who comes, you immediately give them money.

Wygrałeś *cokolwiek/co bądź?* [Acc.]
Did you win anything at all?

Weź słownik. *Czyjkolwiek/Czyj bądź.* [Acc.]
Take a dictionary. It doesn't matter whose.

8 ADJECTIVES

An adjective qualifies a noun or pronoun, and agrees in gender, number and case with it.

Note: Adjectives marked # are also used pronominally (see 7 Pronouns).

8.1 ATTRIBUTIVE (DESCRIPTIVE) ADJECTIVES

Attributive adjectives precede the noun if they refer to an incidental feature of it. They follow the noun when referring to an intrinsic feature:

Kupiłem *biały* samochód.
I bought a white car. [Not all cars are white]

Język *polski* jest trudniejszy niż język *niemiecki*.
The Polish language is more difficult than the German language.
    [Only one Polish/German language exists]

Notes:

1 Adjectives of nationality are *not* capitalised (see 6.2.7 Names of countries).

2 Illogically, we say **Dzień dobry!** (Good Day!) but **Dobry wieczór!** (Good Evening!).

8.1.1 Nominative singular

Most adjectives belong to one of two groups; a few to a third group.

8.1.1.1 Group 1: Adjectives ending in *-y*, *-a*, *-e* in nominative singular

Masculine	Feminine	Neuter	
duży	**duża**	**duże**	big, large
mały	**mała**	**małe**	small, little
dobry	**dobra**	**dobre**	good
zły	**zła**	**złe**	bad, wrong

dobry **student**	*mała* **dziewczynka**	*duże* **okno**
a/the good student	a/the little girl	a/the large window

8.1.1.2   Group 2: Adjectives ending in *-ki/-gi*, *-ka/-ga*, or *-kie/-gie* in nominative singular

Masculine	Feminine	Neuter	
wysoki	wysoka	wysokie	tall, high
niski	niska	niskie	short, low
polski	polska	polskie	Polish
niebieski	niebieska	niebieskie	blue
długi	długa	długie	long
drogi	droga	drogie	beloved, expensive
drugi	druga	drugie	second

niebieski płaszcz	*polska* gazeta	*drugie* muzeum
a/the blue coat	a/the Polish newspaper	a/the second museum

8.1.1.3   Group 3: A few common adjectives ending in *-i*, *-ia*, *-ie* in nominative singular

Masculine	Feminine	Neuter	
głupi	głupia	głupie	stupid, silly
tani	tania	tanie	cheap
ostatni	ostatnia	ostatnie	last, final
trzeci	trzecia	trzecie	third

trzeci dzień	*głupia* kobieta	*tanie* mięso
the third day	a/the stupid woman	cheap meat

Adjectives used predicatively decline in the same way.

Płaszcz jest *niebieski*.	The coat is blue.
Gazeta nie jest *polska*.	The newspaper is not Polish.
Muzeum jest *drogie*.	The museum is expensive.

8.1.1.4   Shortened predicative forms

A few adjectives have an alternative form of masculine singular nominative. These are:

ciekaw: ciekawy	curious	pełen: pełny	full
świadom: świadomy	aware	pewien: pewny	sure
godzien: godny	worthy	gotów: gotowy	ready
winien: winny	guilty, indebted		

wesół: wesoły	cheerful	zdrów: zdrowy	healthy
rad	happy[1]	**wart**	worth[1]

[1] No long forms exist. **Rad** (Nom. pl. **radzi**) exists only in masc. **Wart** has Nom. pl. **warci**.

Jestem *pewien*, że jesteś mi *winien* sto złotych.
I'm sure you owe me 100 złote.

Jestem *rad* że cię widzę. Bądź *zdrów* i *wesół*.
I'm thrilled to see you. Keep well and happy.

Jestem tego *świadom*, że on nie jest niczego *wart*.
I'm aware that he is not worth anything.

Notes:

1   Nouns which were originally adjectives, and the adjectival component of compound nouns, decline as adjectives (see 6.2.6 Nouns declined as adjectives).

2   Masculine nouns ending in **-a**, correctly used with masculine adjectives, look odd, e.g. *miły* **kolega** (kind friend) *drogi* **dentysta** (expensive dentist) *ostatni* **mężczyzna** (last man).

8.1.2   Nominative plural (non-men)

The nominative plural of adjectives referring to masculine objects and animals (but not men), and to all feminine and neuter nouns is exactly as the nominative neuter singular.

niebieskie **płaszcze**	blue coats	*polskie* **gazety**	Polish papers
duże **okna**	big windows		

8.1.3   Nominative plural (men)

Note: Throughout, 'men' also means mixed male/female company.

8.1.3.1   The nominative plural of adjectives referring to men ends in **-i**. Consonant alternations (as defined for the nominative plural of nouns denoting men – see 6.2.2.2.1), also occur. The ending **-oni** changes to **-eni**.

Plural Change	*Non-men*	*Men*	*Non-men*	*Men*
de = dzi	młode	mło*dzi*		
łe = li	ma*łe*	ma*li*	mi*łe*	mi*li*
	weso*łe*	wese*li*	cie*płe*	ciep*li*

cont . . .

Plural Change	Non-men	Men	Non-men	Men
ne = ni	pięk*ne*	pięk*ni*	smut*ne*	smut*ni*
	zna*ne*	zna*ni*	zmęczo*ne*	zmęcze*ni*
	bied*ne*	bied*ni*	zadowolo*ne*	zadowole*ni*
sze = si	pierw*sze*	pierw*si*	lep*sze*	lep*si*
te = ci	zaję*te*	zaję*ci*	boga*te*	boga*ci*
we = wi	cieka*we*	cieka*wi*	złośli*we*	złośli*wi*
	goto*we*	goto*wi*	no*we*	no*wi*
złe = źli	z*łe*	*źli*		
że = zi	du*że*	du*zi*		

Note: In masculine 'men' nouns, the nominative singular and plural of **tani**, **głupi** and **ostatni** are identical:

głupi syn stupid son   **głupi synowie** stupid sons
ostatni chłopiec last boy   **ostatni chłopcy** last boys

Plural Change	Non-men	Men	Non-men	Men
gie = dzy	dro*gie*	dro*dzy*	dłu*gie*	dłu*dzy*
kie = cy	pol*skie*	pol*scy*	szyb*kie*	szyb*cy*
	wyso*kie*	wyso*cy*	brzyd*kie*	brzyd*cy*
	angiel*skie*	angiel*scy*	bli*skie*	bli*scy*
re = rzy	dob*re*	dob*rzy*	sta*re*	sta*rzy*

8.1.3.2   Additionally, if sound demands, the ending is **-y**.

Note: Changes detailed in 8.1.3.1 and 8.1.3.2 above also apply to all adjective types defined below.

8.2   POSSESSIVE ADJECTIVES

8.2.1   First and second persons#

Also used pronominally.

To express 'your' formally use the genitive case of the noun, i.e. **pana** (to a man), **pani** (to a lady) and **państwa** (to several people). Only **pana** has

Singular			Plural		
Masc.	*Fem.*	*Neut.*	*Non-men*	*Men*	
mój	**moja**	**moje**	**moje**	**moi**	my, mine
twój	**twoja**	**twoje**	**twoje**	**twoi**	your(s) – *informal singular*
nasz	**nasza**	**nasze**	**nasze**	**nasi**	our, ours
wasz	**wasza**	**wasze**	**wasze**	**wasi**	your(s) – *informal plural*

an adjectival equivalent **pański, pańska, pańskie** which agrees with the following noun.

Czy to jest *pana* książka?/Czy to jest *pańska* książka?
Is this your book? [to a man]

Czy to jest *pani* książka?
Is this your book? [to a lady]

Państwo Kornasiowie, gdzie pracują *państwa* córki?
Mr. and Mrs. Kornaś, where do your daughters work?

8.2.2   Third person[#]

[#] Also used pronominally.

Because they are not real adjectives in Polish, these never change:

jego his	**jej** her	**ich** their

jego **samochód/książka/wino**	his car/book/wine
jej **samochód/książka/wino**	her car/book/wine
ich **samochód/książka/wino**	their car/book/wine
jego/jej/ich **samochody/książki/wina**	his/her/their cars/books/wines

8.2.3   Swój[#]

[#] Also used pronominally.

This is a Polish oddity. It means 'my, your, his', etc. in the sense of '(of) my own, (of) your own, (of) his own' and can also refer to persons being addressed formally. In many cases, it prevents confusion with **jego**, **jej**, **ich** above which refer to someone else.

Singular			Plural		
Masc.	*Fem.*	*Neut.*	*Non-men*	*Men*	
swój	**swoja**	**swoje**	**swoje**	**swoi**	my own, your own, his own, etc.

Mam *swój* **dom.**
I have a house of my own.

Ona przyjechała *swoim* **samochodem, a on** *swoim* **rowerem.**
She come in her (own) car and he on his (own) bicycle.

Czy Pan lubi *swoją* **pracę?**
Do you like your job?

Marek odwiedza *swojego* **brata, a nie jego brata.**
Mark is visiting his (own) brother, not his (someone else's) brother.

Dzieci nie mają *swoich* **paszportów. My mamy ich paszporty.**
The children do not have their passports. We have their passports.

8.2.4   Omission of possessive adjective

Possessive adjectives can be omitted unless required to avoid ambiguity, for example:

Córka nazywa się Magda.
My/your/his/her/our/their daughter is called Magda.

Jego córka nazywa się Magda.
His daughter is called Magda.

8.3   DEMONSTRATIVE ADJECTIVES#

Also used pronominally.

These *point out.*

Singular			Plural		
Masc.	*Fem.*	*Neut.*	*Non-men*	*Men*	
ten	**ta**	**to**	**te**	**ci**	this, these
tamten	**tamta**	**tamto**	**te**	**ci**	that, those
taki	**taka**	**takie**	**takie**	**tacy**	such

Note: **Tamten** declines as **ten** (see 8.10 Table D), with extra prefix **tam**.

8.3.1   Emphatic demonstrative 'self'

This is expressed with the adjective **sam/sama/samo**, and not with the reflexive pronoun **się**. This adjective agrees in gender, number and case with the noun or pronoun which it emphasises. Depending on context and position in the sentence, it can be translated as 'myself, yourself', etc. or as 'alone/by myself', or even as 'of one's own accord/freely'.

Ja *sam* spotkam Ciocię.
I myself will meet Auntie.

Ona *sama* narysowała obrazek.
She drew the picture herself.

***Sam* nie jesteś bogaty.**
You yourself are not rich.

***Sam* jadłem na obiad chleb.**
I myself had bread for lunch.

Na obiad jadłem *sam* chleb.
For lunch I had only bread/nothing but bread.

Pojedziemy *sami* na urlop, bez dzieci.
We will go on holiday alone, without the children.

Syn/córka/dziecko zostaje *sam/sama/samo* w domu.
The son/daughter/child stays at home by himself/herself/itself *or* alone.

On się *sam* do nas przyłączył.
He joined us himself/freely.

Oni się *sami* na to zgodzili.
They agreed to it freely.

8.3.2   Expressing 'the same'

Here **ten** and **taki** (above) combine with **sam/sama/samo**.

Ten sam	[+ **co** in comparisons]	the same (in identity)
Taki sam	[+ **jak** in comparisons]	the same (in quality, appearance, size, character)

Przyszedł *ten sam* pan/Przyszło *to samo* dziecko.
The same gentleman/child has come.

Mamy *tego samego* lekarza [co wy].
We have the same doctor [as you].

To jest *ta sama* pani, co była wczoraj.
This is the same lady who was here yesterday.

Mieszkamy od dzieciństwa w *tych samych* domach.
We have lived in the same homes since childhood.

Kupię sobie *taki sam* samochód jak ma Piotr.
I'll buy myself a car like Peter's.

Anna jest *taka sama* jak matka.
Anne is just like her mother.

Mieszkamy w *takich samych* domach jak oni.
We live in homes identical to theirs.

Nie chcę *takiego samego* swetra jak kupiłaś ojcu.
I don't want the same jumper as you bought for Dad.

8.4 DISTRIBUTIVE ADJECTIVES#

Also used pronominally.

These *select*.

Singular			*Plural*		
Masc.	*Fem.*	*Neut.*	*Non-men*	*Men*	
każdy	każda	każde	wszystkie	wszyscy	each/every, all
żaden	żadna	żadne	żadne	żadni	not one/not any, no
niektóry	niektóra	niektóre	niektóre	niektórzy	some [of a whole, or contrasted with 'others']

Każdy **pociąg staje w Krakowie.**
Every train stops in Kraków.

Wszystkie **pociągi są pospieszne.**
All the trains are fast trains.

Nie podobają mi się *żadne* sukienki.
I don't like any of these dresses.

Nie było na wesele *żadnych* Anglików.
There were no English people at the wedding.

Niektórzy **studenci zdali egzamin.**
Some of the students passed the exam.

Przeczytałem *niektóre* książki, ale nie wszystkie.
I read some of the books, but not all.

8.5   INTERROGATIVE ADJECTIVES#

Also used pronominally.

These *ask a question*. Often, the adjective is separated from its noun.

Singular			Plural		
Masc.	*Fem.*	*Neut.*	*Non-men*	*Men*	
jaki?	**jaka?**	**jakie?**	**jakie?**	**jacy?**	what like?/of what type?
który?	**która?**	**które?**	**które?**	**którzy?**	which? – *demands a choice*
czyj?	**czyja?**	**czyje?**	**czyje?**	**czyi?**	whose?

Jaki **to jest hotel? Najlepszy w Polsce.**
What is this hotel like? It's the best in Poland.

Która **to jest szkoła? Powszechna.**
Which school is this? The primary school.

Czyi **synowie i** *czyje* **córki to są?**
Whose sons and daughters are these?

Którą **on kupił książkę?**
Which book did he buy?

Note: **Jaki** in exclamations means 'What a . . . /How . . . '.

Jakie **ładne miasto!**
What a lovely town this is!/How lovely this town is!

Jakim **on jest dobrym nauczycielem!**
What a good teacher he is!

8.6   RELATIVE ADJECTIVES#

Also used pronominally.

These translate the English 'which' or 'what' followed by a noun.

Nie pamiętam, o *którym* **filmie on mówił.**
I don't remember what film he spoke about.

Wiem, *którzy* **artyści wygrali nagrodę.**
I know which artists won the prize.

8.7   INDEFINITE ADJECTIVES#

Also used pronominally.

8.7.1   'some' and 'any'

Polish has no equivalent of 'some' and 'any' (see 6.5.4.7). To emphasise 'any' use **żaden** (see 8.4 above). To clarify 'some' be more specific (e.g. 'a little/a few'); otherwise use a genitive of quantity (see 6.5 Genitive case).

Kupię sera, kawy, masła i parę bułek.
I'll buy some cheese, coffee, butter and bread rolls.

Nie sprzedają tutaj *żadnego* **sera,** *żadnej* **kawy,** *żadnego* **masła ani** *żadnych* **bułek.** [Genitive of negation.]
They do not sell any cheese, any coffee, any butter or any bread rolls here.

8.7.2   Addition of particle -ś

The particle **-ś** is added to the following adjectives in the appropriate gender, number and case to create indefinite adjectives. These can be used attributively, interrogatively or relatively.

jakiś/jakaś/jakieś	of some kind or other
któryś/któraś/któreś	whichever one, one . . . or other
czyjś/czyjaś/czyjeś	somebody's

Poznał *jakąś* **panią.**
He got to know some lady or other.

Któregoś **dnia pojadę na Węgry.**
One of these days I'll go to Hungary.

To jest czyjś list/czyjaś koperta/czyjeś pudło?
Is this somebody's letter/envelope/box?

8.7.3   'Many' and 'a few' as adverbs

'Many' and 'a few' are adverbs in Polish (see 9 Adverbs).

8.8   NUMERICAL ADJECTIVES#

Also used pronominally.

Cardinal and ordinal numerals decline as adjectives (see 12 Numerals).

8.9   SPECIAL USAGE

After verbs of looking/appearing and feeling, an adverb, not an adjective as in English, is used (see 9 Adverbs).

8.10   FULL ADJECTIVE DECLENSION

The endings taken by adjectives for the various genders and cases are shown in Tables A to F below. In Tables A to D, capitals emphasise where masculine and neuter singular are identical. Italics show where the plural is identical for all genders.

For distinction between 'alive' and 'non-alive' masculine gender see 6.2.1.1.1 Nouns.

Table A: Adjectives in **-y, -a, -e**

| | Singular | | | Plural | |
	Masc.	Fem.	Neut.	Non-men	Men
Nom.	**-y**	**-a**	**-e**	*-e*	**-i or -y**[1]
Voc.	**-y**	**-a**	**-e**	*-e*	**-i or -y**[1]
Acc.	**-y** (non-alive) use Gen. (alive)	**-ą**	**-e**	*-e*	use Gen.
Gen.	**-EGO**	**-ej**	**-EGO**	*-ych*	*-ych*
Loc.	**-YM**	**-ej**	**-YM**	*-ych*	*-ych*
Instr.	**-YM**	**-ą**	**-YM**	*-ymi*	*-ymi*
Dat.	**-EMU**	**-ej**	**-EMU**	*-ym*	*-ym*

[1] See 8.1.3 Nominative plural (men).

Table B: Adjectives in **-i, -a, -ie**

-i appears in most of the declensions. Adjectives in Group 3 (see 8.1.1.3) decline as Table B except in the feminine singular. Here the nominative and vocative end in **-ia**, the accusative ends in **-ią**.

| | Singular | | | Plural | |
	Masc.	Fem.	Neut.	Non-men	Men
Nom.	**-i**	**-a**	**-ie**	*-ie*	**-i or -y**[1]
Voc.	**-i**	**-a**	**-ie**	*-ie*	**-i or -y**[1]
Acc.	**-i** (non-alive) use Gen. (alive)	**-ą**	**-ie**	*-ie*	use Gen.
Gen.	**-IEGO**	**-iej**	**-IEGO**	*-ich*	*-ich*
Loc.	**-IM**	**-iej**	**-IM**	*-ich*	*-ich*
Instr.	**-IM**	**-ą**	**-IM**	*-imi*	*-imi*
Dat.	**-IEMU**	**-iej**	**-IEMU**	*-im*	*-im*

[1] See 8.1.3 Nominative plural (men).

Table C: Possessive adjectives **mój, twój, swój**

	Singular			Plural	
	Masc.	Fem.	Neut.	Non-men	Men
Nom.	mój	moja	moje	moje	moi
Voc.	mój	moja	moje	moje	moi
Acc.	mój (non-alive) use Gen. (alive)	moją	moje	moje	use Gen.
Gen.	MOJEGO	mojej	MOJEGO	moich	moich
Loc.	MOIM	mojej	MOIM	moich	moich
Instr.	MOIM	moją	MOIM	moimi	moimi
Dat.	MOJEMU	mojej	MOJEMU	moim	moim

Note: **Nasz** and **wasz** decline as Table A. The nominative/accusative plurals for men are **nasi** and **wasi**.

Table D: Demonstrative adjectives **ten, ta, to**

	Singular			Plural	
	Masc.	Fem.	Neut.	Non-men	Men
Nom.	ten	ta	to	te	ci
Voc.	–	–	–	–	–
Acc.	ten (non-alive) use Gen. (alive)	tę	to	te	use Gen.
Gen.	TEGO	tej	TEGO	tych	tych
Loc.	TYM	tej	TYM	tych	tych
Instr.	TYM	tą	TYM	tymi	tymi
Dat.	TEMU	tej	TEMU	tym	tym

Table E: Typical declension (singular)

	Masc.			Fem.	Neut.	
N.	dobry	polski	dom syn	dobra polska córka	dobre polskie dziecko	
V.	dobry	polski	domu synu	dobra polska córko	dobre polskie dziecko	
A.	dobry dobrego	polski polskiego	dom syna	dobrą polską córkę	dobre polskie dziecko	
G.	dobrego	polskiego	domu syna	dobrej polskiej córki	dobrego polskiego dziecka	
L.	dobrym	polskim	domu synu	dobrej polskiej córce	dobrym polskim dziecku	
I.	dobrym	polskim	domem synem	dobrą polską córką	dobrym polskim dzieckiem	
D.	dobremu	polskiemu	domowi synowi	dobrej polskiej córce	dobremu polskiemu dziecku	

Table F: Typical declension (plural)

	Non-men			Men
N.	dobre	polskie	domy córki dzieci	dobrzy polscy synowie
V.	dobre	polskie	domy córki dzieci	dobrzy polscy synowie
A.	dobre	polskie	domy córki dzieci	dobrych polskich synów
G.	dobrych	polskich	domów córek dzieci	dobrych polskich synów
L.	dobrych	polskich	domach córkach dzieciach	dobrych polskich synach
I.	dobrymi	polskimi	domami córkami dziećmi	dobrymi polskimi synami
D.	dobrym	polskim	domom córkom dzieciom	dobrym polskim synom

8.11   ADJECTIVAL PARTICIPLES

Polish has three adjectival participles – present active, present passive and past passive. As in English, they are often used instead of a relative clause starting with 'who/which', for example:

Pan czekający ... /Pan który czeka ...
The gentleman [who is] waiting ...

Piosenki pamiętane ... /Piosenki które ktoś pamięta ...
The songs [which are] being remembered by someone ...

Okno zamknięte ... /Okno które ktoś zamknął ...
The window [which was] shut by someone ...

All adjectival participles decline as ordinary adjectives. Like adjectives, they have two plural forms; one (ending in **-e**) for 'non-men' nouns, the other (ending in **-i** or **-y**) for 'men' nouns.

8.11.1   Present adjectival participle (active) – imperfective verbs only

This participle translates '-*ing*'.

It is very frequently used in Polish. All adjectives ending in **-ący**, e.g. **lśniący**, **błyszczący**, **bieżący**, are, in fact, such participles.

To form: Add the adjectival endings shown below to the present participle of the verb. The verb can be reflexive. Imperfective verbs of motion which have determinate and indeterminate forms, therefore have two such participles.

Present participle		*Adjectival part. sing.* *Masc./Fem./Neut.*	*Adjectival part. plural* *Non-men*	*Men*
czytając	reading	czytający/a/e	czytające	czytający
słuchając	listening	słuchający/a/e	słuchające	słuchający
bawiąc się	playing	bawiący/a/e się	bawiące się	bawiący się
śmiejąc się	smiling	śmiejący/a/e się	śmiejące się	smiejący się
idąc	walking, going	idący/a/e	idące	idący [deter.]
chodząc	walking, going	chodzący/a/e	chodzące	chodzący [indeter.]
lecąc	flying	lecący/a/e	lecące	lecący [deter.]
latając	flying	latający/a/e	latające	latający [indeter.]

Widzę chłopca *słuchającego* radia.
I see a boy (who is) listening to the radio.

Widziałem chłopca *słuchającego* radia.
I saw a boy (who was) listening to the radio.

Dzieci *bawiące się* tutaj są małe.
The children (who are) playing here are little.

Ludzie *idący* do kina rozmawiali.
People (who were) going to the cinema were chatting.

Ludzie *chodzący* do kina lubią filmy.
People who regularly go to the cinema like films.

***Lecący* samolot jest/był francuski.**
The plane (which is/was) flying past is/was French.

Nie lubię *latających* much w kuchni.
I don't like flies (which keep) flying around the kitchen.

8.11.2 Present adjectival participle (passive) – imperfective verbs only

This participle translates '*being*'.

These participles are usually regarded as ordinary adjectives, e.g. **kochany, lubiany**.

To form: Remove **ć** from the infinitive. Add **any/ana/ane** for the singular, **ane/ani** for the plural. Some irregular forms occur.

Infinitive	Adjectival part. sing. Masc./Fem./Neut.	Adjectival part. plural Non-men/Men	
sprzedawać	sprzedawany/a/e	sprzedawane/ani	being sold
lubić	lubiany/a/e	lubiane/ani	being liked
robić	robiony/a/e [irreg.]	robione/–	being made
przypominać	przypominany/a/e	przypominane/ani	being recalled
widzieć	widziany/a/e	widziane/ani	being seen
pić	pity/a/e	pite/–	being drunk
jeść	jedzony/a/e	jedzone/–	being eaten
kochać	kochany/a/e	kochane/ani	being loved

Odzież *sprzedawana* **tam jest tania.**
The clothes (being) sold there are cheap.

Chleby *jedzone* **i wina** *pite* **tutaj ...**
Bread (being) eaten and wines (being) drunk here ...

8.11.3 Past adjectival participle (passive) – perfective verbs only

This participle translates '*who/which/that has/had been*'.

Many of these participles are commonly regarded as ordinary adjectives, e.g. **ukochany, strzeżony, zadowolony, zmęczony, otwarty, zamknięty**.

8.11.3.1 *Verbs ending in* **-ać/-eć**

To form: Remove **ć/eć** respectively, from the infinitive. Add **any/ana/ane** for the singular, **ane/ani** for the plural.

Infinitive	Adjectival part. sing. Masc./Fem./Neut.	Adjectival part. plural Non-men/Men	
złamać	złamany/a/e	złamane/–	broken
spakować	spakowany /a/e	spakowane/–	packed, wrapped up
usłyszeć	usłyszany/a/e	usłyszane/ani	heard
zapomnieć	zapomniany/a/e	zapomniane/ani	forgotten
powiedzieć	powiedziany/a/e	powiedziane/–	said

Mikołaj ma *złamaną* **nogę.**
Nicholas has a broken leg.

Wysłała *spakowaną* **paczkę.**
She sent the parcel which had been wrapped up.

Co to? *Zapomniany* **list?**
What's this? A forgotten letter?

Nie pamiętam *powiedzianych* **słów.**
I don't remember the words which were said.

8.11.3.2   Verbs ending in -ić/-yć

To form: Remove **ć/yć** respectively, from the infinitive. Add **ony/ona/one** for the singular, **one/eni** for the plural.

Infinitive	Adjectival part. sing. Masc./Fem./Neut.	Adjectival part. plural Non-men/Men	
zgubić	zgubiony/a/e	zgubione/eni	lost
przemoczyć	przemoczony/a/e	przemoczone/eni	soaked, soaking wet

Szukam *zgubionego* **ołówka.**
I'm looking for the pencil I have lost.

Ci ludzie są *przemoczeni.* **Mają** *przemoczone* **płaszcze i buty.**
These people are soaked. They have soaking coats and shoes.

Note: **Otworzyć** (to open) has the irregular past adjectival participle **otwarty**.

8.11.3.3   Verbs ending in -ść with d or t in first person singular

This is a small group.
To form: Remove **ść** from the infinitive. Add **dziony/dziona/dzione** for the singular, **dzione/dzeni** for the plural. **c** sometimes occurs instead of **dz**.

Infinitive	Adjectival part. sing. Masc./Fem./Neut.	Adjectival part. plural Non-men/Men	
skraść	skradziony/a/e	skradzione/skradzeni	stolen
pognieść	pognieciony/a/e	pogniecione/pognieceni	creased

Nie interesuję się *skradzionymi* **samochodami.**
I'm not interesed in stolen cars.

Znalazłem *pognieciony* **list.**
I found a crumpled letter.

8.11.3.4   Verbs ending in -źć

This is a small group.
To form: Remove **źć** from the infinitive. Add **ziony/ziona/zione** for the singular, **zione/zieni** for the plural.

Infinitive	Adjectival part. sing. Masc./Fem./Neut.	Adjectival part. plural Non-men/Men	
znaleźć	znaleziony/a/e	znalezione/znalezieni	found
zawieźć	zawieziony/a/e	zawiezione/zawiezieni	transported

Pokaż mi *znalezione* **banknoty.**
Show me the bank notes which were found.

8.11.3.5   Verbs ending in -ąć/-nąć

To form: Remove **ąc/nąc** from the infinitive. For **-ąć** verbs add **ęty/ęta/ęte** for the singular, **ęte/ęci** for the plural. For **-nąć** verbs add **ięty/ięta/ięte** for the singular, **ięte/ięci** for the plural.

Infinitive	Adjectival part. sing. Masc./Fem./Neut.	Adjectival part. plural Non-men/Men	
zacząć	zaczęty/a/e	zaczęte/–	started
wziąć	wzięty/a/e	wzięte/wzięci	taken
krzyknąć	krzyknięty/a/e	krzyknięte/–	shouted out
zamknąć	zamknięty/a/e	zamknięte/zamknięci	closed
zmoknąć	zmoknięty/a/e	zmoknięte/zmoknięci	soaked

Praca *zaczęta* **rano ...**	Work started in the morning ...
Chłopcy *wzięci* **do parku ...**	The boys taken to the park ...
Słowa *krzyknięte* **na ulicy ...**	Words shouted in the street ...

8.11.3.6   Verbs ending in -ić/-yć/-uć with j occurring in future tense

This is a small group.
To form: Remove **ć** from the infinitive. Add **ity/ita/ite** for the singular, **ite/ici** for the plural.

Infinitive	Future (1st sing.)	Adjectival part. sing. Masc./Fem./Neut	Adjectival part. plural Non-men/Men	
pobić	pobiję	pobity/a/e	pobite/pobici	beaten
wypić	wypiję	wypity/a/e	wypite/–	drunk
zabić	zabiję	zabity/a/e	zabite/zabici	killed
przeżyć	przeżyję	przeżyty/a/e	przeżyte/–	experienced
umyć	umyję	umyty/a/e	umyte/umyci	washed
uszyć	uszyję	uszyty/a/e	uszyte/–	sewn
poczuć	poczuję	poczuty/a/e	poczute/–	felt, smelt

Zapach *poczuty* **w pokoju ...**
The perfume smelt in the room ...

Suknia *uszyta* **przez matkę ...**
The dress sewn by mother ...

Wino *wypite* **na wesele ...**
The wine drunk at the wedding ...

Więźniowie *zabici* **w czasie wojny ...**
Prisoners killed during the war ...

8.11.4 Special past adjectival participle (passive) in **-o**

If the agent of an action is irrelevant (e.g. in a news report/historical account etc.), a special third person singular form of past adjectival participle (passive) ending in **-o** can be used to express the passive (see 5.3.3.)

8.12 COMPARATIVE: -SZY FORM

Comparison expresses the degree of a trait, e.g. 'big: bigger'. The masculine singular of most comparative adjectives ends in **-szy** (as shown in this section). For feminine and neuter singular the normal endings, **-sza** and **-sze** respectively, apply. The plural ending for all genders is **-sze**, except for 'men' where it is **-si**.

Notes:

1 Adjectives ending in **-i/ia/ie**, indicated with an asterisk in 8.12.1, lose the **-i** in the feminine and neuter. In the masculine the **-i** changes to **-y**.

2 For vowel and consonant alternations (changes) see 2 Pronunciation.

8.12.1 Adjectives with ending preceded by one consonant or (rarely) an easily pronounced consonant group

8.12.1.1 Normally, these add -sz before the ending:

Positive	Comparative	Positive	Comparative
nowy	**nowszy**	**gruby**	**grubszy**
new	newer	fat	fatter
stary	**starszy**	**młody**	**młodszy**
old	older	young	younger
twardy	**twardszy**	**prosty**	**prostszy**
hard	harder	straight	straighter
częsty	**częstszy**	**cichy**	**cichszy**
frequent	more frequent	quiet	quieter
lichy	**lichszy**	***głupi**	**głupszy**
scant	scanter	stupid	more stupid

8.12.1.2 Adjectives in -ki/-gi, -oki/-ogi and -eki drop these endings before adding -szy/-sza/-sze:

krótki	short	**krótszy**	shorter
daleki	far	**dalszy**	further
szeroki	wide	**szerszy**	wider

ciężki	heavy	cięższy	heavier
głęboki	deep	głębszy	deeper

8.12.1.3 *Some adjectives soften a hard stem consonant before adding -sz. In some cases the preceding vowel (also) changes (a/o to e, or ą to ę):*

Change		Positive		Comparative	
g becomes	ż	długi	long	dłuższy	longer
		drogi	dear	droższy	dearer
		ubogi	poor	uboższy	poorer
n	ń	tani	cheap	tańszy	cheaper
ł	l	miły	pleasant	milszy	more pleasant
		wspaniały	wonderful	wspanialszy	more wonderful
a/o	e	biały	white	bielszy	whiter
		wesoły	cheerful	weselszy	more cheerful
		blady	pale	bledszy	paler
ą	ę	wąski	narrow	węższy	narrower
		gorący	hot	gorętszy	hotter

8.12.2 Adjectives with ending preceded by more than one consonant

These add **-ejsz** before the ending. The consonant preceding **-ejsz** is also softened. This usually results in **-ejsz** becoming **-iejsz**.

Positive	Comparative	Positive	Comparative
ładny	**ładniejszy**	**biedny**	**biedniejszy**
nice	nicer	poor	poorer
wolny	**wolniejszy**	**piękny**	**piękniejszy**
slow	slower	lovely	lovelier
łatwy	**łatwiejszy**		
easy	easier		

However, hard consonants are also often softened. Note that **ć** then changes further to **ci**:

Change		Positive		Comparative	
ł becomes	l	ciepły	warm	cieplejszy	warmer
r	rz	ostry	sharp	ostrzejszy	sharper
st	ść	czysty	clean	czyściejszy	cleaner
t	ć	tłusty	fatty	tłuściejszy	fattier

8.12.3   Irregular

Positive	*Comparative*	*Positive*	*Comparative*
dobry	**lepszy**	**zły**	**gorszy**
good	better	bad, wrong	worse
duży, wielki	**większy**	**mały**	**mniejszy**
big	bigger	small	smaller
bliski	**bliższy**	**niski**	**niższy**
near	nearer	low, short	lower, shorter
wysoki	**wyższy**	**lekki**	**lżejszy**
high, tall	higher, taller	light	lighter
cienki	**cieńszy**	**mądry**	**mądrzejszy** (rarely
thin	thinner	clever	**mędrszy**)
			more clever

Table G: Typical comparison with **-szy**

Singular

Masc. (Non-men)	*Fem.*	*Neut.*
młodszy **pies**	**młod**sza **córka**	**młod**sze **dziecko**
younger dog	younger daughter	younger child

Singular
Masc. (Men)
młodszy **lekarz/człowiek/brat**
younger doctor/person/brother

Plural
Non-men

młodsze **psy**	**młod**sze **córki**	**młod**sze **dzieci**
younger dogs	younger daughters	younger children

Plural
(Men)
młodsi **lekarze/ludzie/bracia**
younger doctors/people/brothers

8.13   COMPARATIVE: OTHER FORMS

8.13.1   **Bardziej** (more) and **najbardziej** (most)

Comparison with **bardziej** and **najbardziej** (its superlative) is rare. It occurs mainly in long or infrequently-used adjectives and in adjectives preceded by the negative particle **nie**.

Positive		Comparative	
interesujący	interesting	*bardziej* **interesujący**	more interesting
leniwy	lazy	*bardziej* **leniwy**	lazier
niebezpieczny	dangerous	*bardziej* **niebezpieczny**	more dangerous

Table H: Comparison with **bardziej**

	Singular		
	Masc. (Non-men)	*Fem.*	*Neut.*
bardziej +	**leniwy pies**	**leniwa córka**	**leniwe dziecko**
	lazier dog	lazier daughter	lazier child

	Singular
	Masc. (Men)
bardziej +	**leniwy lekarz/człowiek/brat**
	lazier doctor/person/brother

Plural

(Non-men)	*(Men)*
bardziej + **leniwe psy/córki/dzieci**	**leniwi lekarze/ludzie/bracia**
lazier dogs/daughters/children	lazier doctors/people/brothers

8.13.2   Mniej (less) and najmniej (least)

Comparison with **mniej** and **najmniej** (its superlative) does occur. But, as in English, the Poles more often use the comparative of the opposite adjective.

Positive		Comparative	
uparty	stubborn	*mniej* **uparty**	less stubborn
gorzki	bitter	*mniej* **gorzki**	less bitter
tani	cheap	**droższy**	more expensive
		rather than **mniej tani**	less cheap

8.13.3   Niż (than)

The conjunction **niż** is followed by the nominative case of the noun/pronoun. Alternatively, use the preposition **od** (from) followed by the genitive case. **Od** changes to **ode** before the pronoun **mnie** (me). Only **niż** can be used if 'than' is not followed by a noun/pronoun.

Ona jest mądrzejsza *niż* **Tomasz/***niż* **ja.**
Ona jest mądrzejsza *od* **Tomasza/***ode* **mnie.**
She is cleverer than Thomas/than I.

W Warszawie budują lepsze domy *niż* **w Krakowie/***niż* **tutaj.**
They build better houses in Warsaw than in Kraków/than here.

8.13.4   Coraz (more and more/less and less)

This requires the comparative of the adjective. If used with the opposite adjective, **coraz** means 'less and less'.

Danuta jest *coraz piękniejsza.*
Danuta is more and more beautiful.

To kino pokazuje *coraz gorsze* **filmy.**
This cinema shows worse and worse films.

Nie bądź *coraz głupszy*!
Don't be more and more stupid/less and less intelligent!

Dzieci są *coraz bardziej niemiłe.*
Children are less and less sweet.

8.13.5   O wiele (much/far more, far . . . -er)

This requires the comparative of the adjective. A 'than' phrase can be added.

Rower jest *o wiele tańszy* **niż samochód.**
A bike is much cheaper than a car.

Anna jest piękna, ale Dorota *o wiele piękniejsza.*
Anne is pretty but Dorothy much prettier.

8.13.6   Im . . . tym (the . . . the)

Use the conjunction **im . . . tym** followed by the comparative of both adjectives.

Im grubszy **kupisz papier,** *tym lepszy* **on będzie.**
The thicker the paper you buy, the better it will be.

Im szybszy **pociąg,** *tym droższy* **bilet.**
The faster the train, the dearer the ticket.

8.14   SUPERLATIVE: **NAJ-** FORM

To form the superlative add **naj-** before the comparative of the adjective. Adjectives forming the comparative with **bardziej** and **mniej** use **najbardziej** and **najmniej**.

Comparative	*Superlative*	*Comparative*	*Superlative*
dłuższy	*naj*dłuższy	ładniejszy	*naj*ładniejszy
lepszy	*naj*lepszy	większy	*naj*większy
bardziej słodki	*najbardziej* słodki	mniej interesujący	*najmniej* interesujący

najlepszy pociąg/najlepsza książka/najlepsze nazwisko
the best train/book/surname

najlepsi profesorowie/kierowcy/lekarze
the best teachers/drivers/doctors

8.15 SUPERLATIVE: OTHER FORMS

8.15.1 Ze wszystkich (of all)

This emphasises the superlative adjective which precedes it.

Ola stała się *najlepszą* nauczycielką *ze wszystkich*.
Ola became the best teacher of all.

To jest *najtańszy* ser *ze wszystkich*.
This is the cheapest cheese of all.

8.15.2 Jak (as . . . as possible)

Jak is followed by the superlative of the adjective.

Wybierz *jak najładniejszą* kartkę.
Choose the nicest card you can.

Pojadę *jak najszybszym* pociągiem.
I'll go on the fastest possible train.

Znalazł sobie *jak najlżejszą* pracę.
He found himself the easiest job possible.

8.16 ADJECTIVE FORMATION

Adjectives can be formed from other adjectives, verbs or nouns (most often), or by adding the particle **nie**. Compound adjectives arise from two or more words.

8.16.1 With nie ('un-/im-/in-')

Many adjectives form opposites with 'nie' :

bezpieczny	safe	*nie***bezpieczny**	unsafe
cierpliwy	patient	*nie***cierpliwy**	impatient
dawny	of long ago	*nie***dawny**	recent
szczęśliwy	lucky	*nie***szczęśliwy**	unlucky
wielki	large	*nie***wielki**	not large, smallish

8.16.2   From adjectives

ciepły, cieplutki, ciepluteńki, cieplusienki
mały, malutki, maleńki, malusienki

For details see 6.2.9 Diminutives.

8.16.3   From verbs

The suffix **-ny/na/ne** or, less often, **-lny/lna/lne** is added to the verb stem:

jadać	eat [Imperf.]	**pokój jada***lny*	dining room
sypiać	sleep [Imperf.]	**pokój sypia***lny*	bedroom
dziwić się	be amazed	**dziw***na* **kobieta**	an odd woman
wyrazić	express	**głos wyraź***ny*	clear voice
czynić	do, function	**bank czyn***ny*	bank which is open
ubezpieczyć	make safe	**podróż bezpiec***zna*	safe journey

8.16.4   From nouns

Adjectives can be formed from countries, towns, districts, geographical features and from ordinary nouns. The most commonly-used suffixes here are **-ski/-cki/-dzki**, **-owy**, **-ny**, **-czny** and **-ijny/-yjny** but many others are also used. Adjectives formed from nouns usually stand after the nouns which they qualify.

When a suffix is added, nouns ending in a vowel lose the ending. Nouns in **-ek** lose the **e** (e.g. **zabytek: zabytkowy**). Nouns with **ó** as the last stem vowel often change it to **o** (e.g. **naród: narodowy**) or mutate it (e.g. **kościół: kościelny**). An extra **e** is added after hard-to-say consonant groups. Consonant changes which facilitate pronunciation may occur before the suffix.

8.16.4.1   Adjectives in -ski/-cki/-dzki

8.16.4.1.1   Nouns ending in **b**, **p**, **f**, **r**, **l**, **m**, **w** (and possibly a vowel) have no consonant changes:

baba – babski	Rzym – rzymski	chłop – chłopski
góral – góralski	myśliwy – myśliwski	Warszawa – warszawski
góra – górski	tatar – tatarski	Kraków – krakowski

8.16.4.1.2   Nouns ending in **n** (and possibly a vowel) change **n** to **ń**:

cygan – cygański   Platon – platoński   huligan – huligański
pan – pański   Grodno – grodzieński   Japonia – japoński
Zakopane – zakopański   Wilno – wileński   Dania – duński

8.16.4.1.3   Nouns ending in **rz** (and possibly a vowel) change **rz** to **r**:

morze – morski   lekarz – lekarski   malarz – malarski
marynarz – marynarski   żeglarz – żeglarski   żołnierz – żołnierski

8.16.4.1.4   Nouns ending in **ł** (and possibly a vowel) change **ł** to **l**:

admirał – admiralski   generał – generalski   poseł – poselski

8.16.4.1.5   Endings **g**, **ch**, **c**, **s**, **sz**, **z**, **ż**, **szcz**, **śl**, **rg**, **rk** (and possibly a vowel) have been simplified:

Praga – praski   Marzysz – marzyski   Włoch – włoski
Norwegia – norweski   Kalisz – kaliski   Czech – czeski
Nowy Targ – nowotarski   Sas – saski   Wałbrzych – wałbrzyski
Malbork – malborski   Śląsk – śląski   Francuz – francuski
Tomyśl – tomyski   szewc – szewski   Kaukaz – kaukaski
Przemyśl – przemyski   mąż – męski   Bydgoszcz – bydgoski

8.16.4.1.6   Nouns ending in **c**, **ć**, **cz**, **ce**, **k**, **t** (and possibly a vowel) add **cki**:

elegancja – elegancki   akademik – akademicki   protestant –
Kielce – kielecki   katolik – katolicki   protestancki
Katowice – katowicki   Bałtyk – bałtycki   Szkot – szkocki
Nowy Sącz – nowosądecki   Białystok – białostocki literat – literacki
                                                     Nowa Huta –
                                                         nowohucki

8.16.4.1.7   Nouns ending in **d**, **dz**, **dź**, **dż**, **dt** (and possibly a vowel) add **dzki**:

Szwed – szwedzki   inwalida – inwalidzki   Dobrudża – dobrudzki
sąsiad – sąsiedzki   ludzie – ludzki   Łódź – łódzki
wojewoda – wojewódzki   Sieradz – sieradzki   Neustadt – neustadzki

8.16.4.2   Adjectives in **-owy**

czekolada – czekoladowy   miód – miodowy   świat – światowy
jabłko – jabłkowy   naród – narodowy   tęcza – tęczowy
kolej – kolejowy   pole – polowy   wieczór – wieczorowy
kolor – kolorowy   róża – różowy   zabytek – zabytkowy

8.16.4.3   Adjectives in *-ny*

barwa – barwny
bieda – biedny
cenna – bezcenny
kościół – kościelny

krew – krewny
kuchnia – kuchenny
lato – letni
pismo – pisemny

północ – północny
srebro – srebrny
szkoła – szkolny
wiosna – wiosenny

8.16.4.4   Adjectives in *-czny*

alergia – alergiczny
biblioteka – biblioteczny

ciotka – cioteczny

ekonomia – ekonomiczny
matematyka –
    matematyczny
ręka – ręczny

słońce – słoneczny
święto – świąteczny

ulica – uliczny

8.16.4.5   Adjectives in *-ijny/-yjny*

biblia – biblijny
wigilia – wigilijny

edukacja – edukacyjny
konferencja – konferencyjny

wakacje – wakacyjny
kuracja – kuracyjny

8.16.4.6   Adjectives with other endings

owny/ywny
cud – cudowny
efekt – efektowny
ryzyko – ryzykowny
agresja – agresywny
intensywność – intensywny

asty/isty/ysty
kolec – kolczasty
liść – liściasty
spad – spadzisty
puch – puszysty

(l)iwy/ywy/aty/ity
leń – leniwy
szczęście – szczęśliwy
kudły – kudłaty
znak – znakomity
robak – robaczywy

8.16.5   Compound adjectives

Only the last part of the compound shows gender, number and case endings.

8.16.5.1   Adjectives pertaining to periods of time and ages are formed with numerals plus suffixes:

-letni (years)
ośmioletni syn
dwuletnia roślina
czteroletnie studia
stuletnie drzewo
dwudziestojednoletni
    pan
tysiącletnia przeszłość

-roczny (one year)
jednoroczne dziecko
jednoroczna krowa

-dniowy (daily)
trzydniowa wycieczka

-miesięczny (monthly)
trzymiesięczna gazeta
sześćmiesięczny kurs

-tygodniowy (weekly)
dwutygodniowe
    wakacje

8.16.5.2   Numerical prefixes can be added to form adjectives:

jedno-	dwu-	trzy-	cztero-
jednoosobowy	dwujęzyczny	trzypiętrowy	czterogodzinny
jednoczesny	dwukrotny	trzylistny	czterobarwny
jednomyślny	dwuręczny	trzycyfrowy	czterostronny
jednoznaczny	dwurzędowy	trzytomowy	czteroboczny

8.16.5.3   In hyphenated adjectives all parts are equally important. 'And' is implied. The last adjective agrees with the noun.

angielsko-polska umowa   bialo-czerwono-zielona chorągiew
północno-wschodnie góry   przemysłowo-rolniczy kraj

8.16.5.4   Both parts are written together if the first part describes the second:

jasnoniebieska sukienka   ciemnoróżowe kwiaty słonogorzki smak
południowoniemieckie miasto krótkofalowe radio   długowłosa kobieta

8.16.5.5   Both parts are written separately if the first part is an adverb qualifying the following participle or adjective:

dziko rosnący kwiat
jednakowo brzmiące
  słowa
cicho pisząca maszyna
łatwo strawne potrawy
krótko trwający film
ogólnie przyjęty
  zwyczaj
wiecznie młody pan
dawno zapomniana
  pieśń

swieżo malowany
  dom
wysoko kwalifikowany
  pan
nowo otwarta szkoła
ciężko chory pacient
blisko spokrewnieni
  ludzie
czysto naukowy cel
średnio zamożna pani

lśniąco biała farba
trudno czytelny list
lekko ranny żołnierz
trudno zapalne
  drzewo
daleko idący wniosek
ostro zakończony
  drut
często spotykany
  problem

But:

nowomodny taniec   starodawny zwyczaj   krótkookresowa oferta
nowolacińskie słowo   staropolska kuchnia
dalekowzroczy człowiek   bliskozachodni kraj

Note: Usually written together are: **krótko, długo**[1], **staro**.
Usually written separately are: **ciężko, trudno, łatwo, lekko**.

[1] Usage has led to standardisation. In the case of **długo** this sometimes contradicts sense, e.g. **długogrający, długotrwały**.

9 ADVERBS

9.1 REGULAR

Most adverbs are made from the corresponding adjective. The adjective ending **-y/-i** is replaced by **-o** or, less often, by **-ie**. Adverbs made from adjectives ending in **-ki/gi** usually end in **-o**. An **s** before **-nie** is softened to **ś**.

Note: Many adverbs are used in the construction of compound adjectives (see 8.16.5).

Adjective	Adverb	Adjective	Adverb
brzydki (ugly)	**brzydko** (not nicely)	**lekki** (light)	**lekko** (lightly)
ciężki (heavy)	**ciężko** (heavily)	**miły** (pleasant)	**miło** (pleasantly)
częsty (freqent)	**często** (freqently)	**późny** (late)	**późno** (late)
długi (long)	**długo** (long)	**rzadki** (rare)	**rzadko** (rarely)
drogi (expensive)	**drogo** (expensively)	**szybki** (quick)	**szybko** (quickly)
głupi (stupid)	**głupio** (stupidly)	**tani** (cheap)	**tanio** (cheaply)
krótki (short)	**krótko** (short, not long)	**trudny** (difficult)	**trudno** (with difficulty)
łatwy (easy)	**łatwo** (easily)	**wolny** (slow)	**wolno** (slowly)
ładny (nice)	**ładnie** (nicely)	**piękny** (beautiful)	**pięknie** (beautifully)
pewny (sure)	**pewnie** (surely)	**wyraźny** (clear)	**wyraźnie** (clearly)
wczesny (early)	**wcześnie** (early)	**własny** (own)	**właśnie** (precisely)

9.2 IRREGULAR

Notice the consonant alternations (changes) caused by the addition of the ending **-e**.

Adjective	Adverb	Adjective	Adverb
dobry (good)	**dobRZe** (well)	**mądry** (wise)	**mądRZe** (wisely)
duży (big)	**dużo/wiele** (much/many)	**zły** (bad, wrong)	**źLe** (badly,wrongly)
mały (small)	**mało** (little, few)		

Dużo is used before non-countable nouns, **wiele** before plural nouns, **mało** before any noun. The noun is in the genitive case. All three adverbs can be used alone (with implied noun).

Mam *dużo* **masła i** *wiele* **bułek.**
I have a lot of butter and many rolls.

Było *mało* **wina ale też** *mało* **ludzi.**
There was little wine but there were also few people.

Nie kupuj chleba. Mam za *dużo*. Jajek mam *mało*.
Don't buy bread. I have too much. I have few eggs.

9.3 SPECIAL USAGE

After verbs of looking/appearing and feeling, an adverb, not an adjective as in English, is used.

Piotr wygląda *młodo/staro*.
Peter looks young/old.

Czułem się *wesoło/smutno/dobrze/źle*.
I felt happy/sad/well/ill.

W domu było *ciepło/gorąco/chłodno/zimno*.
It was warm/hot/cool/cold in the house.

9.4 COMPARATIVE: -EJ/-IEJ FORM

9.4.1 Adverbs ending in -e/-ie

These cause no problems. Simply add **-j** to the positive.

Positive		*Comparative*	
ładnie	nicely	**ładnie*j***	more nicely
mądrze	wisely	**mądrze*j***	more wisely
odważnie	bravely	**odważnie*j***	more bravely
pięknie	beautifully	**pięknie*j***	more beautifully
pewnie	surely	**pewnie*j***	more surely
wcześnie	early	**wcześnie*j***	earlier

Jutro ojciec wróci wcześniej.
Father will return earlier tomorrow.

Maciej prowadził samochód coraz pewniej.
Maciej drove more and more competently.

Nadal nie zachowuje się mądrzej.
He still doesn't act any more sensibly.

9.4.2 Adverbs ending in -o/-io (but not in -ko/-eko/-oko)

The comparative is formed by replacing the positive adverbial ending **-o** with **-ej**, e.g. **tanio** becomes **taniej**. In most cases, **-ej** positioned after a hard consonant results in the consonant being (a) softened by the addition of an **i** or (b) replaced by a soft consonant.

9.4.2.1 Consonant softened by addition of *i*

This usually occurs in the presence of the letters **b**, **p**, **n**, **m**, **w**, **c**, **s**, **z**.

Positive		*Comparative*	
słabo	weakly	**słab*iej***	more weakly
wolno	slowly	**woln*iej***	more slowly
późno	late	**późn*iej***	later
mocno	firmly	**mocn*iej***	more firmly
trudno	with difficulty	**trudn*iej***	with more difficulty
łatwo	easily	**łatw*iej***	more easily
smutno	sadly	**smutn*iej***	more sadly
zimno	coldly	**zimn*iej***	more coldly

Trzeba mocniej nacisnąć. You need to press harder.
W pokoju było coraz zimniej. It grew increasingly colder in the room.
Wiatr wieje już słabiej. The wind is blowing with less force now.

9.4.2.2 Hard consonant replaced by soft consonant

Positive	*Comparative*		*Positive*	*Comparative*	
ł becomes **l**			**d** becomes **dz**		
ciepło	**ciep*l*ej**	more coldly	**młodo**	**mło*dz*iej**	younger (in appearance, actions)
miło	**mi*l*ej**	more pleasantly	**twardo**	**twar*dz*iej**	harder
wspaniało	**wspania*l*ej**	more superbly			
g becomes **ż**			**r** becomes **rz**		
drogo	**dro*ż*ej**	more expensively	**staro**	**star*z*ej**	older (in appearance, actions)
długo	**dłu*ż*ej**	longer	**ostro**	**ost*rz*ej**	more sharply
ubogo	**ubo*ż*ej**	more poorly			
t becomes **c**			**ch** becomes **sz**		
prosto	**pro*ś*ciej**	straighter, more plainly (speech)	**cicho**	**ci*sz*ej**	more quietly
często	**czę*ś*ciej**	more often	**licho**	**li*sz*ej**	more scantily

Adam wygląda młodziej od Andrzeja.
Adam looks younger than Andrew.

Proszę mówić prościej.
Please speak more plainly.

9.4.3   Adverbs ending in **-ko/-eko/-oko**

As well as incurring the softening changes in 9.4.2.1 and 9.4.2.2 above, adverbs ending in **-ko/-eko/-oko** also drop their endings before adding **-ej**.

Positive	*Comparative*		*Positive*	*Comparative*	
blisko	**bliżej**	nearer, more closely	**nisko**	**niżej**	lower, further down
brzydko	**brzydziej**	more unpleasantly	**prędko**	**prędzej**	faster
ciężko	**ciężej**	more heavily	**rzadko**	**rzadziej**	less frequently
daleko	**dalej**	further	**szeroko**	**szerzej**	more widely
głęboko	**głębiej**	more deeply	**wysoko**	**wyżej**	higher, further up

Podszedł bliżej do dziecka.
He drew nearer to the child.

Zostałem tam krócej niż zamierzałem.
I stayed there for less time than I had planned.

Ceny podskoczyły wyżej.
Prices jumped higher.

9.5   COMPARATIVE: IRREGULAR

Positive	*Comparative*	*Positive*	*Comparative*
bardzo	**bardziej**	**mało**	**mniej**
very	more	little	less, fewer
dobrze	**lepiej**	**szybko**	**szybciej**
well	better		faster
dużo	**więcej**	**wąsko**	**węziej**
much, many	more		more narrowly
gorąco	**goręcej**	**wesoło**	**weselej**
	more hotly		more cheerfully
krótko	**krócej**	**źle**	**gorzej**
	(for) shorter (period)		more badly, worse
lekko	**lżej**		
	more lightly		

Więcej and **mniej** are used before nouns or alone (with implied noun). The noun is in the *genitive* case.

Kupię *mniej* **masła i** *więcej sera.*
I'll buy less butter and more cheese.

Było *mniej* **kobiet ale** *więcej* **dzieci.**
There were fewer women but more children.

Masz tylko tyle pieniędzy? Nie *więcej?*
You have only this much money? No more?

9.6   COMPARATIVE: OTHER FORMS

9.6.1   **Bardziej** (more) and **najbardziej** (most)

Comparison with **bardziej** and **najbardziej** (its superlative) is rare. It occurs mainly in long and infrequently-used adverbs. Generally, if the adjective forms its comparative and superlative in this way, so does the adverb.

Positive	*Comparative*	
interesująco	**BARDZIEJ interesująco**	more interestingly
leniwie	**BARDZIEJ leniwie**	more lazily
niebezpiecznie	**BARDZIEJ niebezpiecznie**	more dangerously

Bardziej and **mniej** (see 9.6.2) and their superlatives **najbardziej** and **najmniej** are often used alone.

> **Ta sukienka jej się** *bardziej/mniej* **podobała.**
> She liked this dress more/less.

> *Najbardziej/najmniej* **chciałbym mieszkać w Anglii.**
> I'd like to live in England most/least.

9.6.2   **Mniej** (less) **najmniej** (least)

Comparison with **mniej** and **najmniej** (its superlative) does occur. But, as in English, the comparison of the opposite adverb is more common.

Positive	*Comparative*	
bezpiecznie	**MNIEJ bezpiecznie**	
tanio	**drożej**	*rather than* **mniej tanio**
młodo	**starzej**	*rather than* **mniej młodo**

9.6.3   **Niż** (than)

The conjuction **niż** is followed by the nominative case of the noun/pronoun. Alternatively, use the preposition **od** (from) followed by the genitive case. **Od** changes to **ode** before the pronoun **mnie** (me). Only **niż** can be used if 'than' is not followed by a noun/pronoun.

> **Pracuje tutaj dłużej** *niż* **Franek/***niż* **ja.**
> **Pracuje tutaj dłużej** *od* **Franka/***ode* **mnie.**
> He has worked here longer than Frank/than I.

> **W Warszawie lepiej budują domy** *niż* **w Krakowie/***niż* **tutaj.**
> They build houses better in Warsaw than in Kraków/than here.

> **Pracuję nie mniej** *niż* **osiem godzin.**
> I work no less than eight hours.

Mam nie więcej *niż* **pięć złotych.**
I have no more than five zlote.

9.6.4   Ani . . . ani (neither . . . nor/no . . . no)

Poczekał dwie minuty *ani* **mniej** *ani* **więcej.**
He waited two minutes, no more, no less.

Nie było jej *ani* **tu** *ani* **tam.**
She was neither here nor there.

Nie lubię *ani* **pływać** *ani* **nurkować.**
I like neither swimming nor diving.

9.6.5   Coraz (more and more/less and less)

This requires the comparative of the adverb. If used with the opposite adverb, **coraz** means 'less and less'.

Danuta *coraz piękniej* **śpiewa.**
Danuta sings more and more beautifully.

Coraz bardziej **lubię polskie filmy.**
I like Polish films more and more.

Piotr *coraz wcześniej* **zaczyna pracę.**
Peter starts work earlier and earlier.

Na rynku było *coraz więcej* **ludzi.**
There were more and more people on the market place.

Do kina chodzimy *coraz rzadzej.*
We go to the cinema less and less frequently.

Coraz mniej **studentów uczy się niemieckiego.**
Fewer and fewer students learn German.

9.6.6   O wiele (much/far more/far . . . -er)

This requires the comparative of the adverb. A 'than' phrase can be added.

Samochodem jedzie się *o wiele szybciej* **niż rowerem.**
One travels much faster by car than by bicycle.

W teatrze jesteśmy *o wiele częściej* **niż w kinie.**
We are far more often in the theatre than in the cinema.

9.6.7   Im . . . tym (the . . . the)

Use the conjunction **im . . . tym** followed by the comparative of both adverbs.

Im więcej będzie ludzi, *tym lepiej.*
The more people there are, the better.

Im dłużej czekam, *tym bardziej* się denerwuję.
The longer I wait, the more I worry.

9.7   SUPERLATIVE: **NAJ-** FORM

To form the superlative add **naj** before the comparative of the adverb. In adverbs where the comparative is formed with **bardziej** and **mniej** the superlative becomes **najbardziej** and **najmniej**.

Comparative	Superlative	Comparative	Superlative
dlużej	NAJdlużej	ładniej	NAJładniej
lepiej	NAJlepiej	więcej	NAJwięcej
bardziej	NAJbardziej	mniej	NAJmniej
bardziej leniwie	NAJbardziej leniwie	mniej interesująco	NAJmniej interesująco

Najwięcej and **najmniej** are used before nouns or alone (with implied noun). The noun is in the *genitive* case.

Dzieci mają cukierki. Kasia ma *najmniej* [**cukierków**].
The children have got sweets. Kate has the fewest [sweets].

9.8   SUPERLATIVE: OTHER FORMS

9.8.1   **Ze wszystkich** (of all)

This emphasises the superlative adverb which precedes it.

Teresa pisze *najlepiej ze wszystkich.*
Teresa writes best of all.

Najczęściej ze wszystkich **odwiedza nas Tadeusz.**
Tadeusz visits us most frequently of all/ more frequently than anyone else.

Ten dom podoba mi się *najbardziej/najmniej ze wszystkich.*
I like this house best/least of all.

9.8.2   **Jak** (as . . . as possible)

Jak is followed by the superlative of the adverb. A few frequently-used expressions use **czym** and the *comparative* of the adverb.

Zrobiła *jak najlepiej*.
She did it as well as she could

Zaśpiewaj piosenkę *jak najładniej*.
Sing the song as nicely as you can.

Przyjechałem *jak najszybciej*.
I came as quickly as possible.

Znalazł sobie mieszkanie *jak najdalej* od ojca.
He found a flat as far from dad as possible.

Chcę podjechać *jak najbliżej* sklepu.
I want to stop as close as possible to the shop.

Proszę *czym prędzej* wsiadać do autobusu.
Please board the bus as quickly as possible.

9.9   ADVERB FORMATION WITH **NIE** (UN-/IM-/IN-)

Many adverbs form opposites with **nie**:

bezpiecznie	safely	***nie*bezpiecznie**	unsafely
cierpliwie	patiently	***nie*cierpliwie**	impatiently
dokładnie	accurately	***nie*dokładnie**	inaccurately
dawno	long ago	***nie*dawno**	not long ago, recently
długo	long	***nie*długo**	not long
dobrze	well	***nie*dobrze**	not well
wiele	many	***nie*wiele**	not many/few

9.10   ADVERBS OF TIME

Adverbs marked * can also be used interrogatively.

dzisiaj	today	**od dzisiaj**	from today
wczoraj	yesterday	**od wczoraj**	from yesterday
przedwczoraj	the day before yesterday	**jutro**	tomorrow
pojutrze	the day after tomorrow	**od jutra**	from tomorrow
***kiedy**	when	**teraz**	now
zaraz	soon, in a moment	**przedtem**	before now
wtedy	at that time/then	**jeszcze**	still/yet
już	already/right now	**najpierw**	first
potem	later on	**obecnie**	currently
natychmiast/	immediately/at once/	**wcześnie**	early
od razu	right away/right now	**późno**	late
za chwilę	in a moment	**niekiedy**	now and then/
lada + Nom.	any/in a . . . [or two]		not often

| **lada chwila/** | any moment/day | **lada tydzień/** | in a week/ |
| **dzień** | | **rok** | year or two |

Colloquially, **już** is used for 'right now'.

Nie denerwuj się. *Już* **idę.**
Don't get flustered. I'm going right now.

Od dzisiaj **mam wakację.** *Wczoraj jeszcze* **pracowałem.**
I'm on leave from today. Yesterday I was still working.

Jeszcze **nie ma Michała, ale** *zaraz* **będzie.**
Michael is not here yet, but he will be in soon.

Teraz **jesteśmy biedni.** *Wtedy* **było lepiej.**
Now we are poor. Things were better then.

Niekiedy **słychać było krzyki.**
Now and then shouts were heard.

Lada **chwila może być deszcz.**
It could rain any moment.

9.11   ADVERBIAL PHRASES OF TIME

These often contain prepositions requiring a particular case (see 10 Prepositions). Some of these phrases are expressed with the instrumental case alone (see 6.7 Instrumental case).

9.11.1   Phrases involving numerals

Such phrases usually consist of a preposition, followed by a numeral, then by a noun denoting a period of time. The numeral declines to reflect the case required by the preposition. With numerals below five, the noun stands in the required case. With numerals five and above, the noun stands in the genitive case.

The preposition **na** needs the accusative. Accusative retained with numbers below five:

Jadę na dwa dni/tygodnie/miesiące/lata.
I'm going for two days/weeks/months/years.

The preposition **na** needs the accusative. Genitive required with number five and above:

Jadę na pięć dni/tygodni/miesięcy/lat.
I'm going for five days/weeks/months/years.

Sections 9.11.4 to 9.11.11 show many examples of this.

9.11.2   Named months, named seasons

To express 'in' with months and seasons use the preposition **w** followed by the locative case (but note exceptions with **na**). Note where **we** is used to aid pronunciation. All months are masculine. **Luty** is a masculine adjective meaning 'bleak' and declines as such. The gender of the seasons is shown below.

styczeń	January	w styczniu	in January
luty	February	w lutym	in February
marzec	March	w marcu	in March
kwiecień	April	w kwietniu	in April
maj	May	w maju	in May
czerwiec	June	w czerwcu	in June
lipiec	July	w lipcu	in July
sierpień	August	w sierpniu	in August
wrzesień	September	we wrześniu	in September
październik	October	w październiku	in October
listopad	November	w listopadzie	in November
grudzień	December	w grudniu	in December
*wiosna (f.)	spring	na wiosnę	in spring
*lato (n.)	summer	w lecie	in summer
*jesień (f.)	autumn	w/na jesieni	in autumn
*zima (f.)	winter	w zimie	in winter

* Instrumental case forms **wiosną, latem, jesienią, zimą** express when an action *usually* occurs, e.g. *Latem pływamy*. (We usually swim in summer).

9.11.3   Named days

To express 'on' with days use the preposition **w** followed by the accusative case. Note where **we** is used to aid pronunciation. The gender of the days is shown below.

poniedziałek (m.)	Monday	w poniedziałek	on Monday
wtorek (m.)	Tuesday	we wtorek	on Tuesday
środa (f.)	Wednesday	w(e) środę	on Wednesday
czwartek (m.)	Thursday	w(e) czwartek	on Thursday
piątek (m.)	Friday	w piątek	on Friday
sobota (f.)	Saturday	w sobotę	on Saturday
niedziela (f.)	Sunday	w niedzielę	on Sunday

9.11.4   Duration of time: daytime, night-time, course of year

For cases required by prepositions below see 10 Prepositions.

rano (n.)	morning	rano	in the morning/early
południe (n.)	before noon	przed południem	before noon
		po południu	in the afternoon

wierczór (m.)	evening	**wierczorem**	in the evening
noc (f.)	night	**w nocy**	at night
		tej nocy	on that night
dzień (m.)	day	**w tym dniu**	on this day
		tego dnia	on that day
tydzień (m.)	week	**w tym tygodniu**	this week
miesiąc (m.)	month	**w tym miesiącu**	this month
rok (m.)	year (pl. = **lata**)	**w tym roku**	this year

od rana do wieczora/nocy	from morning to evening/night
od świtu do zmierzchu	from dawn to dusk
do białego rana	until daybreak
o świcie	at daybreak

| **w zeszłym tygodniu/miesiącu/roku** | last week/month/year |
| **w przyszłym tygodniu/miesiącu/roku** | next week/month/year |

na tydzień/miesiąc/rok	for a week/month/year
na dwa tygodnie/miesiące/lata	for two weeks/months/years
na pięć tygodni/miesięcy/lat	in five weeks/months/years

za tydzień/miesiąc/rok	in a week's/month's/year's time
za dwa tygodnie/miesiące/lata	in two week's/months'/years' time
za pięć tygodni/miesięcy/lat	in five week's/months'/years' time

Note: Use the feminine number **dwie** with feminine nouns **noc**, **minuta** and **godzina**:

na noc/na *dwie noce*/na pięć nocy
for one night/two/five nights

na godzinę/na *dwie* godziny/na pięć godzin
for one hour/two/five hours

za minutę/za *dwie* minuty/za pięć minut
in one minute/two/five minutes' time

9.11.5 Vague time

kiedyś
at some unspecified time

kiedykolwiek/kiedy bądź
at some time (whenever is convenient)

Maria chyba *kiedyś* sobie kupi dom.
Mary will probably buy a house at some time.

Przyjdź *kiedykolwiek*./Przyjdź *kiedy bądź*.
Come whenever you want.

Note: For clock time see 12 Numerals.

9.11.6 'Not yet/only (just)/not until/hardly'

jeszcze nie	not yet
dopiero ...	not until/only
dopiero jutro	not until tomorrow
dopiero dzisiaj	only today
dopiero co	only just
późno	late
do późna	until late
wcześnie	early

Jeszcze nie **skończyłem książki.**
I have not finished the book yet.

Dopiero dzisiaj **dowiedział się o tym.**
He only heard about that today.

Hanka *dopiero jutro* **przyjedzie.**
Annie is not coming until tomorrow.

Dopiero **w piątek będzie dyrektor.**
The director will not be available until Friday.

Dopiero co **przygotowała kolację.**
She has only just prepared supper/hardly finished preparing supper.

9.11.7 'Ago/long ago/how long/still'

dawno	for a long time (elapsed time)
dawno (temu)	long ago
dawniej	in times past
przed + Instr.	ago
niedawno	not long ago/recently
ostatnio	in recent times/lately
długo	for a long time (duration)
niedługo	for a short time (duration)/after a short time (elapsed time)/soon
ciągle	always
w dalszym ciągu	still

Niedawno **był u nas ksiądz.**
The priest visited us recently.

Już *dawno* **nie byliśmy w Warszawie.**
We have not been to Warsaw for a long time.

Dawno temu **Pan Nowak miał sklep.**
Mr. Nowak had a shop a long time ago.

Dwa lata *temu* **kupiłem dom. Sześć lat** *temu* **sprzedałem samochód.**
Two years ago I bought a house. Six years ago I sold my car.

On *ostatnio* **pracuje w fabryce.**
He has lately been working in a factory.

Czekałem *długo* **na pociąg.**
I waited a long time for the train.

Niedługo **byłem w Londynie.**
I was in London for a short while.

Niedługo **będziemy w domu.**
We will be home soon.

Nie będziemy *długo* **w domu.**
We will not be at home long.

On jest *ciągle* **chory.**
He is always ill.

Ona *w dalszym ciągu* **nie chce im kupić kota.**
She still does not want to buy them a cat.

Było to dwa tygodnie/miesiące/lata *temu.*
It was two weeks/months/years ago.

Przed godziną **był tu Wojtek.**
Wojtek was here an hour ago.

Przed **laty/latami* **mieszkał tam.**
Years ago he lived there.

* Old still-used form of noun.

9.11.8 'How long?/how long for?/since when?'

jak długo?	how long?
na jak długo?	for how long?
od kiedy?	since when?
od + Gen.	since/from a specified time/for the last . . .

Jak długo **Pan czekał? Czekałem pół godziny.**
How long did you wait for? I waited for half an hour.

Na jak długo **jedziesz do Polski? Na tydzień.**
How long are you going to Poland for? For a week.

Od kiedy **Bronek jest chory?** *Od* **miesiąca.**
How long has Bronek been ill? A month.

Od zeszłego tygodnia/miesiąca/roku.
Since/from last week/month/year.

Od nocy/*od* dwóch minut/*od* pięciu godzin.
For the last night/two minutes/five hours.

9.11.9 'Accusative of time'

To say how long, or how many times, something is/will be/has been happening, put the time expression in the accusative case. However, a noun following a numeral above four stands in the genitive case.

Już *cały dzień* i *całą noc* jest hałas.
The noise has been going on all day and all night.

Była na urlopie *trzy tygodnie.*
She was on holiday for three weeks.

Dwa lata pracowaliśmy bezpłatnie.
We worked for nothing for two years.

Sześć lat byłem w Polsce.
I was in Poland for six years. [Gen.]

9.11.10 'Every'

To express 'every' put **co** in front of the time period in the nominative case.

Co dwa dni chodzę do miasta.
I go to town every two days/every second day.

Co miesiąc jadę do Krakowa.
I travel to Kraków every month.

Co parę tygodni mam z Piotrem kłopot. [Gen. after 'parę']
Every few weeks I have problems with Peter.

Jestem w Lublinie *co sabota.*
I am in Lublin every Saturday.

Kasia *co pięć lat* zmieniała pracę.
Katie changed her job every five years. [Gen.]

9.11.11   Expressions with **raz** (time)

These expressions do not change. The case of **raz** used to construct them is shown.

raz (m.)	once
dwa/trzy/pięć razy	two/three/five times

od razu [Gen.]	immediately
po raz pierwszy [Acc.]	for the first time
na razie [Loc.]	at the moment, for the time being
raz na zawsze	once and for all
tym razem [Instr.]	this time
w każdym razie [Loc.]	in any case
w przeciwnym razie [Loc.]	if the opposite is true
w takim razie [Loc.]	in such a case/if that is the case
w razie czego [Loc.]	if anything should happen/just in case
razem [Instr.]	together/in total

Sto razy **prosiłem o spokój.**
I asked for peace a hundred times.

Jestem w tym mieście *po raz pierwszy.*
I'm in this town for the first time.

Na razie **nie ma autobusów.** *W takim razie* **bierzmy taksówkę.**
There are no buses at the moment. In that case, let's take a taxi.

Jurek i Magda mieszkają *razem.*
George and Madga live together.

Mam *razem* **tylko sto złotych.**
I have only 100 zlote in total.

W razie czego **zadzwonię.**
If anything happens, I'll ring.

9.12   ADVERBS OF PLACE

Adverbs marked * can also be used interrogatively.

tu/tutaj	here	**tam**	there
daleko	far (away)	**blisko/niedaleko**	not far (away)
w górę	up(wards)	**w dół**	down(wards)
na górze	upstairs (position)	**na dole**	downstairs (position)
na górę	upstairs (motion)	**na dół**	downstairs (motion)
na prawo	on the right	**na lewo**	on the left
w prawo	to the left	**w lewo**	to the left
prosto	straight (on)	**krzywo**	at an angle
na przód	forwards	**w tył**	backwards
***skąd**	from where	***dokąd**	to where
***gdzie**	where	**wszędzie**	everywhere
gdzie indziej	elsewhere	**gdzieniegdzie**	here and there
nigdzie nie	nowhere (followed by genitive of negation)		(scattered)

Ścieżka idzie _w górę/w dół._
The path goes up/down.

Pan Sobieski mieszka _na górze/na dole._
Mr. Sobieski lives above/below.

Dziecko poszło _na górę;_ nie zeszło _na dół._
The child went upstairs; it did not come downstairs.

Piekarnia jest _na prawo/na lewo._
The bakery is on the right/on the left.

Proszę skręcić _w prawo/w lewo._
Please turn right/left.

Skąd Pan jest?
Where are you from?

Nie wiem _dokąd_ płynie ten okręt.
I don't know where this ship is sailing to.

Nigdzie nie ma takich dobrych nauczycieli.
Nowhere are there such good teachers.

Gdzieniegdzie rosnie trawa.
Grass grows here and there.

9.12.1 Vague place

gdzieś	somewhere
gdziekolwiek/gdzie bądź	anywhere (wherever is convenient)

Maria chyba _gdzieś_ sobie kupi dom.
Mary will probably buy a house somewhere.

Postaw pudełko _gdziekolwiek._ /Postaw pudełko _gdzie bądź._
Put the box anywhere.

9.12.2 The compass

		'in the . . .' (Loc.)	'to the . . .' (Acc.)
N	północ	na północy	na północ
S	południe	na południu	na południe
E	wschód	na wschodzie	na wschód
W	zachód	na zachodzie	na zachód
		Adjective	
NW	północny zachód	północno-zachodni	
SE	południowy wschód	południowo-wschodni	

NE północny wschód   północno-wschodni
SW południowy zachód   południowo-zachodni

północny	**południowy**	**wschodni**	**zachodni**
northern	southern	eastern	western

9.13   ADVERBS OF MANNER

Adverbs marked * can also be used interrogatively.

dobrze	well	**źle**	badly
ładnie	nicely	**brzydko**	not nicely
szybko/prędko	quickly	**powoli/wolno**	slowly
nagle/naraz	suddenly	**pomału**	gradually/bit by bit
***jak**	how	**tak/w ten sposób**	thus/in this way
tak samo	in the same way	**inaczej/w inny**	differently
tak czy inaczej	in one way or another	**sposób**	

Nie jest mi *dobrze*. Czuję się *źle*.
I'm not well [It's not well to me]. I feel ill.

Małe dzieci idą bardzo *powoli*.
Little children walk very slowly.

***Pomału* doszliśmy na szczyt góry.**
Bit by bit we reached the summit of the mountain.

Samochód *nagle* stanął.
The car stopped suddenly.

Ona *ładnie* maluje, ale *brzydko* gra na gitarze.
She paints well but plays the guitar badly.

***Jak* często chodzisz do kina?**
How often do you go to the cinema?

Nie martw się *tak*. Można to też *inaczej* zrobić.
Do not worry so. One can also do it differently.

9.13.1   Vague manner

jakoś	somehow
jakkolwiek	in some manner or other (whatever is convenient)
jako tako	tolerably well/so so

Maria *jakoś* kupiła sobie dom.
Mary has somehow bought a house.

Zrób *jakkolwiek*.
Do it however you like.

Jak się Pan ma? *Jako tako*.
How are you? So so.

9.14 ADVERBS OF DEGREE

bardzo	very
tak[1]	so/to such an extent
wcale nie	not at all
ledwo/ledwie	scarcely/nearly not
nieco/co nieco	slightly/a trifle
równie [. . . jak]	just as . . . [as]
mniej więcej	about/more or less
kompletnie/zupełnie/całkiem	completely/absolutely
okropnie/strasznie	terribly/dreadfully/really
dosyć/dość[2]	quite/enough
zbyt	too/over-
niezbyt	none too/not very
ledwo/ledwie + nie	almost
mało/o mało + nie[3]	almost
niemal/nieomal [+ nie]	all but (emphatic)
prawie	almost
trochę	a little/rather/fairly/somewhat
za	too

[1] Stands before adjective/adverb or alone. Often paraphrased in translation.

[2] The meaning is obtained from the context.

[3] **O mało** applies to possible situations; **mało** to impossible.

Wcale go nie lubię. Jest *za* złośliwy
I don't like him at all. He is too spiteful.

Czekaliśmy *dosyć* długo.
We waited long enough/ for quite a long time.

Płaszcz jest *dosyć* długi ale *za* wąski.
The coat is long enough/quite long but too narrow.

Daj mi *mniej więcej* kilogram sera.
Give me more or less a kilo of cheese.

Jestem *trochę* zmęczony. Muszę *trochę* odpocząć.
I am rather tired. I must rest a bit.

Film już się *prawie* skończył.
The film has almost finished.

***Ledwo* dyszy. *Ledwie* nie umarł.**
He can hardly breathe. He nearly died.

***Zbyt* wolno idziemy. Możemy się spóźnić.**
We are going too slowly. We might be late.

Nie mam *zbyt* wiele czasu.
I don't have very/too much time.

Tomek uczy się *niezbyt* dobrze.
Tom learns none too well.

Zapoznałem się *co nieco* z angielskim.
I learned a bit of English.

***O mało nie* doszło do wypadku.**
An accident almost occurred.

Ten wiatr *mało* głowy *nie* urywa.
This wind almost takes your head off.

***Nieomal* nie zemdlałem.**
I all but fainted.

Takie ceny! To *niemal* rabunek!
Such prices! It's little short of robbery!

Anna jest *równie* piękna jak jej siostra.
Anna is as pretty as her sister.

Ci chłopcy zachowują się *równie* głupio.
These boys act equally stupidly.

Robię *tak* jak umię.
I'm doing my best.

Wyjdź *tak*, żeby cię nikt nie słyszał.
Go out without anyone hearing you.

***Tak* długo czekał i na próżno.**
He waited so long and to no avail.

Mam *tak* mało ochoty do pracy.
I have so little enthusiasm for work.

Pochodziła z *tak* zwanej dobrej rodziny.
She came from a so-called good family.

Jest *okropnie* **gruba. Tak** *bardzo* **lubi słodycze.**
She is dreadfully fat. She just adores sweets.

On jest *tak* **dobrym człowiekiem, a żona** *tak* **ohydna. Córki są** *tak*
leniwe, a synowie *tak* **pomocni.**
He is such a good person, but his wife is so awful. Their daughters
are so lazy, but their sons so helpful.

9.15 ADVERBS OF FREQUENCY

Remember that numbers greater than four are followed by the genitive
case of the noun, as are expressions of quantity (e.g. a few, many).

często	frequently	**znowu**	again, once more
rzadko	rarely	**wciąż**	constantly
zwykle	usually	**jak zwykle**	as usual
zawsze	always	**jak zawsze**	as always
czasem	sometimes	**od czasu do**	from time to time
nigdy nie	never (followed by	**czasu**	
	genitive of negation)		

Często **pracuję do ósmej.** *Rzadko* **kończę wcześniej.**
I often work till eight. I rarely finish earlier.

Żona *zwykle* **chodzi do miasta w sobotę.**
My wife usually goes to town on Saturdays.

Adam spóźnił się *jak zawsze.*
Adam was late as usual.

Nigdy nie **widzieliśmy takich ładnych strojów.**
We have never seen such lovely costumes.

Piotr *znowu* **jest chory.**
Peter is ill again.

9.16 ADVERBIAL PHRASES OF FREQUENCY

9.16.1 'How often'

raz	once	**dwa razy**	twice
pięć razy	five times	**wiele razy**	many times
kilka razy	several times	**parę razy**	a few times

9.16.2 'Every'

To express 'every' insert **co** before a time phrase. The noun in the time phrase stands in the accusative case. However, with numbers above 4 it stands in the genitive case.

Masculine/neuter nouns

co tydzień/miesiąc/rok	every week/month/year
co dwa tygodnie/miesiące/lata	every two weeks/months/years
co pięć tygodni/miesięcy/lat	every five weeks/months/years

Exception: **codziennie** every day

Feminine nouns

co noc/minutę/godzinę	every night/minute/hour
co dwie noce/minuty/godziny	every two nights/minutes/hours
co pięć nocy/minut/godzin	every five nights/minutes/hours

9.17 ADVERBS OF MODIFICATION

Adverbs marked * can also be used interrogatively.

też/także/również	also
po prostu	simply/just/frankly
prawdopodobnie/pewnie	likely
na pewno	definitely/certainly
oczywiście	obviously/evidently
szczerze mówiąc	(speaking) honestly
w każdym razie	anyway/in any case
tylko	only/solely/just
tyle	so much/such a lot
nie tylko ... ale też	not only ... but also
śmiało	without doubt/fear/problems
chyba	probably
może	possibly/perhaps
nawet	even
niestety	unfortunately
naturalnie	naturally
właśnie	exactly, in fact
nawiasem mówiąc	by the way
***dlaczego/*czemu**	why
nie tyle ... co	not so much ... as
nie	not
też/także/również nie	not ... either
owszem	yes, rather/indeed/admittedly

Mam *tylko* **parę złotych.** *Nawet* **za mało na kawę.** *Tylko* **Jurek jest bogaty.**
I have only a few zlote. Even too little for a coffee. Only George is rich.

Kasia jest *nie tylko* **piękna** *ale też* **inteligentna.**
Katy is not only pretty but also intelligent.

Kasia jest *nie tyle* **inteligentna** *co* **pracowita.**
Katy is not so much intelligent as hardworking.

Po prostu **nie chcę iść z nim.**
I simply/just don't want to go with him.

Nie mam *po prostu* **tyle pieniędzy.**
Frankly, I don't have that much money.

Nawiasem mówiąc, **jest dobrym lekarzem.**
Incidentally, he's a fine doctor.

Chyba **przyjdzie.** *Może* **późno pracuje.**
He'll probably come. He's perhaps working late.

Ja *też* **lubię Adama.**
I also like Adam.

Wojtek *również nie* **zna Iwony.**
Wojtek doesn't know Yvonne either.

W każdym razie, **możecie jechać pociągiem.**
Anyway, you can go by train.

Zna pan moją żonę? *Owszem.*
Do you know my wife? Yes, indeed.

Pies nie gryzie. Możesz go *śmiało* **głaskać.**
The dog doesn't bite. You can safely stroke it.

Do pudła zmieści się *śmiało* **sto książek.**
The box will easily hold 100 books.

9.18   ADVERBIAL PHRASES OF MODIFICATION

9.18.1   'Presumably/I expect'

This is best translated using the form of the verb **przypuszczać** (to assume) appropriate to the speaker.

Przypuszczam, **że Zosia zdała egzamin.**
I assume Sophie passed her exam.

Przypuszczamy, że pojedziemy też do Warszawy.
We will, presumably, also go to Warsaw.

Przypuśćmy, że się to nie uda.
Let's suppose it doesn't work out.

Przypuszczam, że to pomyłka.
I expect it's an error.

Przypuszczam, że tak/nie.
I expect so/not.

9.18.2 'Hardly'

nie bardzo	hardly/scarcely/not well	**mało kiedy**	hardly ever
mało kto/co	hardly anyone/anything	**mało gdzie**	hardly anywhere
jak + **mało** +	as hardly anyone/		
kto/co/gdzie/	anything/anywhere/		
kiedy	ever		

Nie bardzo znam Polskę.
I hardly know Poland/I don't know Poland very well.

Mało kto zgodziłby się na to.
Hardly anyone would agree to that.

Tutaj można *mało co* kupić.
One can hardly buy anything here.

Mało kiedy chodzę do kina.
I hardly ever go to the cinema.

Takie domy *mało gdzie* się widzi.
One hardly sees such houses anywhere.

Śpiewał *jak mało kto.*
Hardly anyone sang as [well as] he did.

Note: 'Hardly' in time phrases is usually **dopiero** (**co**) (see 9.11.6). 'Hardly' meaning 'not at all' is **wcale nie**, and meaning 'nearly not' is **ledwo/ledwie** (see 9.14 Adverbs of degree).

9.19   'THROW-AWAY' ADVERBS

These sometimes mean very little, are difficult to translate and are best learned by listening to Polish speakers. Intonation is often as important as choice of word.

9.19.1 'Indeed; actually; really; in truth; namely; never!'

***Ogromnie* się cieszę.**
I am very happy indeed/absolutely ecstatic.

On był *rzeczywiście* chory.
He was indeed ill./Actually, he was ill.

***Naprawdę* nie mam czasu.**
I really don't have time.

Ożenił się! *Gdzież tam*!
He got married! Never!/I don't believe it!/You're joking!

Kupić ci prezent? *Nie ma mowy*!
Buy you a present? No way!

Rodzina, *czyli* ojciec, matka i syn ...
The family, namely father, mother and son ...

Wszystkie te błędy, a *mianowicie* gramatyczne, ortograficzne ...
All these errors, namely grammatical, orthographical ... [bookish]

9.19.2 'After all; but then; well (then/now); So?'

***Przecież* to mówiłeś.**
You did say that, after all.

Znowu pojechał do Ameryki. Ale *przecież* ma tam rodzinę.
He has gone to America again. But then he has family over there.

***To jak?* [or *A więc?*] Idziesz z nami, czy nie?**
Well, are you coming with us then, or not?

Note: ***To jak?*** and ***A więc?*** are sometimes interchangable. ***To jak?*** expects a decision. ***A więc?*** expects a consequence and often translates the English 'So?', as in 'So, what happened next?'.

9.20 QUESTION TAGS

Tags reinforce statements, e.g. 'You did go, didn't you?, He has a sister, hasn't he?, We aren't late, are we?'. A variety of words, not all adverbs, translate these. Correct usage is best learned by listening.

Dlaczego narzeka? *Przecież* kupiłeś mu mundur.
Why is he complaining? You bought him a uniform, didn't you?

Nie dziw się. *Przecież* to dziecko.
You shouldn't be surprised. He's only a child, after all.

Nie chciałeś iść do teatru. *Prawda?*
You didn't want to go to the theatre. Isn't that true?

Skończyliście odiad. *Tak?*
You've finished lunch. Yes?/Am I right?

Pięknie tam jest. *Nie?*
It's lovely there. Don't you agree?

No ruszamy. *Co?*
Let's set off. OK?

Nie ma jeszcze Janka? *Co?*
John isn't here yet, is he?

10 PREPOSITIONS

A Polish preposition is followed by one of five cases. Additionally, most of the prepositions normally followed by the locative or instrumental case are followed by the accusative case if motion or aim towards a person or object is involved.

This chapter lists the most useful meanings of frequently-used prepositions. More unusual idiomatic usages are learned by contact with native speakers.

10.1 ADDITION OF EXTRA E

To aid pronunciation an **e** is added to the prepositions **bez**, **nad**, **od**, **pod**, **przed**, **przez**, **w**, and **z** before the personal pronouns **mnie** and **mną** and before difficult consonant groups, for example:

Pojechał *beze* **mnie.**
He went off without me. [Gen.]

Niebo jest *nade* **mną.**
The sky is above me. [Instr.]

Nade **wszystko kocham kwiaty.**
Above all I love flowers. [idiom using Acc.]

Czego *ode* **mnie chcesz?**
What do you want from me? [Gen.]

Pode **mną jest ziemia.**
The ground is below me. [Instr.]

Wszedł *przede* **mną.**
He went in in front of me. [Instr.]

Przede **wszystkim trzeba zdrowo jeść.**
Above all, you must eat well. [Instr.]

We **Wrocławiu mamy zajęcia** *we* **czwartek.**
In Wrocław we have lessons on Thursday. [Loc. Acc.]

Auto zostało kupione *przeze* **mnie.**
The car was bought by me. [Acc.]

Nie śmiej się *ze* **mnie. Chodź** *ze* **mną.**
Don't laugh at me. Come with me. [Gen. Instr.]

10.2   COMPOUND PREPOSITIONS

Some prepositions are, in fact, only several prepositions linked together. They are always written together, e.g. **znad**, **ponad**, **poza**, **zza**. Initial **z** changes to **s** before **p**, e.g. **spoza**, **sponad**.

10.3   ACCUSATIVE CASE PREPOSITIONS

Only *one* preposition is *always* followed by the accusative case, i.e. **przez** (through, across, via).

Idę *przez* **las.**	I'm going via the forest.
Patrzył *przez* **okno.**	He was looking/watching through the window.
Hałas przechodzi *przez* **ścianę.**	The noise comes through the wall.

Notes:

1 For use of prepositions **między**, **na**, **nad**, **o**, **po**, **pod**, **przed**, **w**, **za** with the accusative case, see 10.8 and 10.9 on dual-case prepositions.

2 For use of **w** with days of the week, and **na** with the spring/autumn season, see 9.11.2 and 9.11.3.

10.3.1   Verbs followed by preposition and accusative case

Na		*zasłużyć na*	deserve
chorować na	be ill with	**zdążyć na**	come in time for
cierpieć na	suffer/be ill with	**zgadzać się na**	agree to
czekać na	wait for	**zwracać uwagę na**	pay attention to
gniewać się na	be angry with		
iść na	go to participate in	*W*	
liczyć na	count on	**bawić się w**	play at
mieć czas na	have time for	**grać w**	play a game
narażać się na	expose oneself to	**obrócić w**	re-make into
narzekać na	complain about	**skaleczyć się w**	hurt one's [body
patrzyć na	look at		part e.g. arm]
pozwalać na	allow	**wdać się w**	get involved
skarżyć się na	complain about		in/take after
spoglądać na	look closely at		someone
wychodzić na	look out onto	**wierzyć w**	believe in
zamienić na	change for	**zamienić się w**	change oneself into
	something else		

Za		*O*	
dziękować za	thank for	**bać się o**	be afraid for
mieć za	consider/rate as	**grać o**	play for a stake
odpowiadać za	answer for	**kłócić się o**	quarrel about
płacić za	pay for	**niepokoić się o**	worry about
przebrać się za	dress up as	**prosić o**	ask for
przepraszać za	apologise for	**pytać o**	ask about
służyć za	serve as		
uważać za	consider/treat as	*Po*	
wyjść za mąż za	marry/take husband	**dzwonić po**	ring for
		iść po	go for/ fetch on foot
wziąć za	take/mistake for	**jechać po**	go for/fetch by transport

10.3.2 Idiomatic usages of prepositions with accusative case

Na (for a certain period, for/by/until when):

Umówili się *na* piątą.
They made an appointment for five o'clock.

Zegarek będzie gotowy *na* poniedziałek.
The watch will be ready for Monday.

Wyjechał *na* tydzień/zimę/dwa lata.
He has gone away for a week/the winter/two years.

Na (within a certain period, how often):

Spotykamy się raz *na* miesiąc/rok.
We meet once a month/year.

Jechał z prędkością pięćdziesiąt kilometrów *na* godzinę.
He was travelling at 50 km an hour.

Na (to a certain depth, height/thickness, width, size):

Było śniegu *na* pół metra.
There was snow to a depth of half a metre.

Jadł kromkę chleba *na* trzy centymetry.
He was eating a slice of bread three centimetres thick.

Tutaj jest jezdnia szeroka *na* osiem metrów.
The carriageway is eight metres wide here.

Mieliśmy stół *na* kilkadziesiąt osób.
We had a table [big enough] for tens of people.

Papier dwadzieścia *na* dziesięć centymetrów.
Paper 20 x 10 centimetres in size.

Na (towards, with names of districts, counties and non-enclosed objects/places):

Jadę *na* Pragę, *na* Śląsk, *na* Mazury.
I'm going to Praga [Warsaw suburb], Silesia, Masuria.

Idziemy *na* rynek/stadion/ balkon/pole.
We are going to the market place/stadium/onto the balcony/outside.

Na (in order to participate in an event/function, for a certain purpose):

Idę *na* spacer/koncert/mecz.
I'm going for a walk/to a concert/to a match.

Wyjechał *na* urlop/*na* wczasy.
He has gone on holiday/for a rest cure.

Pójdziesz ze mną *na* kawę/*na* zabawę?
Will you go for coffee/to the dance with me?

Daj mu pieniądze *na* bilet/*na* obiad.
Give him some money for a ticket/lunch.

Pracuję *na* chleb/wycieczkę.
I'm working for bread/an excursion.

Na (in a certain fashion):

Nauczyłem się piosenki *na* pamięć.
I learned the song by heart.

Te jajka są ugotowane *na* miękko/*na* twardo.
These eggs are soft boiled/hard boiled.

Na (as a result of):

Marta ucieszyła się *na* mój widok.
Martha was pleased to see me.

Lekarz przyjechał *na* naszą prośbę.
The doctor came at our request.

Dziadek umarł *na* serce.
Grandfather died of heart problems.

Zachorowałem *na* grypę.
I got flu.

Nad (in the highest degree):

Kocham cię *nad* **życie.**
I love you more than life.

Nie znam nic milszego *nad* **muzykę.**
I know of nothing more pleasant than music.

To był skandal *nad* **skandale.**
This was a scandal to beat all scandals.

Nie miał przyjaciela *nad* **Jacka.**
He had no better friend than Jacek.

O (by a certain size/time/age/distance):

Te buty są *o* **dwa numery za małe.**
These shoes are two sizes too small.

Spóźniłem się *o* **godzinę.**
I was an hour late.

Jestem starszy od Janka *o* **trzy lata.**
I'm three years older than Janek.

Mieszkają *o* **piętnaście kilometrów od Londynu.**
They live fifteen kilometres outside London.

Po (each to a value of):

Poproszę dwa bilety autobusowe *po* **pięćdziesiąt groszy.**
Two bus tickets at fifty grosze, please.

Zapłaciliśmy *po* **trzydzieści złotych za obiad.**
We each paid thirty zlote for the dinner.

Pracuję *po* **dwanaście godzin na dobę.**
I work twelve hours each day.

Po (with a certain purpose):

Zaraz pójdę *po* **zakupy/gazetę.**
In a moment I'm going shopping/for the newspaper.

Robotnicy stoją w kolejce *po* **pieniądze.**
The workers are queuing for their money.

Przez (on account of, by):

Przez **nieuwagę zapomniałam torebkę.**
I left my handbag because I was not concentrating.

Spóźniłem się *przez* **córkę.**
I was late because of my daughter.

Ta książka została napisana *przez* **Konopnicką.**
This book was written by Konopnicka.

Przez (via, by way of):

Ten pociąg jedzie *przez* **Kielce/Warszawę Wschodnią.**
This train goes via Kielce/Warsaw East.

Szedł *przez* **korytarz/miasto.**
He was walking along the corridor/through the town.

Spodnie prasuję *przez* **mokrą szmatkę.**
I iron trousers through a damp cloth.

Rozmawiamy *przez* **telefon.**
We talk on the phone.

Przez (throughout a certain period):

Nie widziałem go *przez* **cały miesiąc.**
I didn't see him for a whole month.)

Była w szpitalu *przez* **całą noc.**
She was at the hospital throughout the night.

W (within a certain period, how quickly):

Skończę książkę *w* **dzień/tydzień.**
I'll finish the book in a day/week.

W (with a certain purpose):

Już ruszam *w* **drogę. Idę** *w* **odwiedziny.**
I'm setting off now. I'm going visiting.

W (play a game):

Graliśmy *w* **karty/szachy/piłkę nożną.**
We played cards/chess/football.

Z (of an approximate age/value/price/time/distance):

Babcia ma *z* **osiemdziesiąt lat.**
Granny is about eighty years old.

Komputer kosztuje *ze* **dwa tysiące złotych.**
A computer costs around two thousand zlote.

Czekałem *z* **pół godziny.**
I waited for about half an hour.

To było *z* miesiąc/*ze* trzy lata temu.
It happened about a month/three years ago.

Do miasta zostało nam *z* kilometr.
We had about a kilometre left to the town.

Za (after a certain time):

Za dzień/tydzień jadę do Paryża.
I'm going to Paris in a day's/week's time.

Za rok kupię tobie rower.
I'll buy you a bicycle in a year's time.

10.4 GENITIVE CASE PREPOSITIONS

This is the largest group. Many prepositions *always* followed by the genitive case specify the static position of one object relative to another:

blisko	near	**poniżej**	below, down-
koło	near		stream from
obok	beside, next to	**u**	at a house/shop/
powyżej	above,		business of
	upstream from	**wszerz**	along the width of
wśród	among	**spod**	from near (town)
wzdłuż	along length of	**dokoła/**	around
znad	from near (water)	**naokoło**	
daleko	far from	**niedaleko**	near
naprzeciw[ko]	opposite	**w pobliżu**	in the vicinity of
wewnątrz	inside, within	**zewnątrz**	outside

Pies biegał *dokoła/naokoło* dziecka.
The dog was running round the child.

Mieszkam *blisko* kościoła/pracy/kina.
I live near the church/my work/the cinema.

Cukiernia jest *naprzeciwko* poczty.
The sweetshop is opposite the post office.

Dziewczynka stała *wśród* kwiatów.
The girl was standing among the flowers.

Wioska jest *powyżej/poniżej* mostu.
The village is upstream/downstream from the bridge.

Byłem *u ciotki/krawca/lekarza/Janka.*
I was at my aunt's/the tailor's/the doctor's/John's house.

Ludzie biegli *wzdłuż* **muru/rzeki.**
People were running alongside the wall/river.

Wracamy *znad* **morza/Wisły/jeziora.**
We are returning from the seaside/Wisła/lakeside.

Przyjechał *spod* **Krakowa/Londynu.**
He has arrived from Kraków/London.

The remaining prepositions *always* followed by the genitive case are below.
For use of **do** with expressions of time, see 12.15.4.

bez	without	**podczas**	during
mimo	despite, in spite of	**wskutek**	on account of
[o]prócz	apart from, except	**zamiast**	instead of
według	according to	**do**	to, towards, into
z powodu	because of, due to	**od**	from
za	as far back as [time]	**w [prze]ciągu**	in the course of
dla	for	**z**	out of, from
na kształt	in the shape of	**za pomocą**	with the help of

Chodziliśmy *od* **domu** *do* **domu.**
We went from house to house.

Jest blisko/daleko *do* **teatru.**
It is a short/long distance to the theatre.

Włóż lody *do* **lodówki.**
Put the icecream into the fridge.

W ciągu **tygodnia dostałem** *od* **ojca list.**
I got a letter from my father in the course of the week.

Kupiła *dla* **Anny wisiorek** *na kształt* **serca.**
She bought a heart-shaped locket for Anna.

Oprócz **mężczyzn były i kobiety.**
Besides the men there were also women.

Nie przyszedł nikt *oprócz* **niej.**
No-one came except her.

Według **Teresy złamał drzwi** *za pomocą* **siekiery.**
According to Teresa he broke the door down with the help of an axe.

Mimo śniegu wrócił *z* miasta *bez* kłopotu.
Despite the snow he returned from town without any problem.

Wyjął prezent *z* pudełka/*ze* szafy.
He took the present out of the box/cupboard.

Nie był *z powodu* sniegu/grypy.
He did not come because of the snow/flu.

Za dawnych czasow. *Za* mojej pamięci.
In olden times. As far back as my memory goes.

10.4.1   Verbs followed by preposition and genitive case

Do		*Z*	
dążyć do	aspire/strive to	korzystać z	use, profit from
dotrzeć do	reach	ożenić się z	marry/take a wife
dojść do	end in/end up as	śmiać się z	laugh at
dzwonić do	telephone		
ograniczać się do	be limited to	*Od*	
pasować do	suit, go well with	zależeć od	depend on
przybyć do	arrive at		
zbliżyć się do	approach		

10.4.2   Idiomatic usages of prepositions with genitive case

Do (by/to a certain time):

Skończę książkę *do* piątku/soboty/wieczora.
I'll finish the book by Friday/Saturday/this evening.

Do (for a certain purpose):

Czy to jest bielizna *do* prasowania?
Are these clothes for ironing?

Kup papier *do* listów i proszek *do* pieczenia.
Buy some writing paper and some baking powder.

Mam paczkę *do* wysłania.
I have a parcel to post.

Jesteśmy gotowi *do* podróży.
We are ready for the journey.

Ta kaseta jest przydatna *do* nauki.
This cassette is useful for learning from.

Do (towards, with names of towns, countries and enclosed places):

Jadę *do* **Warszawy/Londynu/Francji.**
I'm going to Warsaw/London/France.

Idę *do* **teatru/szkoły/muzeum/łazienki.**
I'm going to the theatre/school/museum/bathroom.

But notice **Jadę** *na* **Węgry/Litwę** (Acc.).
I'm going to Hungary/Lithuania.

Dla (to achieve a certain result):

Zrobił to *dla* **żartu/smiechu/zabawy.**
He did it for a joke/a laugh/fun.

Trzeba codziennie spacerować *dla* **zdrowia.**
You must have a daily walk for health reasons.

Od (resulting from past action/position/condition):

Matka miała oczy czerwone *od* **płaczu.**
My mother's eyes were red from crying.

Paweł był zmęczony *od* **biegu.**
Paul was tired from running.

Od (from/since a certain time/date):

Czekam *od* **godziny/tygodnia/wtorku.**
I have been waiting for an hour/a week/since Tuesday.

Jest za granicą *od* **wielu lat/***od* **dawna.**
He has been abroad for many years/a long time.

Znam Piotra *od* **dziecka.**
I've know Peter since childhood.

Mam pracę *od* **jutra.**
I have a job from tomorrow.

Od (against/preventing):

Proszek *od* **bólu głowy.**	Headache powder.
Ubezpieczenie *od* **ognia.**	Insurance against fire.

Od (belonging to a whole):

Drzwi *od* **szafy; dziurka** *od* **klucza; kołnierz** *od* **płaszcza.**
Cupboard door; keyhole; coat collar.

Koło (approximately):

On ma *koło* **siedemdziesięciu lat.**	He is about seventy years old.
Będę *koło* **południa.**	I'll be here around noon.

Z (resulting from current position/condition):

Jestem zadowolony *z* samochodu.
I'm satisfied with the car.

Skakał *z* radości/*ze* złości.
He was jumping for joy/with rage.

Chłopiec trzęsie się *z* zimna/*ze* strachu.
The boy is shaking with cold/fear.

Widzieliśmy Adriana *z* bliska/*z* daleka.
We saw Adrian from near/afar.

Ludzie pchali się *z* prawa i *z* lewa.
People were pushing in from right and left.

Z (pertaining to/originating from, made from):

Dostałem twój list *z* czwartego kwietnia.
I got your letter of 4th April.

Mamy owoce *z* zeszłego roku.
We have fruit from last year.

Z pączka rozwinęła się róża.
From a bud grew a rose.

Lubię wino *z* porzeczek.
I like currant wine.

Każdy *z* nas ma swoje prawa.
Each of us has rights.

Ona jest najlepszą studentką *ze* wszystkich.
She is the best student of all.

Z nazwiska McBrien, *z* urodzenia Szkot.
McBrien by name, Scot by birth.

10.5 LOCATIVE CASE PREPOSITIONS

The prepositions below are followed by the locative case. All except **przy** can also be used with the accusative case to denote motion (for examples, see section 10.8). **Przy** requires the locative case even if motion is involved.

przy	near, close to, by	**w**	in, inside [enclosed area]
o	about, concerning, at [time]	**na**	on, at, in [open area]
po	along, after [time]		

Mirek siedział/usiadł *przy* stole/babci/oknie.
Mirek was sitting/sat near the table/Granny/the window.

Tomek pracował *przy* maszynie.
Tom worked on/operated a machine.

Sklep jest *przy* ulicy Lwowskiej.
The shop is in Lwów Street.

Note: **Wrócil *po* kilku latach, już *po* wojnie.**
He returned after several years, after the war.

Note: For use of **o** and **po** with time, see 12.15.2 and 12.15.3. For use of **w** with months and seasons, see 9.11.2.

10.5.1   Verbs followed by preposition and locative case

O

mówić o	talk about	
myśleć o	think about	
rozmawiać o	talk about	
wiedzieć o	know about, of	
zapomieć o	forget	

Na

grać na	play on
przestawać na	be satisfied with
polegać na	depend on
zależeć na	have importance
znać się na	be expert in

W

zakochać się w	fall in love with

10.5.2   Idiomatic usages of prepositions with locative case

Na (on a musical instrument):

Gra *na* gitarze/*na* skrzypcach.   He/she plays the guitar/violin.

O (with a certain attribute):

Dziewczyna *o* jasnych włosach i niebieskich oczach.
A girl with fair hair and blue eyes.

Po (up and down, all over, on the surface of, from one to another):

Cały dzień latam *po* schodach/mieście.
I run up and down stairs/all over town all day.

Pies latał *po* ulicy/podwórku.
The dog was running up and down the street/yard.

Łódka płynie *po* rzece/jeziorze.
The boat sails on the river/lake.

Chodzili *po* domach.
They went from house to house

Po in a certain manner/position/language:

Nie mówię *po* polsku, tylko *po* angielsku.
I don't speak Polish. I only speak English.

Chcę mieszkać *po* ludzku.
I want to live as befits a human being.

Dzieci szły *po* dwoje/troje.
The chidren walked in twos/threes.

Kościól jest *po* prawej stronie, stacja *po* lewej.
The church is on the right, the station on the left.

Po inherited from:

Buty mam *po* siostrze.
The shoes were handed down to me from my sister.

On ma zdolności językowe *po* ojcu/matce.
His language abilities came from his father/mother.

Przy to the accompaniment of/while something else is happening:

Zawsze śpiewam *przy* kąpieli/*przy* świetle księżyca.
I always sing in the bath/by moonlight.

Rozmawiałyśmy o tym *przy* obiedzie.
We discussed it over lunch.

Słuchał muzyki *przy* pracy.
He was listening to music while he worked.

W dressed in:

**Poszedłem *w* długich butach, płaszczu zimowym i rękawiczkach
   futrzanych.**
I went in long boots, a winter coat and fur gloves.

W on the staff of:

Marek dostał pracę *w* dzienniku.
Mark got a job on the staff of the daily newspaper.

W (accompanied by a certain physical/mental/emotional state):

Obudziła się *w* dobrym/złym humorze.	She awoke in a good/bad mood.
Dzieciak leżał *w* gorączce.	The child lay in a fever.
Zjadł śniadanie *w* pośpiechu.	He ate breakfast in a hurry.
Jest kobietą *w* średnim wieku.	She is a middle-aged woman.

10.6 INSTRUMENTAL CASE PREPOSITIONS

The prepositions below are followed by the instrumental case. All except **z** can also be used with the accusative case to denote motion (for examples, see sections 10.8 and 10.9). **Z** requires the instrumental case even if motion is involved.

z	[together] with	**między**	among, between
pod	below, under	**przed**	in front of, earlier
nad	above, over, near		than, ago, against
za	behind, beyond		

Stoi/wchodzi *z* matką i *z* ojcem.
He is standing/entering with his mother and father.

Pójdę *przed* drugg.
I'll go before two o'clock.

Był *przed* minuta.
He was here a minute ago.

10.6.1 Verbs followed by preposition and instrumental case

Nad		*Z*	
dyskutować nad	discuss	**kłócić się z**	quarrel with
myśleć nad	think about	**porównać z**	compare with
pracować nad	work at	**rozmawiać z**	speak to/with
panować nad	rule over	**sprzeczać się z**	argue with
		zgadzać się z	agree with

Przed		*Za*	
bronić[1] przed	defend against	**tęsknić za**	long/pine for
chronić[1] przed/	protect against		
ochraniać[1] przed			

[1] Can also be reflexive.

10.6.2   Idiomatic usages of prepositions with instrumental case

Nad (on the bank of):

Miasto leży *nad* **morzem/jeziorem/Wisłą/Bałtykiem.**
The town lies on the sea/lake/Wisła/Baltic.

Nad (at the dawning of, towards):

Nad **ranem/***nade* **dniem/***nad* **wieczorem.**
Around morning/daybreak/towards evening.

Pod (near/at/under [with town or geographical feature]):

Bitwa odbyła się *pod* **Krakowem/Warszawą/Monte Cassino.**
The battle took place near Krakow/Warsaw/Monte Cassino.

Ma domek na wsi *pod* **górami.**
He has a house in a village under the hills.

Mieszkamy *pod* **numerem 8.**
We live at number 8.

Spotkajmy się *pod* **ratuszem.**
Let's meet at the town hall.

Z (containing, having certain quality/attribute):

Weź butelkę *z* **winem, chleb** *z* **masłem i koszyk** *z* **jabłkami.**
Take the bottle of wine, the buttered bread and the basket of apples.

Był to wysoki pan *z* **brodą i** *z* **długimi wąsami.**
He was a tall bearded man with long whiskers.

10.7   DATIVE CASE PREPOSITIONS

The prepositions below are *always* followed by the dative case:

dzięki	thanks/due to, as a result of	**ku**	towards
przeciw[ko]	against, in opposition to	**wbrew**	contrary to

Dzięki **temu wygrał konkurs.**
Thanks to that he won the competition.

Dzięki **Bogu nic mu się nie stało.**
Thank God nothing happened to him.

Dzięki **dobrej opiece szybko wyzdrowiała.**
Due to good care she recovered quickly.

Droga prowadzi *ku* wiosce.
The road leads to the village.

Wakacje zbliżają się *ku* końcowi.
The holidays are coming to an end.

Słońce chyliło się *ku* zachodowi.
The sun was sinking westwards.

Postąpił *wbrew* rozkazom.
He acted contrary to orders.

Było to *przeciw* mojej woli.
It was against my will.

Trzeba ciągle działać *przeciw* chuligaństwu.
One must always act against hooliganism.

Łódź płynęła *przeciw* prądowi.
The boat was sailing against the current.

10.7.1   Verbs followed by preposition and dative case

There are none in this category. Many verbs, however, require the dative case for the indirect object (see 6.8 Dative case).

10.7.2   Idiomatic usages of prepositions with dative case

Ku (with a certain result):

Babcia przyjechała *ku* radości dzieci.
Granny arrived, much to the children's delight.

***Ku* mojemu zdziwieniu, zdał egzamin.**
To my surprise, he passed his exam.

10.8   DUAL-CASE LOCATIVE/ACCUSATIVE PREPOSITIONS

The examples below show the prepositions **na**, **o**, **po** and **w** used with the locative case to express position, but with the accusative case to express motion.

Locative (position)

Accusative (motion)

Pracuję na poczcie.
I work at the post office.

Idę na pocztę.
I'm going to the post office.

Kwiaty stoją na biurku.
The flowers are standing on the desk.

Postaw kwiaty na biurko.
Put the flowers on the desk.

Myślę o matce.
I'm thinking about my mother.
Zapomniał o dziewczynie.
He forgot about the girl.

Proszę o czarną kawę.
Please bring me a black coffee.
Pyta się o dziewczynę.
He is making enquiries about the girl.

Sklep jest po prawej stronie.
The shop is on the right.
Nie wolno jeździć po chodnikach.
You must not ride on the pavements.

Idź po gazetę.
Go and get the newspaper.
Pojechał na stację po siostrę.
He drove to the station to fetch his sister.

Króliki żyją w lesie.
Rabbits live in the forest.
Ojciec jest w domu.
My father is at home.

Królik wbiegł w las.
The rabbit ran into the forest.
Ojciec skręcił w boczną ulicę.
My father turned into a side street.

10.8.1   Expressing 'in' and 'to'

Position inside *enclosed* area	= **w** + locative
Position inside *non-enclosed* area	= **na** + locative

Enclosed   **Jestem *w* domu/sklepie/teatrze/aptece/Warszawie.**
I am at home/in the shop/theatre/chemist's/in Warsaw.
Non-enclosed   **Jestem *na* rynku/dworcu/ulicy/Śląsku.**
I am in the market place/at the station/on the street/in Silesia.

Motion to *enclosed* area	= **do** + genitive
Motion to *non-enclosed* area	= **na** + accusative

Enclosed   **Jadę *do* domu/sklepu/teatru/apteki/Warszawy.**
I'm going home/to the shop/theatre/chemist's/to Warsaw.
Non-enclosed   **Jadę *na* rynek/dworzec/ulicę/Śląsk.**
I'm going to the market place/station/street/Silesia.

10.9   DUAL-CASE INSTRUMENTAL/ACCUSATIVE PREPOSITIONS

The examples below show prepositions **między**, **nad**, **pod**, **przed** and **za** used with the instrumental case to express position, but with the accusative case to express motion.

Instrumental (position)	*Accusative (motion)*
Chałupa stała między rzeką a lasem. The house stood between the river and the wood.	**Wjedźmy między te samochody.** Let's drive in between these cars.
Spędziliśmy wakacje nad morzem. We spent our holidays at the seaside.	**Wyjechaliśmy nad morze.** We set off for the seaside.
Kot siedział przed płotem. The cat sat in front of the fence.	**Kot wyskoczył przed płot.** The cat jumped out in front of the fence.
Bawią się przed domem. They play in front of the house.	**Wyszli przed dom.** They came out in front of the house.
Tomek mieszka za granicą. Tom lives abroad.	**Tomek przeprowadził się za granicę.** Tom moved abroad.
Chomik jest za drzwiami. The hamster is behind the door.	**Chomik wlazł za drzwi.** The hamster crawled in behind the door.

11 CONJUNCTIONS

There are two types of conjunction:

1 *Coordinating conjunctions*. These join words, phrases or clauses which have an identical grammatical function in a sentence. They are simple to use and occur frequently.

2 *Subordinating conjunctions*. These introduce noun clauses or adverbial clauses. They begin a sentence or join clauses. Some conjunctions have several, sometimes very different, meanings.

11.1 COORDINATING CONJUNCTIONS

Commas are required as follows:

1 Before the second of two identical conjunctions.

2 Before **ale** and **lecz**.

3 Before every **i** in a series, except the first. To avoid repetition, **oraz** often replaces the last **i**.

4 Before **a** if the following clause contrasts with the preceding one (i.e. implies a 'but').

[1]**i**	and [linking]	**, lecz**	but [bookish]
[2]**a**	and [contrasting]/but	**albo/lub**	or
oraz	and [at the same time]	**albo … , albo**	either … or
i … , i	both … and	**albo i/albo nawet**	or even
, ale	but	[3]**ani … , ani**	neither … nor/ not … not

[1] **i** links related objects/ideas; also simultaneous or consecutive actions with the same subject.

[2] **a** links contrasting objects/ideas; also contrasting actions with the same or different subjects.

[3] Must be preceded or followed by negative verb.

Chłopcy nazbierali gałęzi _i_ rozpalili ognisko.
The boys gathered branches and lit a bonfire.

Poszedł na pocztę *i* wysłał list.
He went to the post office and posted the letter.

Pracuję spokojnie *i* wesoło.
I work calmly and cheerfully.

Jedliśmy obiad *i* słuchaliśmy radia.
We were eating lunch and listening to the radio.

Lubię jabłka *i* banany, *i* pomidory.
I like apples and bananas and tomatoes.

Kupił chleb, masło *i* szynkę *oraz* galaretkę.
He bought bread, butter and ham, and jelly.

Kupiłem chleb *oraz* masło *i* kiełbasę.
I bought bread, and butter and sausage.

Wesołych Świąt *oraz* Szczęśliwego Nowego Roku.
Merry Christmas and a Happy New Year.

Wciąż mówię *i* mówię, *ale* to nic nie pomaga.
I talk and talk but it doesn't help.

***I* Piotr, *i* Maria są inżynierami.**
Both Peter and Mary are engineers.

***I* to, *i* tamto mi się podoba.**
I like both this and that.

Dwa *a* dwa to cztery.
Two and two is four.

On jest Anglikiem, *a* ja Polakiem.
He is English but I am Polish.

Dzisiaj pracuję, *a* jutro mam dzień wolny.
I'm working today but have a day off tomorrow.

Słońce świeciło, *a* on nadal siedział w domu.
The sun was shining but he still sat at home.

Ten telewizor jest drogi, *ale* nie dobry.
This television is expensive but not good.

Nie jestem chory, *ale* nie pójdę dzisiaj do biura.
I'm not ill but I won't go to the office today.

Chciałem zasnąć, *ale* przeskadzał mi syn.
I wanted to sleep but my son was bothering me.

Okolica jest piękna, *lecz* zaniedbana.
The surrounding area is pretty but run-down.

Do tego trzeba technika *albo i* fachowca.
This needs a technician or even an expert.

Zapałki kupuje się w sklepie *albo* w kiosku.
You buy matches in a shop or a kiosk.

Pójdę *albo* jutro, *albo* pojutrze.
I'll go either tomorrow or the day after.

Spędza wakacje nad Bałtykiem *lub* w górach.
He spends his holidays on the Baltic or in the hills.

***Nie* mam *ani* herbaty, *ani* cukru.**
I have neither tea nor sugar.

Taka przeciętna kobieta, *ani* mądra, *ani* głupia.
Just an average woman, not clever, not stupid.

***Nie* chodzi już do kina *ani* do teatru, *ani* nawet na dyskotekę.**
He no longer goes to the cinema, nor to the theatre, nor even to the disco.

Nie mamy nart, *a i* śnieg nie jest odpowiedni.
We have no skis and the snow isn't suitable anyway.

11.2   SUBORDINATING CONJUNCTIONS

Subordinate clauses are introduced by subordinating conjunctions of which there are seven types: time, cause, condition, concession, purpose, result and comparison. The exact meaning of any conjunction depends on context and also sometimes on the intonation used.

The order of clauses in the sentence is very much as in English. The subordinate clause can often precede the main clause. For the use of commas before conjunctions see 16 Sentence structure.

11.2.1   Conjunctions of time

[1]**kiedy**	when	**jak**	when/after
[1]**gdy**	when (if by chance)	[2]**(do)póty**	up to that time/point
(za)ledwie ... gdy/	scarcely ... than/	[2]**(do)póki**	while
(za)ledwo ... gdy	when	[3]**(do)póki/aż**	until/ while ... not
kiedy tylko	whenever/	**(podczas)**	while/during
	as often as	**gdy**	the time that
gdy/jak/skoro+ tylko	as soon as	**zanim**	before

¹ **Kiedy** expresses precise time; **gdy** is less precise.

² These two conjunctions can be used together to stress consecutive action in main and subordinate clauses. In this usage, **(do)póty** stands in the main clause.

³ In this meaning **(do)póki** is followed by **nie**. **Aż** takes a positive verb.

Kiedy **Adam miał osiem lat, mieszkał na wsi.**
When Adam was eight he lived in the country.

Kiedy **kupił nowy samochód, sprzedał stary.**
Having bought a new car, he sold the old one.

Gdy **będę miał czas, kupię bochenek chleba.**
If I have time, I'll buy a loaf of bread.

Ledwie **wróciła,** *gdy* **zaczęło padać.**
She had scarcely returned when it began to rain.

Czytam, *kiedy tylko* **mam czas.**
I read whenever I have time.

Jak **skończysz pracę, chodź do kina.**
When you finish work, come to the cinema.

Przyjadę, *jak tylko* **będę miał urlop.**
I'll come as soon as I'm on holiday.

Gdy tylko **skończę obiad, pójdę na spacer.**
As soon as I finish lunch I'll go for a walk.

Skoro tylko **dostanę wypłatę, kupię mu aparat.**
I'll buy him a camera as soon as I get my pay.

Będę czekał, *aż* **odjedzie pociąg/***dopóki* **NIE odjedzie pociąg.**
I'll wait until the train departs.

Nie pójdziesz *aż* **skończysz/***dopóki* **NIE skończysz.**
You can't go until you finish.

Agata *dopóty* **narzekała,** *dopóki* **NIE miała psa.**
Agatha moaned while she did not have a dog.

Anna *dopóty* **chodziła z nim,** *dopóki* **NIE wyjechała.**
Ann went out with him until she moved away.

Póty **dzban wodę nosi,** *póki* **się ucho NIE urwie.**
A jug carries water until the lug breaks.

Ucz się, *dopóki* **masz szansę.**
Study while you have the chance.

Jeszcze Polska nie zginęła, *póki* **my żyjemy.**
Poland hasn't perished while we are alive.

Dopóki **byłem zdrów, pracowałem.**
While I was well, I worked.

Jadł śniadanie, *podczas gdy* **żona się ubierała.**
He ate breakfast while his wife got dressed.

Zanim **pójdziesz do pracy, zadzwoń do Borysa.**
Before going to work, ring Boris.

Kobieta zmarła, *zanim* **przyjechała karetka.**
The woman died before the ambulance arrived.

11.2.2   Conjunctions of cause

[1]**bo/**[2]**bowiem**	for/because	**ponieważ**	since/as
bo inaczej	else/otherwise	[3]**skoro**	since
dlatego/	because/for the	**bo może ...**	because maybe/
dlatego że	reason that		in case/lest
gdyż	because	**zwłaszcza, że**	especially as/all
			the more because

[1] **Bo** is the least emphatic 'because'.

[2] **Bowiem** stands second in its clause, after the verb.

[3] **Skoro** must stand at beginning of sentence.

Lubię Marysię, *bo* **jest zawsze wesoła.**
I like Mary because she is always cheerful.

Wróciliśmy, *bo* **zabawa się już kończyła.**
We returned, because the party was ending.

Musisz się uczyć, *bo inaczej* **dostaniesz dwójkę.**
You must study or else you'll get a grade 2 (unsatisfactory mark).

Nagroda nie była wysoka, wynosiła *bowiem* **sto złotych.**
The prize wasn't high. It was 100 zlote.

Nie jadę autobusem, *dlatego że* **podróż trwa za długo.**
I'm not travelling by bus because the journey takes too long.

Nie mówię po polsku, *dlatego* **nie kupuję polskich książek.**
I don't speak Polish. That's why I don't buy Polish books.

Spóźniłem się, *gdyż* **za późno wstałem.**
I was late because I got up too late.

Ponieważ **jest chłodno, ubierz ciepły sweter.**
Since it is cool, put on a warm jumper.

Skoro **wszyscy jesteśmy, zaczynajmy.**
Let's begin, since we're all here.

Skoro **nie ma tam nic ciekawego, po co tam jechać?**
Why go, if there's nothing interesting there?

Nie pójdę do kina w taką pogodę, *zwłaszcza że* **już widziałem ten film.**
I won't go to the cinema in such weather, especially as I've already
 seen the film.

Pójdę do sklepu, *bo może* **nie masz sił.**
I'll go to the shop because perhaps you are too exhausted.

Idź wcześnie do sklepu, *bo może* **braknąć chleba.**
Go to the shop early, in case they run out of bread.

11.2.3   Conjunctions of condition

[1]**czy**	whether/if	**gdyby/jakby ... to**	if only ... [then]
czy ... , czy	whether .. or [not]	[4]**byle (tylko)/**	on condition that/
[2]**jeśli/jeżeli**	if [used in future only]	**pod warunkiem, że**	provided that/so long as
[3]**jeśliby/ jeżeliby**	if [used in future only]	**chyba że**	unless [real condition]
gdyby/jakby	if [used in past only]	**chyba żeby**	unless [unreal condition]

[1] Also used as particle to form questions.

[2] **Jeśli/jeżeli** are used for real conditions. Followed by present, past or future tense or, in general statements, by infinitive. **To** links the clauses if the 'if' clause precedes the main clause.

[3] **Jeśliby/jeżeliby** are used for possible conditions implying a 'but'. **Gdyby** and **jakby** express virtually impossible conditions. The conditional tense endings are attached to them. **To** links the clauses if the 'if' clause precedes the main clause.

[4] **Byle** requires conditional tense. **Pod warunkiem, że** is followed by present or future tense.

Pani się pytała, *czy* **mógłbym jej wskazać drogę.**
The lady asked if I could show her the way.

Czy **szkoła jest blisko,** *czy* **daleko?**
Is the school near or far?

Nie wiem, *czy* **Józef lubi lody,** *czy* **nie.**
I don't know if Joseph likes icecream or not.

Jeśli **masz pieniądze,** *to* **kup mi tę bransoletę.**
If you have money, buy me this bracelet.

Jeśli **się schylę,** *to* **będzie mnie boleć głowa.**
If I bend down, my head will hurt.

Jeśli **się przyjrzeć bliżej,** *to* **widać różowe pączki.**
On closer inspection pink buds are visible.

Wstąpię na kawę, *jeżeli* **będę miał czas.**
I'll drop in for coffee if I have time.

Jeśli **Jacek zgubi piłkę,** *to* **nie będzie mógł grać w tenisa.**
If Jack loses the ball, he won't be able to play tennis.

Gdybyś **był mądry,** *to* **postąpiłbyś inaczej.**
If you were clever, you would act differently.

Byłoby lepiej, *gdyby* **praca była lżejsza.**
It would be better if work were easier.

Gdybyś **go przypadkiem zobaczył,** *to* **powiedz mu, że czekam.**
If you happen to see him, tell him I'm waiting.

Ah! *Gdybyśmy* **tylko mieli dzisiaj wolne!**
Oh! If only we were on holiday today!

Gdybym **był na twoim miejscu, to kupiłbym auto**.
If I were you, I'd buy a car.

Jakbym **wiedział że lubi kwiaty,** *to* **kupiłbym je dla niej.**
If I knew that she liked flowers, I'd buy her some.

Pożyczę ci funta, *pod warunkiem***, że mi go zwrócisz.**
I'll lend you a pound provided that you return it.

Napraw to kiedy chcesz, *byle* **na wtorek było gotowe.**
Fix it any time, so long as it's ready for Tuesday.

Jutro wycieczka! *Byle tylko* **słońce świeciło.**
Trip tomorrow! Let's hope the sun shines!

Nie oddam pieniędzy, *chyba że* **zmusi mnie sąd.**
I won't return the cash, unless the law forces me.

Zawsze przychodzi w piątek, *chyba że* **jest chory.**
He always comes on Friday unless he's ill.

11.2.4   Conjunctions of concession

[1]**jednak**	nevertheless/ however/yet/but	[2]**choć/chociaż**	although
		(po)mimo że	despite/regardless of the fact that
a jednak	after all/but . . . still	**i tak**	in any case/anyway/as it happens/despite

[1] Usually stands second in clause, after the verb. Is often replaced, or even preceded, by **ale**.

[2] Conditional endings can be attached.

Mam mało pieniędzy, ale *jednak* **kupię ci zegarek.**
I have little money. However, I'll buy you a watch.

Wersalka jest stara, *jednak* **wygodna.**
The couch is old but comfortable.

A jednak **zapłacił.**
He did pay, after all.

Ciężko pracuje, *a jednak* **nie ma domu.**
He works hard but nevertheless, has no house.

Miał przyjechać samochodem, przyjechał *jednak* **rowerem.**
He was supposed to come by car, but came by bicycle.

Chociaż **lubię czarne króliki, musiałem kupić białego.**
Athough I like black rabbits, I had to buy a white one.

Choć **mało zarabiam, mogę trochę zaoszczędzić.**
Though I earn little, I can save a bit.

Dzieci bały się wujka, *choć* **był łagodny.**
The children feared their uncle, although he was kind.

Chociaż **nie jest zdolny, dostał się** *jednak* **na studia.**
Though he isn't clever, he still got to college.

Nie wyszłabym za Tomka, *choćby* **był milionerem.**
I wouldn't marry Tom, even if he were a millionaire.

Idę na spacer, *mimo że* **pada śnieg.**
I'm going for a walk although it is snowing.

Nie idziesz? No, ale ja *i tak* **pójdę.**
You're not going. Well, I'll go anyway.

Bardzo się starał, ale *i tak* **mu się nie udało.**
He tried hard but failed anyway.

Nie idź dzisiaj. *I tak* **jesteś zmęczony.**
Don't go today. You're tired anyway.

11.2.5 Conjunctions of purpose

[1]**żeby/aby/**	so that/in order to/	**aby . . . nie**	so that . . . not/lest
byle (tylko)	in order that/so as to		

[1] Colloquially, all are replaced by **by**. Express requests, wishes, commands, advice, purpose can be followed by the infinitive (shown in capitals in the examples that follow) in commands, or if both clauses have same subject. With different subjects, the conditional tense follows, the conditional endings being attached to the conjunctions (see 5.8.4).

Proszę was, *żebyście* **wyprowadzili psa.**
I'm asking you to take the dog out. [Request]

Radzę ci, *abyś* **porozmawiał z dyrektorem.**
I suggest you talk to the director. [Advice]

Byłoby dobrze, *żeby* **Hanka zdała egzamin.**
It would be good if Annie passed her exam. [Wish]

Nie chcę, *żeby* **ktoś cierpiał.**
I don't want anyone to suffer. [Wish]

Zrób to tak, *żeby* **nie trzeba było poprawiać.**
Do it like this, so that it needs no changes. [Command]

Daję znak, *abyście* **się zatrzymali.**
I'm signalling you to stop. [Command]

Żebyś tu nigdy więcej nie właził!
Don't you ever climb in here again! [Command]

Mówił, *żeby* **nie CZEKAĆ/żebyśmy nie czekali.**
He told us not to wait. [Purpose]

Karol ciężko pracuje, *żeby* SIĘ DOSTAĆ na uniwersytet.
Carl works hard in order to get into university. [Purpose]

Szukałem kiosku, *żeby* KUPIĆ papierosy.
I looked for a kiosk in order to buy cigarettes. [Purpose]

Weszliśmy do sklepu, *aby* lepiej OBEJRZEĆ telefony.
We entered the shop to have a better look at the telephones. [Purpose]

Powtarzam, *abyście* zrozumieli.
I'm repeating so that you'll understand. [Purpose]

***Aby* się POROZUMIEĆ, trzeba dobrej woli.**
You need goodwill to understand people. [Purpose]

Wstał wcześnie, *aby* nie PRZEGAPIĆ pociągu.
He rose early so as not to miss the train. [Purpose]

Oszczędzam, *aby* POJECHAĆ do Stanów.
I am saving in order to go the the USA. [Purpose]

Trzymał się płotu, *by* nie upaść.
He held onto the fence, so as not to fall. [Purpose]

Robię wszystko, *byle* (tylko) zadowolić szefa.
I do everything in order to please the boss. [Purpose]

11.2.6   Conjunctions of result

tak . . . , że/aż	so/so that/such that/ with the result that	**więc/to**	therefore/so/thus
na tyle . . . , że	enough . . . to/ so . . . as to	**zatem** [bookish]	therefore/so
kiedy/jak . . . to	if . . . then	**aby**	only to [opposite result]

Jest ładna pogoda, *więc* idziemy na spacer.
The weather is nice, so we're going for a walk.

Chleb był już całkiem wysprzedany, *to* kupiłem bułki.
The bread was sold out so I bought rolls.

Mieliśmy czas, *to* zwiedziliśmy zamek.
We had time, so we visited the castle.

Jak wiesz, *to* po co pytasz?
If you know, why ask?

Kiedy wszyscy tak mówią, *to* musi być prawdą.
If everyone says so, it must be true.

Czekałem godzinę, *tak że* spóźniłem się na obiad.
I waited an hour, so that I was late for lunch.

Karol *tak* ciężko pracował, *że* się rozchorował.
Carl worked so hard that he got ill.

Był *tak* biedny, *że* nawet na chleb nie miał.
He was so poor that he didn't even have enough for bread.

Wyczyścił buty, *aż* się świeciły.
He polished the shoes until they shone.

Kot tak się przestraszył, *że aż* uciekł.
The cat was so scared that it ran off.

Przyjechaliśmy *na tyle* wcześnie, *że* znaleźliśmy wolne miejsce na parkingu.
We arrived early enough to find a free space in the car park.

Zasnął, *aby* po chwili się znowu zbudzić.
He fell asleep, only to wake again after a moment.

11.2.7   Conjunctions of comparison

natomiast/zaś[1]/ tymczasem	whereas/but	jak[2]	as/like
		tak[2] . . . , jak	thus . . . as
im . . . tym	the . . . the	(tak)[4] jakby/ jak gdyby	as if
niż[3]	than		

[1] Usually stands second in clause, after the verb.

[2] Verb in **jak** clause, if identical to main verb, is omitted.

[3] Preceded by comparative adjective or adverb. Subjects of clauses can be identical or different. Verb in **niż** clause, if identical to main verb, is omitted. **Niz** is often replaced by the preposition **od** and genitive case.

[4] If a conditional tense follows, the conditional endings are attached.

Dzisiaj jest tutaj targ, *natomiast* jutro będzie w Krakowie.
Today there is a market here, whereas tomorrow there will be one in Kraków.

Maciej jest mądry, Zdzich *zaś* głupi.
Maciej is clever; Zdzich, on the other hand, stupid.

Myśleli, że wygrają, a *tymczasem* nie strzelili ani gola.
They thought they would win, but they didn't score a single goal.

Wojtek jeździ *jak* wariat [jeździ].
Wojtek drives like a madman [drives].

Nigdy, *jak* wiesz, nie kłamię.
As you know, I never lie.

Święta były *tak* miłe, *jak* się spodziewałem.
The celebrations were as joyful as I expected.

Sprawa nie była *tak* prosta, *jak* się wydawało.
The case wasn't as simple as it seemed.

Zrób *tak, jak* mówiłeś.
Do it as you said.

***Jak* już od dawna mówię, Antoni jest dla rodziców kłopotem.**
As I've said for a long time, Anthony is a problem to his parents.

Rządzisz się *tak, jakbyś* był kimś ważnym.
You are bossing everyone as if you were someone important.

Pamiętam wszystko, *jakby* się zdarzyło wczoraj.
I remember it all as if it happened yesterday.

Uczą się *tak, jakby* nie chcieli zdać.
They learn as if they didn't want to pass.

Praca jest *tak jakby* skończona.
The work is nearly done.

Wygląda, *jakby* spadł z księżyca.
He looks like he has come from the moon.

Agata spojrzała na mnie, *jak gdyby* chciała o coś zapytać.
Agatha looked at me as if she wanted to say something.

***Im* dłużej czekam, *tym* bardziej się denerwuję.**
The longer I wait, the more anxious I become.

***Im* mniej pracuje, *tym* więcej mu żona dokucza.**
The less he works, the more his wife nags him.

***Im* ładniejszą masz suknię, *tym* bardziej trzeba ją szanować.**
The nicer your dress, the more care you must take of it.

Zrobił gorzej *niż* obiecywał.
He did a worse job than he promised.

Ona jest wyższa *niż* on/wyższa od niego.
She is taller than he is.

11.2.8 'That' in noun clauses

Do not confuse this with the demonstrative adjective **tamten**, the pronoun **to**, or the relative pronoun **który**.

Tamten autobus. ...	That bus. ...	**To jest piękne.**	That's nice.	**Autobus który ...**	The bus that ...

11.2.9 'That' is **że** if it starts a noun clause of result, e.g. I think that ... , Do you know that ...? It is possible that ....

Myślę, *że* ona jest mężatką.
I think that she is married.

Czy Pan nie wie, *że* Polska jest cudownym krajem?
Don't you know that Poland is a charming country?

Jest możliwe, *że* on jest chory.
It is possible that he is ill.

11.2.10 'That' is **żeby** or **aby** if it starts a noun clause of purpose, e.g. I ask that ... (see section 11.2.5 above).

12 NUMERALS

12.1 LIST OF CARDINAL AND ORDINAL NUMBERS

	Cardinal	Ordinal
0	zero	
1	jeden, jedna, jedno	pierwszy, pierwsza, pierwsze
2	dwa, dwie, dwa	drugi, druga, drugie
3	trzy	trzeci, trzecia, trzecie
4	cztery	czwarty, -a, -e
5	pięć	piąty, etc.
6	sześć	szósty
7	siedem	siódmy
8	osiem	ósmy
9	dziewięć	dziewiąty
10	dziesięć	dziesiąty
11	jedenaście	jedenasty
12	dwanaście	dwunasty
13	trzynaście	trzynasty
14	czternaście	czternasty
15	piętnaście	piętnasty
16	szesnaście	szesnasty
17	siedemnaście	siedemnasty
18	osiemnaście	osiemnasty
19	dziewiętnaście	dziewiętnasty
20	dwadzieścia	dwudziesty
21, etc.	dwadzieścia jeden etc.	dwudziesty pierwszy etc.
30	trzydzieści	trzydziesty
31, etc.	trzydzieści jeden etc.	trzydziesty pierwszy etc.
40	czterdzieści	czterdziesty
41, etc.	czterdzieści jeden etc.	czterdziesty pierwszy etc.
50	pięćdziesiąt	pięćdziesiąty
51, etc.	pięćdziesiąt jeden etc.	pięćdziesiąty pierwszy etc.
60	sześćdziesiąt	sześćdziesiąty
61, etc.	sześćdziesiąt jeden etc.	sześćdziesiąty pierwszy etc.
70	siedemdziesiąt	siedemdziesiąty
71, etc.	siedemdziesiąt jeden etc.	siedemdziesiąty pierwszy etc.
80	osiemdziesiąt	osiemdziesiąty
81, etc.	osiemdziesiąt jeden etc.	osiemdziesiąty pierwszy etc.

90	dziewięćdziesiąt	dziewięćdziesiąty
91, etc.	dziewięćdziesiąt jeden etc.	dziewięćdziesiąty pierwszy etc.
100	sto	setny
101, etc.	sto jeden etc.	sto pierwszy etc.
200	dwieście	dwusetny
300	trzysta	trzechsetny
400	czterysta	czterechsetny
500	pięćset	pięćsetny
600	sześćset	sześćsetny
700	siedemset	siedemsetny
800	osiemset	osiemsetny
900	dziewięćset	dziewięćsetny
1,000	tysiąc	tysięczny
2/3/4,000	dwa/trzy/cztery tysiące	dwu/trzy/czterotysięczny
5,000–9,000	pięć/sześć etc. tysięcy	pięcio/sześcio/siedmio/ośmio/ dziewięciotysięczny
10,000	dziesięć tysięcy	dziesięciotysięczny
100,000	sto tysięcy	stutysięczny
1,000,000	milion	milionowy

ostatni   last   **przedostatni**   second last

12.2   DECLENSION OF CARDINAL NUMBERS

Cardinal numbers are declined as adjectives. Most complex are numbers 'one' and 'two'. 'Three' and 'four' have fewer gender and case forms. Numbers from 'five' onwards have only one declined form.

From 'three' onwards, the number is not declined when referring to masculine (non-men), feminine and neuter nouns in the nominative and accusative cases. In all other instances the number is declined as shown.

12.2.1   Jeden, jedna, jedno (one)

The number 'one' agrees in gender and case with the noun to which it refers. It also means a 'certain'. The plural **jedne/jedni** means 'some' [from a total number]. Indefinite 'some/several' is **kilku/kilka** (see 12.8).

| | *Singular* | | | *Plural* | |
	Masc.	*Fem.*	*Neut.*	*Non-men*	*Men*
Nom.	jeden	jedna	jedno	jedne	jedni
Acc.	jeden [non-alive] use Gen. [alive]	jedną	jedno	jedne	*use Gen.*
Gen.	jednego	jednej	jednego	jednych	jednych
Loc.	jednym	jednej	jednym	jednych	jednych
Inst.	jednym	jedną	jednym	jednymi	jednymi
Dat.	jednemu	jednej	jednemu	jednym	jednym

Jeden **pan,** *jeden* **stół,** *jedna* **pani,** *jedno* **dziecko.**
One man, one table, one lady, one child.

Widzę *jednego* **pana,** *jeden* **stół,** *jedną* **panią,** *jedno* **dziecko**
I see one man, one table, one lady, one child.

Jedni **śpią, inni pracują.**
Some sleep, others work.

Ani *jedni,* **ani drudzy nic nie mówili.**
Neither one lot [of people] nor the other said anything.

Note: The negative of **jeden** is **żaden** (see 8.4 Distributive adjectives).

12.2.2 'Single/sole/only one'

Use the adjective **jedyny, jedyna, jedyne**.

On jest *jedynym* **synem, ona** *jedyną* **córką.**
He is an only son, she an only daughter.

Dam ci swój *jedyny* **ołówek.**
I'll give you my only pencil.

Kocham jego *jedynego.*
I love only him.

12.2.3   Dwa (two)

The number 'two' agrees in gender and case with the noun to which it refers. Alongside **dwa** exists **oba** meaning 'both', referring to two persons, animals or objects of the same gender. 'Two' and 'both' are followed by a plural verb.

Note: For persons of mixed gender, children and *young* animals, use the collective number **dwoje** (see 12.6).

	Masc. (men)	Masc. (non-men) and neut.	Fem.
Nom.	dwaj[1]	dwa	dwie
Acc.	dwóch	dwa	dwie
Gen.	dwóch[2]	dwóch[2]	dwóch[2]
Loc.	dwóch[2]	dwóch[2]	dwóch[2]
Inst.	dwoma[2]	dwoma[2]	dwiema[3]
Dat.	dwom[4]	dwom[4]	dwom[4]
Nom.	obaj[5]	oba[5]	obie[5]
Acc.	obu	oba	obie
Gen.	obu	obu	obu
Loc.	obu	obu	obu
Inst.	oboma/obu	oboma/obu	obiema/obu
Dat.	obu	obu	obu

[1] **Dwaj** and **obaj** need a noun in the *nominative* plural and a *plural* verb. In colloquial speech **dwaj** is replaced by **dwóch** or **dwu**. This replacement demands a noun in the *genitive* plural and a verb in the *singular* (neuter singular in past tense), i.e.

Dwaj panowie *czekają.*	BUT	**Dwóch/dwu panów** *czeka.*
Two men are waiting.		
Czekali **dwaj panowie.**	BUT	*Czekało* **dwóch/dwu panów.**
Two men were waiting.		
Przyjadą **dwaj lekarze**	BUT	*Przyjedzie* **dwóch lekarzy.**
Two doctors will arrive.		

[2] Alternative, rarer form **dwu** exists.

[3] Alternative **dwoma** also exists.

[4] Alternative **dwu** and rare form **dwóm** exist.

[5] Colloquially these are replaced by **obydw-** and the appropriate ending, i.e. **obydwaj/ obydwa/obydwie/obydwu/obydwoma/obydwiema**.

Dwaj **synowie,** *dwa* **ołówki,** *dwie* **matki,** *dwa* **drzewa.**
Two sons, pencils, mothers, trees.

Obaj **synowie,** *oba* **ołówki,** *obie* **matki,** *oba* **drzewa.**
Both sons, pencils, mothers, trees.

Obaj **chłopcy są tutaj/***Dwóch* **chłopców jest tutaj.**
Both boys are here./Two boys are here.

Mieszkam z *dwoma* **synami i z** *dwiema* **córkami.**
I live with my two sons and two daughters.

Nie lubię tych *dwóch* **chłopców/pań.**
I don't like these two boys/ladies.

Nie lubię tych *dwojga* **dzieci.** (see 12.6)
I don't like these two children.

Daj *obu* **chłopcom parę cukierków.**
Give both the boys a few sweets.

12.2.4   **Trzy** (three) and **cztery** (four)

Differences between masculine (men) nouns and all other nouns exist only in the nominative and accusative cases.

'Three' and 'four' are followed by a plural verb.

	Masc. (men)		Other
Nom.	trzej[1] czterej[1]	panowie	trzy cztery	koty/kobiety/okna
	trzech czterech	panów	
Acc.	trzech czterech	panów	trzy cztery	koty/kobiety/okna
Gen.	trzech czterech	panów	trzech czterech	kotów/kobiet/okien
Loc.	trzech czterech	panach	trzech czterech	kotach/kobietach/ oknach
Inst.	trzema czterema	panami	trzema czterema	kotami/kobietami/ oknami
Dat.	trzem czterem	panom	trzem czterem	kotom/kobietom/ oknom

[1] **Trzej** and **czterej** need a noun in the *nominative* plural and a *plural* verb. In colloquial speech **trzej** is replaced by **trzech**; **czterej** by **czterech**. These replacements demand a noun in the *genitive* plural and a verb in the *singular* (neuter singular in past tense), i.e.

Trzej panowie *czekają.*	BUT	**Trzech panów** *czeka.*
Three men are waiting.		

Czekali **trzej panowie.**	BUT	*Czekało* **trzech panów.**
Three men were waiting.		

12.2.4.1   *Expressing 'togetherness'*

This is done using 'two/three/four' in the case demanded by the preceding preposition. Again, collective numbers are used for children and mixed genders (see 12.6).

	we + *Acc.*	*dla* + *Gen.*
two/three/four men	**we dwóch/trzech/czterech**	**dla dwóch/trzech/czterech**
two/three/four women	**we dwie/trzy/cztery**	**dla dwóch/trzech/czterech**
two/three/four children/ mix of genders	**we dwoje/troje/czworo**	**dla dwojga/trojga/czworga**

Panowie przyszli we dwóch/trzech/czterech.
The men came in twos/threes/fours.

Kobiety przyszły we dwie/trzy/cztery.
The women came in twos/threes/fours.

Dzieci/ludzie przyszły we dwoje/troje/czworo.
The chidren/people came in twos/threes/fours.

Pokój dla dwóch/trzech/czterech [panów].
A room for two/three/four [men].

Pokój dla dwóch/trzech/czterech [pań].
A room for two/three/four [ladies].

Pokój dla dwojga/trojga/czworga [dzieci]. (see 12.6)
A room for two/three/four [children].

12.2.5 Pięć (five) onwards

Most numbers from 'five' onwards are declined like **pięć** below.

They are *not* declined when referring to masculine (non-men), feminine and neuter nouns in the nominative and accusative cases. In all other instances use the declined form.

Note: Numbers from 'five' onwards are treated as quantities (see 6.5.4.5 Genitive after numbers). Therefore, in the *nominative, accusative* and *genitive* cases they are followed by the *genitive* case of the noun. Otherwise, the noun stands in the appropriate case.

If a number is the subject of a sentence the verb is in the *singular* (neuter singular in past tense).

Nom.	*(masc. men)*	pięciu	dwunastu	*panów*
	(others)	pięć	dwanaście		*kotów/kobiet/okien*
Acc.	*(masc. men)*	pięciu	dwunastu	*panów*
	(others)	pięć	dwanaście		*kotów/kobiet/okien*
Gen.		pięciu	dwunastu	*panów*	*kotów/kobiet/okien*
Loc.		pięciu	dwunastu	panach	kotach/kobietach/oknach
Inst.		pięciu/	dwunastu/	panami	kotami/kobietami/oknami
		pięcioma	dwunastoma		
Dat.		pięciu	dwunastu	panom	kotom/kobietom/oknom

12.2.5.1   5 to 19 – declined forms

5	pięciu	10	dziesięciu	15	piętnastu
6	sześciu	11	jedenastu	16	szesnastu
7	siedmiu	12	dwunastu	17	siedemnastu
8	ośmiu	13	trzynastu	18	osiemnastu
9	dziewięciu	14	czternastu	19	dziewiętnastu

Note: In numbers 5 to 19, the instrumental case has an alternative form ending in **-oma**, e.g. **pięcioma, sześcioma, dziewięcioma, dwunastoma, osiemnastoma**.

12.2.5.2   20 to 900 – declined forms

20	dwudziestu	50	pięćdziesięciu	80	osiemdziesięciu
30	trzydziestu	60	sześćdziesięciu	90	dziewięćdziesięciu
40	czterdziestu	70	siedemdziesięciu	(see *note* following)	

Note: In numbers 20 to 90, the instrumental case has an alternative form ending in **-oma**, e.g. **dwudziestoma**, **pięćdziesięcioma**.

100	stu	400	czterystu	700	siedmiuset
200	dwustu	500	pięciuset	800	ośmiuset
300	trzystu	600	sześciuset	900	dziewięciuset

12.2.5.3   *Numbers 21 onwards containing two or more elements*

12.2.5.3.1   In numbers of up to three elements (hundreds, tens, units) *all* elements are declined (see *note* in 12.2.5).

Exception: **Jeden** is not declined in numbers ending in 'one', even if followed by a feminine or neuter noun.

Mieszkał w *trzydziestu sześciu* **miastach.**
He has lived in 36 towns.

Poznałem *stu pięćdziesięciu czterech* **chłopców.**
I got to know 154 boys.

Poznałem *sto pięćdziesięcioro czworo* **dzieci.**
I got to know 154 children.

Widzę *dwudziestu jeden* **chłopców.**
I see 21 boys.

Jest *dwadzieścia jeden* **pań/piór.**
There are 21 ladies/pens.

12.2.5.3.2   In numbers containing the 'thousand' element either *all* elements or, more usually, the *last two* are declined.

Statek z *tysiącem siedmiuset czterdziestu ośmiu* **osobami.**
A ship with 1,748 persons.

Statek z tysiąc siedemset *czterdziestu ośmiu* **osobami.**
A ship with 1,748 persons.

12.2.6   **Tysiąc** (thousand) and **milion** (million)

These are declined as nouns. The following noun is always in the *genitive* case:

	Singular	Plural	Singular	Plural	
Nom.	tysiąc	tysiące	milion	miliony	
Acc.	tysiąc	tysiące	milion	miliony	
Gen.	tysiąca	tysięcy	milion	milionów	panów /kotów/
Loc.	tysiącu	tysiącach	milionie	milionach	kobiet/okien
Inst.	tysiącem	tysiącami	milionem	milionami	
Dat.	tysiącowi	tysiącom	milionowi	milionom	

Note: **Tysiąc**, **milion**, **setki** (hundreds) take a singular verb.

Leciało setki rakiet.
Hundreds of rockets were flying around.

Tysiące ludzi *stało* **na polu.**
Thousands of people stood in the open.

Miliony robotników *mieszka* **tam.**
Millions of workers live there.

12.3   DECLENSION OF ORDINAL NUMBERS

Ordinal numbers are declined as adjectives. They therefore possess special forms for masculine (men) nouns (**pierwsi**, **drudzy**, **trzeci**, **czwarci**, etc.). See 8.1.3.

12.4   'ANOTHER/SECOND/ONE MORE'

Use **jeszcze jeden**, not **inny** meaning 'another/different'.

Proszę, *jeszcze jedno* **piwo.**	Another beer, please.
Spróbuj *jeszcze jeden* **raz.**	Try one more time.
Proszę, *inne* **piwo.**	A different beer, please.
Mam *inny* **bilet.**	I have a different ticket.

12.5   'FORMER/LATTER'

Use the demostrative adjective **ten/ta/to** and the ordinal numbers **pierwszy** or **drugi**.

Przyszli dwaj studenci, Paweł i Janek. *Ten pierwszy* **był spokojny;** *ten drugi* **zmartwiony.**
Two students came, Paul and John. The former was calm; the latter worried.

Znam i Helenę, i Janinę. *Ta pierwsza* **jest uprzejma;** *ta druga* **nie.**
I know both Helen and Jane. The former is helpful; the latter is not.

12.6   COLLECTIVE NUMBERS

Collective numbers, not cardinal numbers, precede nouns denoting:

1 People of mixed sex (students, workers, etc.)

2 Children, and infants/young animals whose nominative plural ends in **-ęta**.

3 Objects existing only in the plural in Polish (door, scissors, violin), e.g. **jedne drzwi** *but* **dwoje/troje/czworo drzwi**.

Collective numbers are formed from cardinal numbers. They contain the suffixes **-oj/-or** and **-ojg/-org**. They are declined like neuter singular nouns and require a *singular* verb (neuter singular in past tense.)

	Two	*Both*	*Three*	*Four*[1]
Nom.	dwoje	oboje	troje	czworo
Acc.	dwoje	oboje	troje	czworo
Gen.	dwojga	obojga	trojga	czworga
Loc.	dwojgu	obojgu	trojgu	czworgu
Inst.	dwojgiem	obojgiem	trojgiem	czworgiem
Dat.	dwojgu	obojgu	trojgu	czworgu

[1] **Pięcioro, sześcioro, siedmioro, ośmioro, dziewięcioro, dziesięcioro** decline as 'four'. For **kilkoro, kilkanaścioro** see 12.8 Indefinite numbers.

To form collective numbers 11 to 19, 20, 30, and 40 remove everything after the **ś** in the cardinal number. Add **-cioro**, e.g. **dwanaścioro, trzydzieścioro**. To form numbers 50 to 90 remove the ending **-ąt**. Add **-ęcioro**, e.g. **pięćdziesięcioro, osiemdziesięcioro**.

Only the *last* number in compound numbers can be a collective, i.e. **dwadzieścia** *dwoje* **dzieci** (22 children).

Cases followed by *genitive* plural of noun:

Nom. **Czekało** *dwoje pasażerów.*
Two passengers were waiting.
Kolędy śpiewało *siedmioro dzieci.*
Seven children were singing carols.

Acc. **Rodzice mają** *pięcioro zwierząt.*
My parents have five animals.
W szkole spotkałem *trzydzieścioro studentów.*
I met thirty students at school.
Ten pokój ma *dwoje* **drzwi.**
This room has two doors.

Gen. **Przyszedł bez** *dwojga nauczycieli.*
He came without the two teachers.

Inst. **Przyjechała z** *czworgiem wnuków.*
She arrived with four grandchildren.

Cases retaining *own* case for noun:

Dat. **Kupił prezenty** *trojgu ludziom.*
He bought presents for three people.

Loc. **Co mówił o** *dziesięciorgu lekarzach?*
What did he say about the ten doctors?

12.7 'PAIR'

Para (pair) denotes certain plural-only nouns comprising two distinct parts. A noun in the genitive plural follows.

Para pończoch/skarpetek/rękawiczek/okularów.
Pair of stockings/socks/gloves/spectacles.

Kup mu dwie pary spodni i parę butów.
Buy him two pairs of trousers and a pair of shoes.

Mam trzy pary nożyczek.
I have three pairs of scissors.

12.8 INDEFINITE NUMBERS

There are eight indefinite or approximate numbers. Each also has a special form used in the nominative and accusative cases referring to masculine (men) nouns.

Indefinite numbers in the *nominative*, *accusative* and *genitive* cases are followed by the *genitive* case of the noun. Otherwise, the noun stands in the appropriate case. The verb following is in the *singular* (neuter singular in past tense).

	Several	*Many*	*So many*	*How many?*	*A few*
Nom./Acc. (masc. men)	kilku	wielu	tylu	ilu	paru
(other)	kilka	wiele	tyle	ile	parę
Gen./Loc./Dat.	kilku	wielu	tylu	ilu	paru
Inst.	kilku/	wielu/	tylu/	ilu/	paru/
	kilkoma	wieloma	tyloma	iloma	paroma

	11 – 19	*20 – 90*	*100 – 900*
Nom./Acc. (masc. men)	kilkunastu	kilkudziesięciu	kilkuset
(other)	kilkanaście	kilkadziesiąt	kilkaset
Gen./Loc./Dat.	kilkunastu	kilkudziesięciu	kilkuset
Inst.	kilkunastu/	kilkudziesięciu/	kilkuset
	kilkunastoma	kilkudziesięcioma	

Nom. **Jest *wielu* uczniów i *wiele* uczennic.**
There are many boy and girl pupils.
***Paru* studentów czeka.**
A few students are waiting.
***Parę* kubków stało na półce.**
A few mugs stood on the shelf.

Acc. **Maria ma *kilkanaście* lat.**
Maria is in her teens.

Gen.   **Śniadanie dla *kilkudziesięciu* chłopców.**
Breakfast for scores of boys.

Loc.   **O *ilu* chłopcach mówisz?**
How many boys are you referring to?

Dat.   **Dał *kilkuset* dzieciom obiad.**
He gave lunch to several hundred children.
Przyglądali się *paru* żubrom.
They were looking at a few bison.

Inst.   **Przyjechał z *kilkunastoma* książkami.**
He arrived with between 10 and 20 books.
Przyszedł z *paroma* złotymi w kieszeni.
He came with a few zlote in his pocket.
Mówię *kilkoma* językami.
I speak several languages.

Note: The collective equivalents of **kilka**, **kilkanaście** are **kilkoro**, **kilkana-**
ścioro, e.g. **kilkoro dzieci**, **kilkanaścioro zwierząt** (several children/11–19
animals).

12.9   FRACTIONS AND DECIMAL NUMBERS

Fractions and decimal numbers are made up of a cardinal number followed
by an ordinal number. The latter is declined as an adjective. Such expressions are feminine because the noun **część** (part) is implied. They are
followed by the genitive case. A comma is used for the decimal point.

half	**pół** (indeclinable)	0.1	**0,1**	**jedna dziesiąta**
	połowa (noun)	0.7	**0,7**	**siedem dziesiątych**
third	**jedna trzecia**	0.01	**0,01**	**jedna setna**
two thirds	**dwie trzecie**	0.02	**0,02**	**dwie setne**
fourth	**jedna czwarta**	0.06	**0,06**	**sześć setnych**
three fourths	**trzy czwarte**	0.001	**0,001**	**jedna tysiączna**
quarter	**ćwierć** (noun)	0.003	**0,003**	**trzy tysiączne**
three quarters	**trzy ćwierci**	0.005	**0,005**	**pięć tysiącznych**
one and a half	**półtora** (m./n.)			
	półtorej (f.)			
two and a half	**dwa i pół** (m./n.)			
	dwie i pół (f.)			

Note: Expressions with **połowa** and **czwarta** denote a part of a whole. In
measurements use **pół** and **ćwierć**.

Pół litra/godziny/jabłka.
Half a litre/hour/apple.

Połowę życia mieszkałem w Warszawie.
I lived in Warsaw for half my life.

Ćwierć ogrodu/łyżki/ciasta.
A quarter of the garden/a spoonful/the cake.

Przeczytał *jedną czwartą* książki.
He read one quarter of the book.

Czekał *półtora* tygodnia/*półtorej* godziny.
He waited one-and-a-half weeks/hours.

12.10 WEIGHTS AND MEASURES

The genitive singular and plural are also shown.

pound	**pół kilo** (approx.)	inch	**cal -a cali**
kilogram	**kilogram -a -ów**	foot	**stopa -y stóp**
10 grams	**dekagram -ów**[1]	mile	**mila -y mil**
pint	**pół litra** (approx.)	centimetre	**centymetr -a -ów**
litre	**litr -a -ów**	metre	**metr -a -ów**
		kilometre	**kilometr -a -ów**

[1] Colloquially **deka** (indecl.). In recipes **dag**.

wysokość	height (object)	**szerokość**	width	**odległość**	distance
wzrost	height (person)	**długość**	length	**miara**	measure
waga	weight				

Ile Pan/Pani waży? — How heavy are you?
Ile Pan/Pani ma wzrostu? — How tall are you?
Jaką to ma wysokość/długość/szerokość? — How high/long/wide is this?

12.11 AGE

Polish speakers say 'I have X years' and 'I've finished X years'. Numbers one to four are followed by the nominative case of the noun, all others by the genitive case. The plural of **rok** (year) is **lata** (summers).

Ile Pan/Pani ma *lat*?
How old are you?

Anka ma tylko *dzień*/*tydzień*/*miesiąc*/*rok*.
Annie is just a day/week/month/year old.

Syn ma *dwa lata* i *pięć miesięcy*.
My son is two years and five months old.

Ojciec ma *czterdzieści jeden lat*.
My father is forty one.

Skończyłem *dwanaście lat.*
I've turned twelve.

12.12   DATES

In dates, the day, month and year are in the genitive case. In the year, only tens and units are declined.

Którego **mamy dzisiaj?**/*Którego* **jest dzisiaj?**
What date is it today?

Jest sobota *piątego stycznia.*
It's Saturday January the 5th.

Kiedy masz urlop? *Dwudziestego drugiego lutego.*
When is your holiday? February the 22nd.

Danuta urodziła się *czternastego grudnia tysiąc dziewięćset*
czterdziestego ósmego roku.
Danuta was born on December 14th, 1948.

Kraków, 6 kwietnia 1997 r.
Kraków, 6 April 1997. [date format in letters]

12.13   TEMPERATURE

This is measured in degrees Celsius (stopnie Celsjusza). The singular is **stopień**. **Powyżej** and **poniżej** are followed by the genitive case.

Jest trzy stopnie powyżej zera.   It is three degrees above zero.
Jest pięć stopni poniżej zera.   It is five degrees below zero.

12.14   MONEY

Comprising 100 grosze, the Polish **złoty** (meaning 'golden') is declined as an adjective.

Nominative		*Genitive*		*Nominative*		*Genitive*	
sing.	*pl.*	*sing.*	*pl.*	*sing.*	*pl.*	*sing.*	*pl.*
grosz	-e	-a	-y	złoty	złote	-ego	-ych
funt	-y	-a	-ów	dolar	-y	-a	-ów
frank	-i	-a	-ów	lir	-y	-a	-ów
marka	-i	-i	marek	rubel	ruble	rubla	rubli

pieniądze (pl.)	money	czek podróżny	traveller's
(Gen. pieniędzy)			cheque
drobne pieniądze	small change	konto	account
waluta	currency	założyć konto	open account
kurs waluty	exchange rate	zlikwidować konto	close account
dewizy (pl.)	foreign	wpłata	deposit
(Gen. dewiz)	exchange	wypłata	withdrawal
	currency	przelew	transfer
banknot	banknote	kasa	cash desk
złotówka	one-zloty coin	dowód osobisty	personal
stopa procentowa	interest rate		identification
podpis (podpisać)	signature (sign)	dane osobiste	personal data
czynny/nieczynny	open/closed	godność	name and
czek	cheque		address

Czy Pan/Pani ma _złotówkę_?
Have you got a one-zloty coin?

Ta gazeta kosztuje _złoty_ dziesięć.
This newspaper costs 1 zloty and 10 grosze.

Mam dwieście _złotych_ i dwa _grosze_.
I have 200 zlote and 2 grosze.

Za sto _funtów_ dostałem czterysta osiemdziesiąt _złotych_.
For 100 pounds I got 480 zlote.

Proszę o wypłatę tego czeku.
Please cash this cheque.

Proszę o drobniejsze/grubsze pieniądze.
Please give me smaller/larger value notes.

Jaki jest obecny kurs?
What is the current rate of exchange?

Chcę wymienić dolary/funty na złote.
I want to change dollars/pounds into zlote.

12.15   CLOCK TIME

Clock time is based on the feminine nouns **godzina** (hour) and **minuta** (minute) plus the ordinal number. So, in Polish we say 'at what hour?'; 'it's the ninth hour'; 'it's the tenth hour and fifty minutes'; 'at the fifth hour'; 'at ten minutes to/past the eighth hour'. **Godzina** and **minuta** are usually omitted.

12.15.1   Expressing time without prepositions:

Która godzina jest?	What time is it?
Jest pierwsza.	It's one o'clock (lit. it's the first hour).
Jest piąta.	It's five o'clock.
Jest ósma pięćdziesiąt.	It's eight fifty.
Jest dokładnie dwunasta.	It's precisely twelve o'clock.

12.15.2   The preposition **o** followed by the locative case expresses 'at':

O **której (godzinie) ... ?**	At what time ... ?
O **pierwszej.**	At one o'clock (lit. at the first hour).
O **piątej.**	At five o'clock.
O **dziewiątej dziesięć.**	At ten past nine/at 9.10.
O **dwunastej dokładnie.**	At precisely twelve o'clock.

12.15.3   The preposition **po** followed by the locative case expresses 'after/past':

Jest trzy (minuty) *po* **jedenastej**.	It's three minutes past eleven.
Jest sześć (minut) *po* **czwartej.**	It's six minutes past four.
O dwadzieścia *po* **pierwszej.**	At twenty past one (lit. at twenty past the first hour).
O dziesięć *po* **piątej.**	At ten past five.

12.15.4   The preposition **do** followed by the genitive case expresses 'before/to':

Jest sześć *do* **czwartej.**	It's six minutes to four.
O dwadzieścia *do* **pierwszej.**	At twenty to one (lit. at twenty to the first hour).
O dziesięć *do* **piątej.**	At ten to five.
O czwartej pięćdziesiąt.	At 4:50 (lit. at the fourth hour fifty).

Alternatively, to express 'before/to' use **za** followed by the number of minutes in the accusative case, then the hour in the nominative case. The word **minuta** can be omitted except after 'one':

Jest *za* **pięć (minut) druga.**
It's five to two (lit. it's in five minutes the second hour).

Jest *za* **osiem siódma.**	**Jest** *za* **minutę pierwsza.**
It's eight minutes to seven	It's a minute to one.

12.15.5   'Midday/midnight, quarter, half' can be expressed in several ways:

midday	**południe/dwunasta**	midnight	**północ/dwunasta**
	(godzina) w dniu		**(godzina) w nocy**

quarter	kwadrans		
quarter past four/4.15	kwadrans po czwartej/ piętnaście po czwartej/ czwarta piętnaście	quarter to four/3.45	kwadrans do czwartej/ za kwadrans czwarta/ piętnaście do czwartej/ trzecia czterdzieści pięć

half an hour	pół godziny
half past	wpół do (lit. halfway to the next hour)

half past seven/7.30	wpół do ósmej/ siódma trzydzieści/ trzydzieści po siódmej

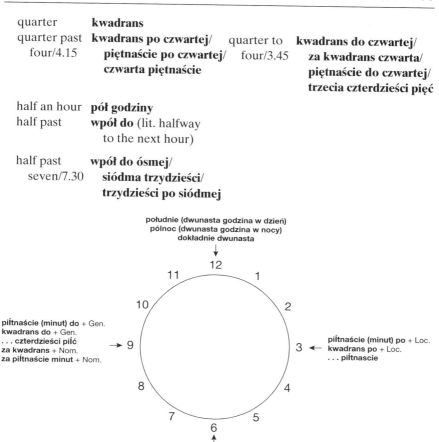

południe (dwunasta godzina w dzień)
północ (dwunasta godzina w nocy)
dokładnie dwunasta

piłtnaście (minut) do + Gen.
kwadrans do + Gen.
. . . czterdzieści piłć
za kwadrans + Nom.
za piłtnaście minut + Nom.

piłtnaście (minut) po + Loc.
kwadrans po + Loc.
. . . piłtnascie

trzydzieści (minut) po + Loc.
wpół do + Gen. (specify next hour)
. . . trzydzieści

12.16   NOUNS DERIVED FROM NUMBERS

The Poles have created many nouns to refer to numbered objects, e.g. buses, trams, keys, rooms, playing cards, lottery numbers, currency notes and clothes sizes.

Such nouns also apply to groups comprising a certain number of items. The available numbers are 0 to 20 and the following 'tens'. 20 to 90 often refer to age.

The noun, formed from the ordinal number, always ends in **-ka** and is feminine.

0	zerówka	6	szóstka	12	dwunastka
1	jedynka	7	siódemka	20	dwudziestka
2	dwójka	8	ósemka	30	trzydziestka
3	trójka	9	dziewiątka	40	czterdziestka
4	czwórka	10	dziesiątka	50	pięćdziesiątka
5	piątka	11	jedenastka	100	setka (coll. **stówka**)

Note: From ordinal numbers 13 to 19 and 60 to 90: remove **-y**, add **-ka**.

Syn chodzi do *zerówki.*
My son is in the reception class.

Marek dostaje same *dwóje.*
Mark only gets 2s [low mark in Polish schools].

Jadę *trójką.*
I'm going on the No. 3 bus.

Czy jest ktoś w *piątce?*
Is there someone in Room 5?

Daj mi *osiemnastkę.*
Give me Key 18.

Proszę mi dać *setki.*
Please give me 100 zlote/dollar notes.

Ludzie przychodzili *setkami.*
People came in hundreds.

Dobiegam *czterdziestki.* **Mąż jest po** *pięćdziesiątce.*
I'm nearly 40. My husband is over 50.

Cała *szóstka* **wnuków mieszka tutaj.**
All six grandchildren live here.

Polska *jedenastka* **wygrała mecz.**
The Polish eleven won the match.

13 INTERJECTIONS

Interjections express joy, fear, amazement, approval, displeasure, hatred, pain, etc. Polish is rich in these. Some are appeals to God. The following are the most common:

A no!	Bless me!	**Jej(ku)!**	My! Gracious!
Ach!	Oh! Ah!	**Jezu!**	Jesus!
Aj! (Aj! Aj!)	Oh, dear!	**Matko!**	Mary, help!
Au!	Ow! Ouch!	**Niestety!**	Unfortunately!/
Bęc!	Flop! Plonk!		Bad Luck!
	Smack! Bang!	**No! No!**	Well, I never!
Biada (mi)!	Woe (is me)!		There, there,
Boże Święty!	Lord!		now!
Brawo!	Well done!	**Nuże!**	Come on!
E!	Oh!		Forward!
Ech!	Oh! Tut-tut!	**O!/Och!**	Oh!
Fe!	Fie!	**Oj!/Ojej!**	My! Goodness!
Fi!	Pooh!	**Ojejku!**	Help! Wow!
Ha!	Ha!	**Otóż to!**	That's just it!
Halo!	Hello! I say!		That's just the
He!	Well, well!		point!
Hej!	Hey! Hi! Hello	**Pi!**	Well, well!
	there!	**Pif-Paf!**	Bang! Bang!
Hetta!	Gee! Gee up!	**Pfe!**	For shame!
Hoho!	Gee!	**Pfu!**	Ugh!
Hola!	Hello! Hey you!	**Rany (Boskie)!**	Good heavens!
	Stop! Wait!	**Szkoda!**	What a shame/
Hop!	Jump!		pity!
Hura!/Hurra!	Hurrah!	**Zaśby!**	Why, no!

14 PARTICLES

Polish has twelve commonly-used particles, most of which have no real meaning. However, when used with other words, whether attached to them or not, particles perform the important functions defined below. The mnemonic **Li/czy no/że niech/by nie** (He is counting the knives, and woe betide him if not) contains all the common particles except **a**, **ci**, **to**, the indefinite particle **ś** and the wish particle **oby**.

Note: Where indicated that a particle also functions as a conjunction see 11 Conjunctions.

14.1 CZY

This particle starts a straighforward question:

Czy **znasz Janka?**	Do you know John?
Czy **był Pan Kowalski?**	Was Mr. Kowalski here?
Czy **oni są bogaci?**	Are they rich?
Czy **przyjechali już goście?**	Have the guests arrived yet?

The question can also express uncertainty, impatience, amazement or anger:

Czy **pozwolisz?**	May I? [lit. Will you allow?]
Spisz, *czy* **co?**	Are you asleep, or what?
Czy **zwariowałeś/***Czyś* **zwariował?**	Have you gone mad?

Note: **Czy** is also a conjunction meaning 'whether, if, or':

Nie pytałem, *czy* **była w Austrii.**
I didn't ask if she had been to Austria.

Nie pamiętam, *czy* **szedłem po polach** *czy* **przez las.**
I don't remember if I went through field or forest.

Było tak dużo wody, że nie wiadomo, rzeka to, *czy* **morze.**
There was so much water that one couldn't tell whether it was river
   or sea.

14.2   LI

This is an obsolete form of the question particle **czy**:

Wierzysz-*li* mnie? = *Czy* **mi wierzysz?**
Do you believe me?

Znasz-*li* (= *Czy* **znasz) ten kraj, gdzie cytryna dojrzewa?**
Do you know the land where the lemon ripens?

The particle appears in conjunctions **jeśli** and **jeżeli** and in the obsolete forms of the conjunction **niż**, namely **niźli** and **niżeli**.

Note: **Li** has survived as a literary conjunction in **li tylko** meaning 'only':

Nazywano go dziwakiem, *li tylko* dlatego, że lubił samotność.
He was said to be odd only because he loved solitude.

14.3   NO

This particle can:

(a) Add force to a command:

Dawaj *no* to!   Give me that, quick!   **Popatrz *no*.**   Just look.
Chodź *no* tutaj.   Come here.   **Siadajcie *no*.**   Do sit down.

(b) Persuade:

Idź *no* spać.   Oh, do go to sleep.
Zrób *no* to dla mnie.   Please do that for me.

(c) Express amazement, warning, impatience or uncertainty:

Taki bałagan! *No* proszę!   Such a mess! Well, I ask you!
No, **ale bez kawałów.**   Don't you dare play any jokes.
Mam do Pana pytanie. *No*?   I have a question for you. Well, what
                                              is it?

No, no, **i co się potem stało?**   Well come on. What happened next?
No, **chodź już, chodź.**   Oh, come on, come on.
No, **nie wiem, czy to wyjdzie**   Well, I don't know if any good will
    na dobre.   come of it.

(d) Express finality:

No, **to do widzenia/*No*, to pa.**   Well then, goodbye/cheerio.
No, **dobrze, dobrze.**   Alright, alright then.
No, **już was nie ma!**   Right, off you go!

14.4   ŻE

This particle adds force. It often appears in commands and questions. It is attached to:

(a) The imperative of the verb:

Wypij*że* choć herbatę.	At least drink some tea.
Idźcie*że* wreszcie spać!	Oh, for goodness' sake, go to bed!
Bierz*że* się do roboty.	Go on, get on with the job.
Przestań*że*.	Oh, do stop it.

(b) To the question word **czy** and to other question words in the past tense. *Note*: The personal endings of the past tense are detached from the verb and attached to *że*, e.g. **Gdzie*że*ś był?** = **Gdzie + że + byłeś.**

Czy*że*ś oszalał/Czy*że*ście oszaleli?
Have you gone mad? [sing./pl.]

Gdzie*że*ś był? Jak*że*ś tam trafił? Co*że*ś tam robił? Do kogo*że*ś poszedł? Z kim*że*ś się bawił? Dlaczego*że*ś nie zadzwonił?
Where have you been? How did you get there? What were you doing there? Who did you go to? Who were you playing with? Why did you not phone?

Czy*ż*by (NOT *Czyżeby*) on już skończył?
Can he have finished already?

Któ*ż*by (NOT *Któżeby*) się tego spodziewał?
Who would have expected that?

(c) To an adjective or adverb:

W tej*że* chwili rozstaliśmy się.	We parted at that very moment. [Adj.]
Już*e*ś przyszedł?	Are you here already? [Adv.]
Dopiero*że*ś się dowiedział?	Have you only just found out? [Adv.]
Przecież długo*że*śmy czekali!	But we did wait for ages! [Adv.]

Note: **Że** is reduced to **ż** when followed by the particle **by**. **Żeś** is reduced to **eś** if attached to a word ending in **ż**, e.g. **jużeś** *not* **jużżeś**.

14.5 NIECH/NIECHAJ

Niech is used in commands and wishes (see 5.2.3 Imperative). The more emphatic **niechaj** is obsolete, appearing only in old texts.

14.6 OBY

This is equivalent to **niech** in expressing wishes:

Oby się spełniły wszystkie twoje pragnienia.
May all your desires come true.

14.7   BY

This particle has a conditional meaning. It is sometimes attached and sometimes stands alone.

14.7.1

It is attached:
(a) When used to form the conditional tense. Personal verb endings follow it (see 5.8 Verbs):

Poszedł*by***m**	I would go	**Chcieli***by***śmy**	We would like
Miał*by*	He would have		

(b) In impersonal expressions in the conditional tense, third person singular, i.e. ending in **-ło**:

Wypadało*by* **kiedyś wstąpić do Nowickich.**
We ought to visit the Nowickis sometime.

W takim razie należało*by* **wypełnić tamten druk.**
In that case one would have to fill in that form.

Dało*by* **się jeszcze naprawić auto, ale kupimy inne.**
It would still be possible to repair the car but we'll buy another.

(c) When following conjunctions or other particles:

*że***by**/*a***by**	so that	**gdy***by*/**jeśli***by*	if
niech*by*	let . . .	**czyż***by*?	in questions

14.7.2

It is not attached (though personal verb endings may be attached *to it*):
(a) After an infinitive:

A Maciej pojechać *by* **nie mógł?** = **Czy Maciej nie mógł***by* **pojechać?**
Could Maciej not go?

Lepiej zrobić *by***m sam nie umiał.** = **Nie umiał***by***m sam lepiej zrobić.**
I couldn't do it better myself.

(b) After a past participle (ending in **-no**, **-to**) used impersonally:

Zatrudniono *by* **lepszych pracowników i wykonano** *by* **szybciej pracę.**
If better workers are employed the job will be finished faster.

Rozpoczęto *by* **wcześniej badania, przez to uniknięto** *by* **epidemii.**
Had tests been started earlier the epidemic would have been avoided.

(c) After impersonal expressions with **można, wolno, trzeba, warto** used in a modal way (see 5.11):

Warto *by* **było pojechać do Warszawy. Można** *by* **było po drodze wstąpić do wujka. Wtedy trzeba** *by* **było wyjechać wcześnie.**
A visit to Warsaw would be worthwhile. We could pop in on Uncle en route. In that case we would have to set off early.

(d) When used as a conjunction (without conditional meaning) replacing **żeby** or **aby**:

Ciocia zachęca, *by* **do niej przyjechać.**
Auntie is encouraging me to visit her.

Szedł szybko, *by* **się nie spóźnić.**
He walked fast so as not to be late.

Prosiliśmy, *by* **nam dał spokój.**
We asked him to leave us in peace.

Nie trzeba wielu słów, *by* **się porozumieć.**
You don't need many words to be understood.

14.8   NIE

This particle, as well as meaning 'No', is used in negation, normally standing before the negated word or phrase. The direct object after a negated verb stands in the genitive case (see 6.5.4.3). **Nie** is also used to form negative forms of adjectives and adverbs:

Czy Pan ma córkę? *Nie, nie* **mam córki**.
Do you have a daughter? No, I have no daughter.

Nie **lubię tych jabłek.** *Nie* **są słodkie.**
I don't like these apples. They aren't sweet.

Tomek był *nie* **dyrektorem, tylko robotnikiem.**
Tom wasn't a director but only a worker.

Magda jest piękna ale *nie***mądra.**
Magda is pretty but unintelligent.

Koncert trwał *nie***długo.**
The concert didn't last long.

14.9   Ś

The addition of this particle to form indefinite pronouns and adverbs, e.g. **ktoś**, **coś**, **jakiś**, **któryś**, **kiedyś** is explained in the relevant chapters:

Ktoś kiedyś komuś coś powiedział.
Someone once said something to someone.

Gdzieś to mam. Ale gdzie?
I've got it somewhere. But where?

14.10   TO

This particle is used for emphasis:

Ten *to* człowiek jest dobrym robotnikiem.
That person is a good worker.

No *to* idziemy, czy nie?
Well then, are we going or not?

14.11   CI

This is really the dative of the personal pronoun **ty** and means 'to/for you'. It functions as an emphatic particle in colloquial and regional speech:

To *ci* była dopiero wycieczka!	*That* was some excursion!
To *ci* głupiec.	There's a fool for you.
Masz *ci* los.	That's fate for you.
Ten *ci* umie śpiewać!	*He* can sing, and how!

14.12   A

This particle either:

(a) Provides a link to a previous idea:

A nie mówiłem, że będzie padać?
Did I not say it would rain?

A jakże ty sobie wyobrażasz życie?
How on earth do you imagine life to be?

Kraje bałtyckie, *a* mianowicie Litwa, Łotwa i Estonia ...
The Baltic states, namely Lithuania, Latwia and Estonia ...

(b) Strengthens a word or phrase:

Nigdy *a* nigdy bym tego nie powiedział.
I would *never* say that.

Wcale *a* wcale nie będę tego robić.
I *haven't* the *slightest* intention of doing that.

Zrób to tak *a* tak.
Do it *exactly like this.*

Part III: SENTENCE ELEMENTS AND STRUCTURE

15 SENTENCE ELEMENTS

This section summarises the components of a sentence, as they are referred to in this book.

15.1 TYPES OF CLAUSE

Element	Definition/Function	Examples
Clause	Part of a sentence containing a subject and a verb, usually joined to the rest of the sentence by a conjunction.	Mary said ǀ that she was tired. As soon as I could, ǀ I phoned. When Bob arrived, ǀ she made lunch. Tell me ǀ where you've hidden it. We like the girl ǀ who lives next door.
Principal (main) clause	Contains the main idea of the sentence.	*Tell me* ǀ where you've hidden it. *Mary said* ǀ that she was tired. When Bob arrived, ǀ *she made lunch*.
Sub-ordinate clause	Clarifies or gives more information about the main clause. Many types of subordinate clause exist, e.g. clauses of time, place, manner, etc. Relative clauses containing 'who, that, which' are subordinate too. They sometimes occur within other clauses.	*As soon as I could*, ǀ I phoned. Tell me ǀ *where you've hidden it*. We like the girl ǀ *who lives next door*. The house ǀ *in which we live* ǀ is old (occurs in the main clause 'The house is old').

15.2   ELEMENTS OF A SENTENCE

Element	*Definition/Function*	*Examples*
Subject	Performs an action or, in passive sentences, has an action done to it. Must be a noun/pronoun. 'To be, think, feel, seem', etc. are regarded as actions. The subject stands in the nominative case.	*Angela* ate the apple. *We* went to Paris in winter. *The dog* was fed at 6 pm. *A smoking ban* has been introduced. *Mary* seems hot. *I* think that *she* is ill.
Direct object	Is directly affected by the action of the subject. Must be a noun/pronoun. Stands in the accusative case.	Angela ate *the apple*. We bought *a car*. Everyone got *a prize*.
Indirect object	Is indirectly affected by the action of the subject. Often translates 'to' or 'for'. Must be a noun/pronoun. Stands in the dative case.	I gave the apple *to Angela*. Prizes were presented *to everyone*. We bought a car *for Joe*.
Complement	Gives more information about the subject (usually with verbs like 'to be, think, feel, seem', etc.) or, less often, about the object. Is often an adjective which stands in the nominative case. A complement which is a noun stands in the instrumental case in Polish.	I was *tired* and felt *really sad*. Her dress is *blue and white*. John used to be *a teacher*. He appointed Mary *his secretary*. We called him *stupid*.
Verb/Verb phrase	States what the subject is doing, or how he is thinking, feeling, being, etc. (active voice). Or states what a subject is having done to him (passive voice).	She *is* happy, *looks* calm, *feels* ill, *thinks* a lot. Jim *drove* the car and *crashed* it. The car *was driven* by Jim.
	A verb phrase has several parts.	I *would have forgotten* but for you.

Element	Definition/Function	Examples
Adverbial	Gives more information about a verb, e.g. how, when, where action happens. Can be an adverb or a prepositional phrase (standing, in Polish, in the case required by the preposition) or even a whole subordinate clause.	I ran *fast*. He rose *early*. Jack came *last week*. I ran *to my grandmother's house*. He rose *before anyone else*. She swam *faster than we expected*.

16 SENTENCE STRUCTURE

16.1 WORD ORDER

Word order is not unlike that found in English, except more flexible. Due to number, gender and case inflections we can work out which words belong together even if they are not adjacent. Word order often depends on the desired link with the previous sentence, the need for emphasis, or the requirements of rhythm in poetry or poetic prose.

16.1.1 Simple sentences

16.1.1.1 The order is usually *subject, verb, object*. Pronoun subjects can be omitted, unless sense requires, for example:

Anna je jabłko.	Ann is eating an apple.
(Ja) kocham Władka.	I love Władek.

16.1.1.2 *Imperatives* (commands) and *questions* follow English word order:

Przyjdź **przed dwunastą.**	Come before noon.
Tato, *kup* **mi rower.**	Daddy, buy me a bicycle.
Dlaczego **płaczesz?**	Why are you crying?
O której **jest impreza?**	What time is the function?

16.1.1.3 *Prepositional phrases* usually follow the verb. If, for emphasis, the prepositional phrase begins the sentence, the verb precedes the subject.

Idę *do miasta.*	I'm going to town.
Jutro będę *w domu.*	Tomorrow I'll be at home.
Maria siedzi *na trawie.*	Mary sits on the grass.
Martwię się *o ciebie.*	I worry about you.
Do nas **przyjechała Kasia.**	Kate is visiting us.
Na polu **rośnie zboże.**	Grain is growing in the field.

16.1.1.4 *Adverbs* and the *particle* **nie** precede the word/phrase which they qualify (usually a verb):

Tomek *nie* **lubi mleka.**	Tom doesn't like milk.
Nie **pracuję.**	I don't work.

Marek *dobrze* kieruje.   Mark drives well.
Helena *pięknie* śpiewa.   Helen sings nicely.

16.1.1.5 *Attributive adjectives* precede the noun if they refer to an incidental feature of it. They follow the noun when referring to an intrinsic feature:

Kupiłem *zielony* sweter.
I bought a green jumper. [Not all jumpers are green]

W ogrodzie rosną *białe* kwiaty.
White flowers grow in the garden.

Jaka *długa* ulica!
What a long street!

Język *polski* jest trudny.
The Polish language is difficult. [Only one Polish language exists]

Mieszkam przy ulicy *Długiej*.
I live on Long Street.

Uwielbiam malarstwo *współczesne*.
I adore contemporary art.

16.1.1.6 *All other adjectives*, e.g. possessive, demonstrative, interrogative, indefinite, precede the noun:

***mój* brat**	my brother	***ten* list**	this letter
***Który* dom?**	Which house?	***jakaś* pani**	some lady

16.1.2   Complex sentences

The order is usually main clause (shown in italics) then subordinate clause(s). The reverse is possible, especially after 'if' clauses starting with **jeśli/jeżeli** and **gdyby** (see 5.8 Conditional tense):

Nie wiem, **czy Piotr ma samochód.**   I don't know if Peter has a car.
Zapytaj, **kiedy ma urlop.**   Ask when he has his holidays.
Nie pamiętam, **gdzie mieszkają.**   I don't remember where they live.
Dowiedziałem się, **że zmarł.**   I found out that he had died.

Nie byłem w szkole, **bo byłem chory.**
I wasn't at school because I was ill.

Ponieważ byłem chory, *nie byłem w szkole*.
Because I was ill I wasn't at school.

Nie zrezygnował z wycieczki, **mimo że lało./Mimo że lało**, *nie zrezygnował z wycieczki.*
He went on the trip even though it was pouring.

Przyjdę jutro, **jeśli będę miał czas**.
I'll come tomorrow if I have time.

Jeśli będę miał czas, to *przyjdę jutro.*
If I have time I'll come tomorrow.

16.1.3 Emphasis

For emphasis, a word/phrase can *start* or, less commonly, *end* a sentence. A subject that *does not begin* the sentence follows the verb. Emphasised elements are often said more loudly too.

Rowera **ci nie kupię.**	I won't buy you *a bicycle.*
Chleba **już nie mamy.**	We've no *bread* left.
Od piątej **czekam.**	I've been waiting *since five.*
Z Danką **chodzi.**	He's going out *with Danka.*

Mama pracowała w szpitalu dwadzieścia lat.
Mum worked in the hospital for 20 years.
> *W szpitalu* **pracowała Mama dwadzieścia lat.** [emphasis on place]
> *Dwadzieścia lat* **pracowała Mama w szpitalu.** [emphasis on time]

Wordsworth poświęcił siostrze wiele wierszy.
Wordsworth dedicated many poems to his sister.
> *Siostrze* **poświęcił Wordsworth wiele wierszy.** [Here and below, emphasis is on 'sister']
> **Wordsworth poświęcił wiele wierszy** *siostrze.*

16.2 PUNCTUATION

This is very much as in English. However, the comma and direct speech require explanation.

16.2.1 Comma

Commas are used singly to divide a sentence into parts, or in pairs (virtually as brackets) to exclude parts of a sentence.

16.2.1.1 Single comma

To divide a sentence a single comma is used:
(a) To separate a *list* of words/phrases which have the same grammatical function in a sentence:

Ksiażki, zeszyty, ołówki leżały na biurku.
Books, jotters, pencils lay on the desk.

Oglądałem meble, obrazy, tkaniny.
I looked at furniture, pictures, fabrics.

Wszedł, zamknął drzwi, usiadł przy stole.
He entered, shut the door, sat down at the table.

(b) To separate a phrase containing a *present* or *past participle* (ending in -ąc, -łszy, -wszy) from the rest of the sentence:

Chłopiec szedł, *śpiewając.*
The boy walked along singing.

***Wracając* wieczorem do domu, myślał o córce.**
Returning home in the evening, he thought about his daughter.

Kierowca, *cofając się*, potrącił psa.
The driver, reversing, hit a dog.

W tym momencie, *schylając się*, wszedł do namiotu.
At that moment, stooping, he entered the tent.

***Przeszedłszy* przez ulicę, wszedł do banku.**
Having crossed the street, he entered the bank.

***Obudziwszy się*, o niczym nie pamiętał.**
Having woken up, he remembered nothing.

(c) Instead of an exclamation mark after an interjection. A small letter follows:

***Halo*, co tu robisz?**   Hello! What are you doing here?
***Hej*, wróćcie!**   Hey! Come back!

(d) Before coordinating conjunctions **a** (meaning 'but'), **ale**, **lecz**. Also before *subordinating conjunctions* (to separate main and subordinate clauses):

Ma osiem lat, *a* nie umie się zachować.
He is eight but can't behave himself.

Zdjęcia były drogie, *ale* nie ładne.
The photographs were dear but not nice.

Zdjęcia były kolorowe, *zatem* ładne.
The photographs were in colour, therefore nice.

Nie można wyjść, *bo* leje.
We can't go out because it is pouring.

Nie mam pracy, *więc* nie mam pieniędzy.
I have no job so I have no money.

Kupię samochód, *jeśli* mi się spodoba.
I'll buy the car if I like it.

Wierzę, *że* jest Bóg.
I believe that there is a God.

Note: Compound conjunctions usually consist of an adverb plus a conjunction, e.g. **tylko że, tym bardziej że, zwłaszcza że, mimo że, chyba żeby, podczas gdy, tak aby, zwłaszcza jeżeli**. The comma stands before the *whole* of a compound conjunction:

Cenię Pawła, *tym bardziej że* jest dobrym ojcem.
I value Paul, all the more because he is a good father.

Idę do miasta, *mimo że* pada.
I'm going to town even though it is raining.

Napiszę, *chyba żeby*m zapomniał.
I'll write, unless I forget.

Spóźnił się do pracy, *dlatego że* późno wstał.
He was late for work because he got up late.

Exception: If we want to stress the first element of the conjunction. The meaning changes thereby:

Cenię Pawła TYM BARDZIEJ, *że* jest dobrym ojcem.
I value Paul ALL THE MORE, BECAUSE he is a good father.

Spóźnił się do pracy tylko DLATEGO, *że* późno wstał.
He was late for work only BECAUSE he got up late.

(e) Before the first of two conjunctions standing together:

Mówi, *że jeśli* będzie miał czas, to przyjdzie.
He says that, if he has time, he'll come.

Kopał, *a gdy* się zmęczył, odpoczywał.
He dug, and when he got tired, rested.

(f) Before *extra information* introduced with conjunctions **i to; i tak; albo raczej**:

Skończ już, *i tak* jesteś zmęczony.
Finish off now. You're tired anyway.

Obiecał, że przyjdzie, *i to* dzisiaj!
He promised to come and, what's more, today!

(g) With *noun clauses* using constructions **to, co**; **kto, ten**; **gdzie, tam**; **jak, tak** or those starting with **że** and explaining a foregoing **to**:

Co **jest ciekawe dla mnie,** *to* **nie interesuje Edka.**
What is interesting for me doesn't interest Edek.

Kto **się pilnie uczy,** *ten* **uzyskuje dobre oceny.**
He who learns diligently gets good marks.

Gdzie **mam swój kącik,** *tam* **mi jest najlepiej.**
I feel best where I have my own corner.

Jak **sobie pościelesz,** *tak* **się wyśpisz.**
You make your bed and lie in it.

To **znakomicie,** *że* **egzamin masz za sobą.**
It's wonderful that you have the exam behind you.

(h) Before *relative clauses*, usually introduced by **który**. Also before **kiedy** and **gdzie**. For replacement of **który** by **co** see 7.8 Relative pronouns.

Odwiedziliśmy zamek, *który* **nam się bardzo podobał.**
We visited the castle, which we loved.

To jest książka, *o której* **mówiłem.**
That's the book I was referring to.

Dom, *gdzie* **mieszka wujek, jest ogromny.**
The house where uncle lives is huge.

Było już ciemno, *kiedy* **wrócił.**
It was already dark when he returned.

Powiedział to, *czego* **się nie spodziewałem.**
He said something I didn't expect.

Zanieś młotek tam, *skąd* **go przyniosłeś.**
Take the hammer back where you got it from.

Zbiera kwiaty, *co* **rosną na polu.**
She is picking flowers which grow in the field.

Jest ktoś, *co* **ci doradzi.**
There is someone who will advise you.

16.2.1.2   A single comma to divide a sentence is not used:
(a) Before coordinating conjunctions **i, oraz, albo, lub, ni, ani, bądź, czy, tudzież**. Also before **a** meaning 'and':

Moja babcia jest miła *i* **wesola.**
My Granny is kind and jovial.

Kupiłem chleb *oraz* masło.
I bought some bread and butter.

Pojadę autobusem *lub* pociągiem.
I'll go by bus or train.

Nie jem mięsa *ani* ryby.
I don't eat meat or fish.

Pójdę do kina *albo* będę słuchać radia.
I'll go to the cinema or listen to the radio.

Silnik pracował cicho *a* rytmicznie.
The engine ran quietly and rhythmically.

Exception: If the conjunction is repeated in the same clause and has the same function:

Nie lubię *ani* mięsa, *ani* ryby.
I like neither meat nor fish.

Nie wiedziałem *czy* się śmiać, *czy* płakać.
I didn't know whether to laugh or cry.

Halina *i* Maciej, *i* Jacek, *i* Maria idą spać.
Helen and Maciej and Jacob and Mary are going to bed.

Albo pójdę do kina, *albo* będę słuchał radia.
Either I'll go to the cinema or else I'll listen to the radio.

But: **Olek i Piotruś zbierali grzyby i jagody.**
Alek and Pete gathered mushrooms and berries. [**i** joins two subjects,
   then two objects]

(b) After a participle used adjectivally:

Patrzyła na kwiaty *stojące* na stole.
She was looking at the flowers standing on the table.

Mówił o koledze *pracującym* w Warszawie.
He spoke about his friend working in Warsaw.

16.2.1.3 Pairs of commas are used:
(a) Round *incidental* or *extra information*:

Szedłem, *zdaje się*, dość szybko.
I was walking, it seemed, quite fast.

To, *moi drodzy przyjaciele*, jest moja żona.
This, my dear friends, is my wife.

(b) Round a *relative clause* in the *middle* of a sentence:

Przeszedł przez most, *pod ktorym płynęła szeroka rzeka,* **i skręcił w boczną ulicę.**
He crossed the bridge, under which flowed a wide river, and turned into a side street.

Ten, *kto sam dużo przeżył,* **zrozumie to.**
He who has lived through a lot will understand that.

16.2.2   Direct speech

In Polish, a *dash* serves for *speech marks*. It starts direct speech. It also finishes it if a narrator's comment follows:

– Jadę do Warszawy – odpowiedział Tomasz.
'I'm going to Warsaw,' replied Thomas.

– Gdzie jest Babcia? – zapytała Anna.
'Where's Granny?' asked Ann.

– Gdzie jest Babcia? – zapytała Anna – Nie ma jej tutaj.
'Where's Granny?' asked Ann. 'She's not here.'

– Jaka piękna suknia! – krzyknęła Ewa – Szkoda że tak droga.
'What a lovely dress!' exclaimed Eve. 'Pity it's so dear.'

Unlike in English, there are no commas between direct speech and the narrator's comment:

– Pociąg – powiedział – odjeżdża o piątej.
'The train,' he said, 'leaves at five.'

16.2.3   Reported direct speech, reported thought, quotations

Inverted commas in the form „ " are used to enclose speech within speech, and also round thoughts, quotations and figurative references:

– Gdyby to był jakiś miły człowiek – mówiła sobie w duchu – powiedzałabym mu „dzień dobry".
"If he was a nice person," she said to herself "I'd say 'Good day'."

„Jakie piękne meble! – pomyślała Dorota. – Pewnie tutaj mieszka bogata rodzina."
"What lovely furniture!" thought Dorothy. "I expect a rich family lives here."

– Czy znasz „Tajemniczy ogród"? – zapytała matka.
"Do you know 'The Secret Garden'?, asked my mother.

Polubiła „pana z Indii" za to właśnie, że wydawał jej się tak nieszczęśliwy.
She fell in love with "the Indian gentleman" precisely because, to her, he seemed so unhappy.

APPENDIX I: THIRD CONJUGATION VERBS (PRESENT TENSE)

Groups 3a and 3b of this conjugation are fairly easy to conjugate. They have a **j** before the person ending. Groups 3c to 3e are less easy. They contain verbs ending in **-ać, -eć, -ec, -yc, -c, -ść, -źć, -ąć,** and **-nąć.** Below are some common third conjugation verbs. The third singular ends in **-e.**
* indicates a perfective verb (present tense has future meaning).

lać = pour	*brać* = take	*czuć* = be	*chcieć* = desire
leję	biorę	czuję	chcę
lejesz	bierzesz	czujesz	chcesz
leje	bierze	czuje	chce
lejemy	bierzemy	czujemy	chcemy
lejecie	bierzecie	czujecie	chcecie
leją	biorą	czują	chcą

gnieść = crumple	*iść* = go	*jechać* = travel	*kąpać (się)* = bathe
gniotę	idę	jadę	kąpię
gnieciesz	idziesz	jedziesz	kąpiesz
gniecie	idzie	jedzie	kąpie
gnieciemy	idziemy	jedziemy	kąpiemy
gnieciecie	idziecie	jedziecie	kąpiecie
gniotą	idą	jadą	kąpią

kłamać = tell lie	*kłaść* = place	*kraść* = steal	*łapać* = catch
kłamię	kładę	kradnę	łapię
kłamiesz	kładziesz	kradniesz	łapiesz
kłamie	kładzie	kradnie	łapie
kłamiemy	kładziemy	kradniemy	łapiemy
kłamiecie	kładziecie	kradniecie	łapiecie
kłamią	kładą	kradną	łapią

móc = be able	*nieść* = carry	*pić* = drink	*pisać* = write
mogę	niosę	piję	piszę
możesz	niesiesz	pijesz	piszesz
może	niesie	pije	pisze
możemy	niesiemy	pijemy	piszemy
możecie	niesiecie	pijecie	piszecie
mogą	niosą	piją	piszą

dygotać = shiver	**rwać** = tear	**wiązać** = tie	**czesać** = comb
dygoczę	rwię	wiążę	czeszę
dygoczesz	rwiesz	wiążesz	czeszesz
dygocze	rwie	wiąże	czesze
dygoczemy	rwiemy	wiążemy	czeszemy
dygoczecie	rwiecie	wiążecie	czeszecie
dygoczą	rwią	wiążą	czeszą

płakać = cry	**wieźć** = transport	**piec** = bake	**tłuc** = beat, break up
płaczę	wiozę	piekę	tłukę
płaczesz	wieziesz	pieczesz	tłuczesz
płacze	wiezie	piecze	tłucze
płaczemy	wieziemy	pieczemy	tłuczemy
płaczecie	wieziecie	pieczecie	tłuczecie
płaczą	wiozą	pieką	tłuką

strzec = guard	**strzyc** = cut	**drzeć** = tear	**wlec (się)** = drag (oneself)
strzege	strzygę	drę	wlokę
strzeżesz	strzyżesz	drzesz	wleczesz
strzeże	strzyże	drze	wlecze
strzeżemy	strzyżemy	drzemy	wleczemy
strzeżecie	strzyżecie	drzecie	wleczecie
strzegą	strzygą	drą	wloką

trzeć = rub, grate	***umrzeć** = die	**żreć** = devour	**prać** = wash (clothes)
trę	umrę	żrę	piorę
trzesz	umrzesz	żresz	pierzesz
trze	umrze	żre	pierze
trzemy	umrzemy	żremy	pierzemy
trzecie	umrzecie	żrecie	pierzecie
trą	umrą	żrą	piorą

VERBS IN -AĆ/NAĆ

biegnąć = run	**ciąć** = cut	**ciągnąć** = pull	**rosnąć** = grow
biegnę	tnę	ciągnę	rosnę
biegniesz	tniesz	ciągniesz	rośniesz
biegnie	tnie	ciągnie	rośnie
biegniemy	tniemy	ciągniemy	rośniemy
biegniecie	tniecie	ciągniecie	rośniecie
biegną	tną	ciągną	rosną

kwitnąć = *flower* **ginąć** = *perish*   ***krzyknąć** = *shout* ***kopnąć** = *kick*

kwitnę	ginę	krzyknę	kopnę
kwitniesz	giniesz	krzykniesz	kopniesz
kwitnie	ginie	krzyknie	kopnie
kwitniemy	giniemy	krzykniemy	kopniemy
kwitniecie	giniecie	krzykniecie	kopniecie
kwitną	giną	krzykną	kopną

***pęknąć** = *burst* ***szepnąć** = *whisper* ***zająć** = *occupy*   ***stanąć** =
                                                    remain, stand

pęknę	szepnę	zajmę	stanę
pękniesz	szepniesz	zajmiesz	staniesz
pęknie	szepnie	zajmie	stanie
pękniemy	szepniemy	zajmiemy	staniemy
pękniecie	szepniecie	zajmiecie	staniecie
pękną	szepną	zajmą	staną

płynąć = *float*   ***zdjąć** = *take off* ***wziąć** = *take*   **giąć** = *bend*

płynę	zdejmę	wezmę	gnę
płyniesz	zdejmiesz	weźmiesz	gniesz
płynie	zdejmie	weźmie	gnie
płyniemy	zdejmiemy	weźmiemy	gniemy
płyniecie	zdejmiecie	weźmiecie	gniecie
płyną	zdejmą	wezmą	gną

***zapiąć** = *button* ***odpiąć** = *unpin*   ***zacząć** = *begin*   ***odpocząć** = *rest*

zapnę	odepnę	zacznę	odpocznę
zapniesz	odepniesz	zaczniesz	odpoczniesz
zapnie	odepnie	zacznie	odpocznie
zapniemy	odepniemy	zaczniemy	odpoczniemy
zapniecie	odepniecie	zaczniecie	odpoczniecie
zapną	odepną	zaczną	odpoczną

kląć = *swear*

klnę
klniesz
klnie
klniemy
klniecie
klną

APPENDIX II: FOURTH CONJUGATION VERBS (PRESENT TENSE)

The fourth conjugation contains verbs which end in **-ić** and **-yć**. Also some in **-eć** which conjugate either like those in **-ić** or those in **-yć**. Below are common examples.

(1) VERBS IN **-IĆ**

These verbs keep the **-i** except in the first person singular (**ja**) and third person plural (**oni/one**). Here, consonant change may result before the ending, as there is no **-i** to give softening.

chodzić = *go*	***chwalić (się)*** = *praise*	***czyścić*** = *clean*
chodzę	chwalę	czySZCZę
chodzisz	chwalisz	czyścisz
chodzi	chwali	czyści
chodzimy	chwalimy	czyścimy
chodzicie	chwalicie	czyścicie
chodzą	chwalą	czySZCZą

jeździć = *travel*	***kłócić się*** = *quarrel*	***nosić*** = *carry*
jeżdŻę	kłócę	noSZę
jeździsz	kłócisz	nosisz
jeździ	kłóci	nosi
jeździmy	kłócimy	nosimy
jeździcie	kłócicie	nosicie
jeżdŻą	kłócą	noSZą

nudzić (się) = *bore (oneself)*	***palić*** = *burn, smoke*	***płacić*** = *pay*
nudzę	palę	płacę
nudzisz	palisz	płacisz
nudzi	pali	płaci
nudzimy	palimy	płacimy
nudzicie	palicie	płacicie
nudzą	palą	płacą

prosić = ask	*prowadzić* = lead	*rodzić (się)* = bear, be born
proSZę	prowadzę	rodzę
prosisz	prowadzisz	rodzisz
prosi	prowadzi	rodzi
prosimy	prowadzimy	rodzimy
prosicie	prowadzicie	rodzicie
proSZą	prowadzą	rodzą

wozić = transport	*wychodzić za mąż* = marry (women)
woŻę	as chodzić
wozisz	
wozi	
wozimy	
wozicie	
woŻą	

But verbs in **-bić**, **-mić**, **-nić**, **-pić** and **-wić** keep the **-i** in all parts and so have no consonant changes.

bawić (się) = amuse, play	*dzwonić* = ring	*gubić* = lose
bawię	dzwonię	gubię
bawisz	dzwonisz	gubisz
bawi	dzwoni	gubi
bawimy	dzwonimy	gubimy
bawicie	dzwonicie	gubicie
bawią	dzwonią	gubią

lubić = like	*martwić (się)* = worry	*mówić* = say
lubię	martwię	mówię
lubisz	martwisz	mówisz
lubi	martwi	mówi
lubimy	martwimy	mówimy
lubicie	martwicie	mówicie
lubią	martwią	mówią

robić = make, do	*śnić* = dream	*wątpić* = doubt
robię	śnię	wątpię
robisz	śnisz	wątpisz
robi	śni	wątpi
robimy	śnimy	wątpimy
robicie	śnicie	wątpicie
robią	śnią	wątpią

żenić się = marry (men)
żenię
żenisz

żeni
żenimy
żenicie
żenią

(2) VERBS IN -YC´[1]

These verbs keep the **-y** except in the first person singular (**ja**) and third person plural (**oni/one**).[2]

cieszyć się = rejoice	*liczyć* = count	*kończyć (się)*= finish
cieszę	liczę	kończę
cieszysz	liczysz	kończysz
cieszy	liczy	kończy
cieszymy	liczymy	kończymy
cieszycie	liczycie	kończycie
cieszą	liczą	kończą

służyć = serve	*śpieszyć się* = hurry	*tańczyć* = dance
służę	śpieszę	tańczę
służysz	śpieszysz	tańczysz
służy	śpieszy	tańczy
służymy	śpieszymy	tańczymy
służycie	śpieszycie	tańczycie
służą	śpieszą	tańczą

tłumaczyć = explain	*uczyć (się)* = teach, learn	*wierzyć* = believe
tłumaczę	uczę	wierzę
tłumaczysz	uczysz	wierzysz
tłumaczy	uczy	wierzy
tłumaczymy	uczymy	wierzymy
tłumaczycie	uczycie	wierzycie
tłumaczą	uczą	wierzą

życzyć = wish	*leczyć* = heal, treat	*marzyć* = wish
życzę	leczę	marzę
życzysz	leczysz	marzysz
życzy	leczy	marzy
życzymy	leczymy	marzymy
życzycie	leczycie	marzycie
życzą	leczą	marzą

[1] In Polish **-i** never follows **cz, dż, rz, sz, ż**

[2] In parts without **-y**, consonant change does *not* result before ending, since **-y** *was not* used to give softening.

(3) VERBS IN **-EĆ** CONJUGATED AS VERBS IN **-IĆ**

Note consonant changes in the first person singular and third person plural.

musieć = *to have to*	*myśleć* = *think*	*siedzieć* = *sit*
muSZę	myślę	siedzę
musisz	myślisz	siedzisz
musi	myśli	siedzi
musimy	myślimy	siedzimy
musicie	myślicie	siedzicie
muSZą	myślą	siedzą

widzieć = *to see*	*woleć* = *think*	*lecieć* = *fly*
widzę	wolę	lecę
widzisz	wolisz	lecisz
widzi	woli	leci
widzimy	wolimy	lecimy
widzicie	wolicie	lecicie
widzą	wolą	lecą

(4) VERBS IN **-EĆ** CONJUGATED AS VERBS IN **-YĆ**

leżeć = *be lying*	*krzyczeć* = *shout*	[1]*patrzeć (się)* = *look*
leżę	krzyczę	patrzę
leżysz	krzyczysz	patrzysz
leży	krzyczy	patrzy
leżymy	krzyczymy	patrzymy
leżycie	krzyczycie	patrzycie
leżą	krzyczą	patrzą

słyszeć = *hear*	*wrzeszczeć* = *scream*	*drżeć* = *tremble*
słyszę	wrzeszczę	drżę
słyszysz	wrzeszczysz	drżysz
słyszy	wrzeszczy	drży
słyszymy	wrzeszczymy	drżymy
słyszycie	wrzeszczycie	drżycie
słyszą	wrzeszczą	drżą

[1] Alternative infinitive **patrzyć** also exists

INDEX

Most words are listed both in Polish (in **bold** print) and in English. However, due to the number of adverbs, some of these are listed in English only.

The following abbreviations are used:

accus.	accusative	masc.	masculine
adj.	adjective	nom.	nominative
adv.	adverb	part.	particle
comp.	comparative	pl.	plural
conj.	conjunction	prep.	preposition
fem.	feminine	pron.	pronoun
instr.	instrumental	sing.	singular
loc.	locative	super.	superlative